道德教育对生活世界的疏离与回归

The Alienation and Returning of
Moral Education Towards the Life World

曹兰胜 ◎ 著

图书在版编目(CIP)数据

道德教育对生活世界的疏离与回归/曹兰胜著.—北京：中央编译出版社，2019.5

ISBN 978-7-5117-3524-9

Ⅰ.①道… Ⅱ.①曹… Ⅲ.①品德教育-研究 Ⅳ.①D64

中国版本图书馆 CIP 数据核字(2019)第 062809 号

道德教育对生活世界的疏离与回归

出 版 人：葛海彦
出版统筹：贾宇琰
责任编辑：李媛媛
责任印制：刘 慧
出版发行：中央编译出版社
地　　址：北京西城区车公庄大街乙 5 号鸿儒大厦 B 座(100044)
电　　话：(010)52612345(总编室)　　(010)52612335(编辑室)
　　　　　(010)52612316(发行部)　　(010)52612346(馆配部)
传　　真：(010)66515838
经　　销：全国新华书店
印　　刷：北京溢漾印刷有限公司
开　　本：710 毫米×1000 毫米　1/16
字　　数：234 千字
印　　张：17.75
版　　次：2019 年 5 月第 1 版
印　　次：2019 年 5 月第 1 次印刷
定　　价：75.00 元

网　　址：www.cctphome.com　　邮　　箱：cctp@cctphome.com
新浪微博：@中央编译出版社　　微　　信：中央编译出版社(ID：cctphome)
淘宝店铺：中央编译出版社直销店(http：//shop108367160.taobao.com)　(010)55626985

本社常年法律顾问：北京市吴栾赵阎律师事务所律师　闫军　梁勤
凡有印装质量问题，本社负责调换。电话：(010)55626985

目 录

导 论 ·· 1

第一节 研究目的与内容意义 ··· 1

一、研究目的 ·· 1

二、内容意义 ·· 4

第二节 研究现状与研究难点 ··· 8

一、研究现状 ·· 8

二、研究难点 ·· 42

第三节 研究方法与创新之处 ··· 44

一、研究方法 ·· 44

二、创新之处 ·· 45

第一章 生活世界：道德教育的根基 ······································· 47

第一节 道德教育植根于生活世界 ··· 48

一、生活世界为道德教育提供素材资源 ································ 48

二、生活世界为道德教育提供支持手段 ································ 49

三、生活世界为道德教育提供交往场域 ································ 50

第二节　道德教育发展于生活世界 …………………… 51
一、道德教育强调人的生存价值关怀 ………………… 52
二、道德教育关注人的道德个性提升 ………………… 52
三、道德教育慰藉人的精神生产吁求 ………………… 53

第三节　道德教育实现于生活世界 …………………… 54
一、完善个体人格 ……………………………………… 55
二、推动道德进步 ……………………………………… 56
三、促进社会治理 ……………………………………… 57

第二章　道德教育疏离生活世界的现象反思 …………… 59
第一节　道德教育疏离生活世界的图景 ……………… 60
一、教育目标方面：反生活性 ………………………… 60
二、教育内容方面：少生活性 ………………………… 62
三、教育方法方面：去生活性 ………………………… 63

第二节　道德教育疏离生活世界的后果 ……………… 65
一、疏离人实践的存在 ………………………………… 66
二、疏离人关系的存在 ………………………………… 67
三、疏离人意义的存在 ………………………………… 68

第三节　道德教育疏离生活世界的原由 ……………… 70
一、文化多元性与意义世界的消解 …………………… 70
二、社会公共性与个人品德的张力 …………………… 72
三、个性张扬与群体性满足的矛盾 …………………… 73

第三章　道德教育回归生活世界的必然性 ……………… 75
第一节　道德教育回归生活世界的历史趋势 ………… 75
一、西方道德教育回归生活世界的趋向 ……………… 76
二、中国道德教育回归生活世界的趋向 ……………… 108

第二节 道德教育对生活世界的回归可能 …… 158
一、生活世界与道德教育的同构 …… 159
二、道德教育的生活引领 …… 160
三、生活世界的教育禀赋 …… 162

第三节 生活世界对道德教育的现实需求 …… 164
一、提供一种新的思维方式 …… 164
二、注重人的动态性生成过程 …… 166
三、建构一种特殊的生活形式 …… 167

第四章 道德教育何以回归生活世界 …… 170
第一节 本体论层面：坚定人本立场 …… 170
一、尊重受教育者的主体性存在 …… 171
二、探寻教育主体的主体间性存在 …… 172
三、提升教育主体的意义性存在 …… 174

第二节 价值论层面：赋予意义追寻 …… 175
一、夯实生存条件 …… 176
二、激活生活意义 …… 177
三、体验生命活力 …… 178

第三节 方法论层面：依据实践基础 …… 180
一、从实践中吸纳生活经验 …… 181
二、从实践中获取动力支撑 …… 182
三、从实践中寻找评价标准 …… 184

第五章 道德教育如何回归生活世界 …… 187
第一节 回归怎样的生活世界 …… 188
一、回归生活世界的实质 …… 188
二、回归生活世界的定位 …… 192

三、回归生活世界的构想 ………………………………… 199
　第二节　回归生活世界的要求 ……………………………… 204
　　一、面对时代问题——道德教育的动力源泉 …………… 204
　　二、立足生活实践——道德教育的创新内驱 …………… 207
　　三、遵循生成规律——道德教育的合理呼唤 …………… 210
　　四、超越现实世界——道德教育的本质彰显 …………… 213
　　五、追求幸福生活——道德教育的党性使然 …………… 216
　第三节　回归生活世界的路径 ……………………………… 220
　　一、传承文化传统 ………………………………………… 221
　　二、维护社会秩序 ………………………………………… 230
　　三、发展个性自由 ………………………………………… 236

结　语 …………………………………………………………… 242
参考文献 ………………………………………………………… 244
后　记 …………………………………………………………… 275

导 论

第一节 研究目的与内容意义

一、研究目的

"人皆有理想,但不等于人人都自发地树立崇高理想,更不等于能自觉地按一定的道德理想人格来塑造自己的灵魂。"① 长期以来,依赖于培养人道德理想的道德教育活动,人发展的可行路径得以形成。我国道德教育工作也在广大道德教育理论和实践工作者的辛勤努力下,取得了丰厚的业绩。特别是自改革开放以来,道德教育顺应社会主义现代化发展的需要,以社会主义道德教育延续着人类宝贵的精神财富,推动着我国社会的秩序稳定和繁荣发展,促进了人更好地完善理想人格,为追求幸福生活夯实了人格基础。道德教育是关于"如何做人和如何生活"的基本形式。生活为人所独有,区别于生存性的动物。人为了生活,通过各种活动不断追问着"如何做人和如何生活",进而形成了人一切活动的场域,即生活世界。人

---

① 郑维铭:《试论新时期道德理想的传播普及》,载《华南师范大学学报(社会科学版)》,1997年第4期,第31—32页。

在生活世界中接受道德教育，道德教育受一定社会或阶级的要求，与生活世界历史地、逻辑地和功能地相伴相生。道德教育始终围绕着人在生活世界中"如何做人和如何生活"的基础问题，引领着人的理想人格完善和美好生活追求。

生活世界是人一切活动的场域，它必然要伴随着人的生产发展而变化。进入21世纪以后，生活世界受社会转型的整体影响，产生了文化多元性与意义世界的消解、社会公共性与个人品德的张力及个性张扬与群体性满足的矛盾等诸多问题，对道德教育的为人属性产生了挑战。道德教育为适应生活世界中文化多元性、社会公共性和个性张扬的需要，将人格完善目标变成了工具化完成的手段，人被视为被动的"物"。而人本是生活的人，生活性是人在生活世界中生活状态的高度概括和表达，道德教育将人"物化"使得整个教育过程生活性不足。具体表现在教育目标上将理想目标视为唯一目标，违反了生活性，未能有效实现道德的生活实践；在教育内容上，走向了学科化的道路，但同时也将道德传授转变成为了同科学知识一样的符号记忆和概念传授，缺少了生活性，形成了知性教育；在教育方法上，由于对生活性的遗忘，在教育过程中未能充分展现生活世界中人的主体间性，受教育者的话语表达权被话语霸权剥夺。当前的道德教育生活性不足，疏离了生活世界，使得道德教育实效性降低，无法实现对人的培养目标。疏离生活世界的道德教育会成为一种异化人的力量，而不是塑造人精神的力量。道德教育需要回归生活世界，目前已成为学界的共识。只是针对"道德教育应该回归怎样的生活世界和如何回归生活世界"的问题始终处于争论之中，学者们从不同角度有不同的理解，产生了多样的观点。

首先针对"道德教育应该回归怎样的生活世界"的问题，学界主要提出了对现存流俗的日常生活世界回归，对远离世俗的非日常生活世界回归和对各种生活世界进行人为统一回归的观点，但始终没有形成相对统一的认识。而且对于作为西方近代哲学重要理论的生活世界，将其用作我国道德教育研究的视角和分析工具，一直存在着是否会"水土不服"的争论。笔者通过对中西方生活世界理论和马克思生活世界理论的全面了解，确定了以马克思生活世界理论为指导，以西方生活世界理论为参考，以我国生活世界理论为基础的研究路径。这一研究路径的确立让笔者发现了道德教育与生活世界之间的契合之处，它们之间存在着同构性。具体体现在人的对象性活动中，它们都是为人的，具有人本质上的内在相关性。人在生活世界之中必然存在着对"如何做人和如何生活"的追问，道德教育也不断地针对该问题进行有效探索。它们自始至终都在围绕"如何做人和如何生活"的基本问题，保持着信息的交换和共享。道德教育回归生活世界实质上就是使人从抽象的人走向生成的人、从分裂的人走向完整的人、从自在的人走向自为的人。人是有限的人、未完成的人。"自然只完成了人的一半，另一半留给人自己去完成。"①人需要不断追求，只有不断追求才有可能完成另一半的自我。所以，道德教育回归的生活世界应是人可以不断追求"可能"的世界。

"可能"的世界充满了人对"如何做人和如何生活"的追问，是人可以达到的"可能"场域。它应该是人和其生活"可能"发展的实体性存在，即"可能生活世界"。"可能生活世界"为人独有，人在其中通过实践可以追求"可能"的实现，这种"可能"可以把人对理想人格的完善和幸福生活的追求变成现实。"可能生活世界"赋予了人实现"可能自我和可能生活"的实践场域，是拥有无限可能的场域。道德教育回归可能生活世界是道德教育与生活世界的人本同构使然，是合目的的回归。

---

① ［德］M.兰德曼：《哲学人类学》，阎嘉译，贵阳：贵州人民出版社2006年版，第7页。

道德教育该如何回归可能生活世界呢？可能生活世界寄托着人的道德理想，是人实现个体生命价值和生活意义的可能场域，是人追求可能自我和可能生活的新领域。探索道德教育对可能生活世界的回归必须面对时代环境、立足生活实践、遵循生成规律、超越现实世界和追求幸福生活，才不会失去人在教育过程中应有的本性和活力，从而在具体的道德教育过程中直击生活世界中"如何做人和如何生活"的基本问题，提出其回归生活世界的具体措施，以提升道德教育的实效。

二、内容意义

（一）研究内容

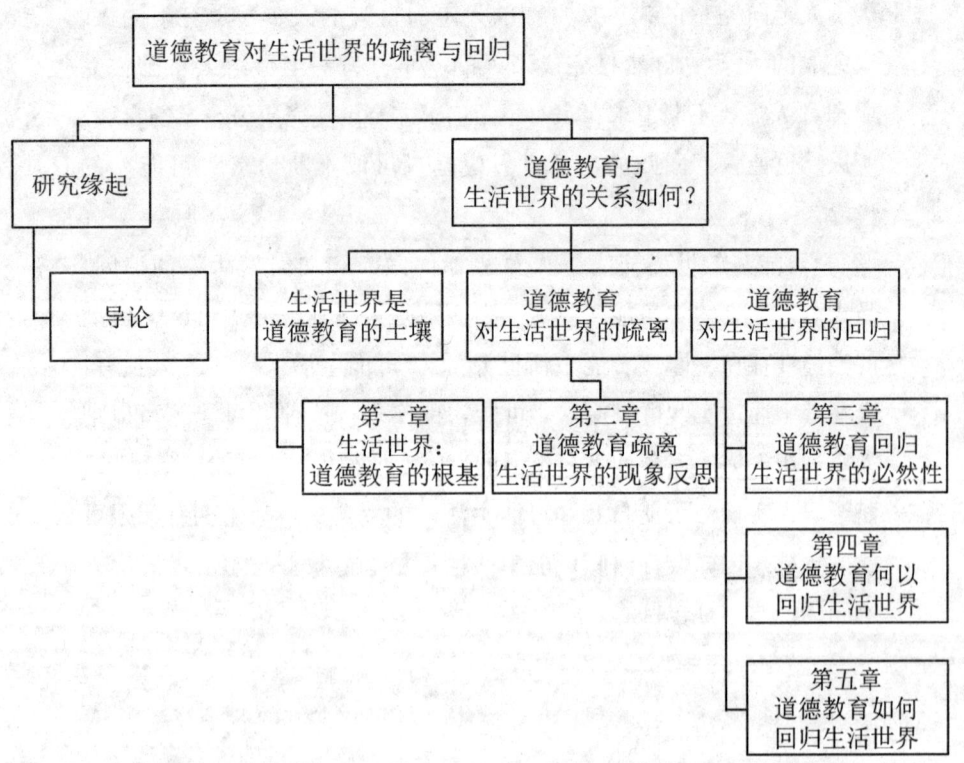

处在生活世界中的人，缺乏道德理想无以成人，更无以塑造人之精神。道德教育培养人的道德理想，引领着人对道德价值原则及其精神基础的笃信和崇敬，是人们完善理想人格和追求美好生活的重要形式。道德教育与生活世界历史地、逻辑地和功能地相伴相生且不可分割。我国道德教育已经取得了很大的成绩，但也在现代化发展进程中产生了疏离生活世界的现象。探索道德教育对生活世界的疏离与回归问题，并不能解决道德教育中仍然存在问题的全部。但笔者认为这是一种可能路径和有效尝试，是当前道德教育发展的本质所需和时代归旨。

导论。本部分首先对此研究的缘起作出系统解说并提出研究的理论意义和实践意义。其次，对道德教育、生活世界以及二者之间相关问题的研究现状进行细致梳理，积极发掘道德教育的本质和生活世界的内涵所在，为本书的论证作好铺垫。最后，对研究中可能出现的难点进行剖析，并提出本书的研究方法和创新之处。

第一章，生活世界：道德教育的根基。从历史的、逻辑的、功能论的角度全面地阐述生活世界作为道德教育的根基所在，将道德教育植根于生活世界，发展于生活世界和实现于生活世界的具体情况呈现出来。

第二章，道德教育疏离生活世界的现象反思。对我国当前道德教育背离生活世界生活性特征的图景作出具体分析，并反思其可能产生的后果及疏离的缘由。

第三章，道德教育回归生活世界的必然性。针对前文道德教育对生活世界疏离的现象，从历史趋势中说明道德教育回归生活世界的趋向，并就道德教育对生活世界的回归可能和生活世界对道德教育的现实需求加以说明。

第四章，道德教育何以回归生活世界。衔接前章对道德教育回归生活世界的必然性阐述，重点从本体论、价值论、方法论的层面来说明道德教育何以回归生活世界。从坚定人本立场、赋予意义追寻和依据实践基础三个方面，详细解说道德教育对生活世界的何以回归。

第五章，道德教育如何回归生活世界。此章是对"道德教育应该回归怎样的生活世界和如何回归生活世界"的具体回答，是从对回归生活世界的实质和定位的分析，创造性提出回归可能生活世界。然后就道德教育如何回归可能生活世界，提出具体要求和路径。

（二）研究意义

道德教育是一项独立的、具体的、培养人道德理想的活动。它源于人的需要，更引领人的超越性追求。生活世界是人赖以生存发展的根基土壤，也是道德教育得以顺利开展和产生实效的坚实载体。探索道德教育回归生活世界的具体问题，可以更好地解决当前道德教育中的本质问题，更好地寻找出解决问题的措施，这具有较强的理论意义和实践意义。

1. 理论意义

（1）进一步提升对道德教育的理论认知。任何一种理论从形成到发展都必然需要经历一个艰难的漫长变化过程，道德教育理论的发展也呈现着同样的轨迹。道德教育作为一项培养人道德理想的活动，它内容涉及广泛，影响因素之多，是一个复杂的系统理论建构过程。虽然它因人生活世界的形成而产生，而且至今也产生了较为可观的研究成果和系统学说，但究其本质，问题仍然处在争辩中。所以，从理论上认知道德教育的本质、结构等方面，必然是非常有意义和必要的。

（2）基于生活世界理论提出适合本书的研究路径。将生活世界作为当前我国道德教育问题的研究视角和分析工具，是一次较难的尝试。本书细致梳理了中西方生活世界理论和马克思生活世界理论，从而明确了本书的基本路径，即以马克思生活世界理论为指导，以西方生活世界理论为参考，以我国生活世界理论为基础。基本路径的提出，可以有助于笔者在研究过程中的思路明晰，更好地突破研究中的难点和困难。

（3）深化道德教育回归生活世界的理性思考。道德教育作为一项培养人道德理想的活动，它反映着一定社会或阶级的道德理想目标，引领着人对某种道德的价值原则及其精神基础的笃信和崇敬。它有阶级性，是应对新时代道德教育问题的时代性研究话题。可是对于道德教育何以回归生活世界、该回归怎样的生活世界、如何回归生活世界等一系列的问题仍需细致探索。本书基于道德教育本质和生活世界内涵理解的基础上，积极地思考了相关问题，希望可以为道德教育回归生活世界提供理性思考。

2. 实践意义

（1）转变道德教育的传统理念。理念的转变为道德教育改革和具体的教育理论实践与实施起着清道开路的作用。教育者是道德教育中的一个重要角色，是道德教育的组织者、实施者和调控者，在协调整个教育过程中发挥着重要的作用。传统的教育观念已经跟不上时代的步伐，传统的教育方法有的已经不能适应时代发展的要求，代之以符合时代发展的现代教育理念及新的教育方法，是我们的任务。因此，要提高道德教育的实效性，教育者的首要任务是要转变教育观念，树立科学的教育观。本书从生活世界中探寻道德教育，是一种新的教育理念尝试，以求达到优化具体教育过程和实施新教育理念的目的。

（2）提供道德教育回归生活世界的现实参考。道德教育是我国当前思想政治教育的重要组成部分，道德理想历来是人们精神生活的重要内容。在我国社会主义市场经济蓬勃发展的当下，道德教育面临着各种问题，一定程度上疏离了生活世界，引发了一系列的思考。对于"回归怎样的生活世界和如何回归生活世界"的问题，学界始终难以达成相对合理统一的看法。本书从道德教育与生活世界之间的同构性出发，揭示出道德教育回归生活世界的实质就是人本回归，并创新性提出向"可能生活世界"回归的构想，为破解道德教育回归生活世界的难题提供了现实参考。

（3）提出道德教育回归生活世界的路径。道德教育回归可能生活世界，是对道德教育回归生活世界问题长期不定论的尝试性探索，是二者同构的使然。可能生活世界是人实现理想人格完善和幸福生活追求的能及场域，是人追求可能自我和可能生活的实体存在。道德教育回归可能生活世界，是一项推动道德教育有序发展的重要途径。具体来说，道德教育需要在可能生活世界中进行，可能生活世界是道德教育发展的时代载体。可能生活世界的发展就是道德教育的发展，它们是相辅相成的。道德教育回归可能生活世界就是要传承文化传统、维护社会秩序和发展个性自由，这是可能生活世界均衡发展的结构根基，更是道德教育助力人完善理想人格和追求幸福生活的路径所在。

第二节　研究现状与研究难点

一、研究现状

（一）道德教育

人类社会与动物界的最大区别就在于人可以制造和使用工具并进行生产劳动。人类通过劳动实践，逐渐产生了思维和意识，并逐渐生成了可以维护社会生产劳动和社会公共生活的道德。"道德是在一定社会经济基础上产生的一种社会意识形态"①,它以一定的善恶观念为评价标准,反映着人类社会生活,可以有效地调节人与人、人与自然、人与社会的关系。道德是人类特有的精神型财富,它需要通过道德教育才能得到有效传递,才能使人类一代代地适应和创造新的社会生产和社会生活。道德教育是人类社会在其自身发展演变过程中的必然活动,它"有意识地实现社会思想道德的个体内化,或者说有目的地促进个体思想品质的社会化"②,是一个动态的提升发展过程。长期以来,道德教育作为"教育者按照一定社会或阶级的要求,有目的、有计划、有组织地对受教育者施加系统的影响,把一定的社会思想和道德转化为个体思想道德意识和道德品质的教育"③。它延续着人类社会的精神型财富,推动着人类社会的秩序稳定和协调发展,也使得人类个体更好地完善自我和适应社会。特别在20世纪科学技术发展的推动下,道德教育成为了"社会教育的一个重要组成部分"④,"成为社会科学和自然科学热门的交叉学科"⑤。它"是以道德的伦理认识为理论基础,重点研究道德与社会的相互关系,以及道德教育在社会发展过程中的地位和作用的一门学科"⑥。道德教育走向了学科化、制度化的发展轨道。

然而,道德教育终归是人类的一种社会现象。透过纷繁复杂的道德教育现象,找到其普遍且稳定的质的规定性,才是提升道德教

---

① 罗国杰:《伦理学》,北京:人民出版社1989年版,第50页。
② 段鸿:《现代德育——理论和实践》,上海:上海教育出版社2012年版,第63页。
③ 董纯才等:《中国大百科全书(教育卷)》,北京:中国大百科全书出版社1985年版,第59页。
④ 苏振芳:《道德教育论》,北京:社会科学文献出版社2006年版,第10页。
⑤ 苏振芳:《道德教育论》,北京:社会科学文献出版社2006年版,第3页。
⑥ 苏振芳:《道德教育论》,北京:社会科学文献出版社2006年版,第10页。

育实效的关键所在。道德教育的质的规定性,是其特有的品质和质地,即是其本质所在,这是长期以来对道德教育研究的重要课题。学界对于道德教育的本质争论从未停止,而且形成了不同的道德教育本质观。

1. 道德教育本质的"实践论"

道德教育本质的"实践论"是强调道德教育的实践性特征,是其区别于其他各种教育形式的重要特征。朱洪发基于对道德本身的实践性特征认知,提出"道德教育的本质在于实践"[①]的观点。他认为"'修身、养性、齐家、治国、平天下'为主导价值观的传统伦理思想和强烈的处事态度决定了实践在道德中举足轻重的地位,通过行动践行人伦关系的要求乃是道德的最高境界"[②]。而西方对于道德的探索,是作为实践哲学在探讨。它以"研究道德与人的现实生活、人生、个人需要、礼仪、幸福的关系为基本特征,以确定道德准则、道德原则为基本宗旨"[③]。道德的实践性决定了道德教育本质的实践性存在。鲁洁教授对此赞同,认为道德教育"是一种实践性的存在,它主要表现在生活的事件和故事中,表现在行动者的行动中"[④]。道德教育需要受教育者的道德实践才能顺利完成,否则它的思想性也只会成为空洞的口号。

2. 道德教育本质的"超越论"

道德教育本质的"超越论"最早提出者是鲁洁教授,她从教育

---

① 朱洪发:《道德教育的本质在于实践》,载《山东师范大学学报(人文社会科学版)》,2005年第1期,第124页。
② 朱洪发:《道德教育的本质在于实践》,载《山东师范大学学报(人文社会科学版)》,2005年第1期,第124页。
③ 朱洪发:《道德教育的本质在于实践》,载《山东师范大学学报(人文社会科学版)》,2005年第1期,第124页。
④ 鲁洁:《生活·道德·道德教育》,载《教育研究》,2006年第10期,第5页。

本身的未来指向性和道德本身所反映的"应是"入手，将道德教育的理解超出了对现实需要的适应。在她看来，道德教育不仅是对各种现实行为和现实关系的复制和重复，更是"一种精神活动"①。它不可脱离物质现实生活，但其最后的归宿并不仅仅是为了满足现实，而是对现实的超越。她提出"没有这种对现实的超越，道德教育只能趋向于消亡"②。王啸从对主体人的尊重上，探索道德教育的超越本质。她认为"道德从实质上看，是人为满足自身需要而创造出来用以认识、肯定、发展、完善、超越自己的手段"③。道德教育是人自身的需要，"失去了超越性，一个人就降格成为某物，因为他失去了本来所有的自决性成为某种被决定、被操作的东西，他的生存无法构成他的生活而只不过是别人生活中的点缀，更谈不上幸福可言了"④。此外，杜时忠从把握传统道德教育指导思想和现代道德教育时代误区的基础上，提出道德教育的超越本质是"对时代误区的超越，对传统的德育指导思想的超越"⑤。

3. 道德教育本质的"主体论"

道德教育本质的"主体论"体现在刘国华所主张的"激发道德主体追求德性，引导道德主体内化道德规范"⑥思想之中。在他看来，道德教育的主体是人，是面向主体人的品德发展活动。人不仅有同动物无区别的生物性，更有更高层次的精神性需要，这是区别于动物的人性所在。道德教育塑造着道德在人的生物性存在中实存

---

① 鲁洁：《道德教育：一种超越》，载《中国教育学刊》，1994年第6期，第2页。
② 鲁洁：《道德教育：一种超越》，载《中国教育学刊》，1994年第6期，第3页。
③ 王啸：《德育本质刍议》，载《上海教育科研》，1998年第5期，第25页。
④ 王啸：《德育本质刍议》，载《上海教育科研》，1998年第5期，第25—26页。
⑤ 杜时忠：《试论德育的超越本质》，载《高等函授学报（哲学社会科学版）》，1997年第2期，第5页。
⑥ 刘国华：《道德教育的本质与有效策略——道德二属性的视角》，载《教学与管理》，2010年第21期，第11页。

的精神性存在，即德性。德性让人体会到为人之美，感受到道德人格是个人体验人生意义和价值的重要基础。于是，刘国华认为"人们对道德规范的遵守不是被动的迫于任何外在的压力和要求，而是主体自主、自觉的积极追求和超越，人们对道德的追求具有长期性、一贯性，表现在行为上就是一贯地、自觉地符合道德要求"[①]。可见，刘国华的道德教育本质的"主体论"是以人的自主、自觉需要为基础的。而班华则从人的主体发展性上建构道德教育本质的"主体论"。他认为，"现代德育以促进人的德性现代化为中心，或者说是以促进主体现代德性发展为根本。主体性、发展性是现代德育的本质规定"[②]。反之，彭忠信将人在道德教育中的主体性分开来探索，认为人既是"道德的接受者"，也是"道德的创造者和体现者"。[③]他的主体道德教育论是在承认和尊重人的主体性地位的基础上，更关注人在接受教育过程中的作为独立个性个体的能动性发挥，这样更有利于人本身的德性完善。

4. 道德教育本质的"统一论"

道德教育本质的"统一论"是针对主体性道德教育论的片面性而提出的。认为"它片面强调道德教育在满足人的主体性需要方面的作用及其对于人的自我肯定、自我发展和自我实现的意义，忽视了道德教育还有适应社会需要、维护社会和集体利益、限制个人需要和规范、制约个人行为的功能"[④]。道德教育中，人既是被动的客体，又是能动的主体。道德教育是具有社会导向的，人的主体性发

---

① 刘国华：《道德教育的本质与有效策略——道德二属性的视角》，载《教学与管理》，2010年第21期，第11页。

② 班华：《现代德育论》，合肥：安徽人民出版社2005年版，第12页。

③ 彭忠信：《对道德教育本质论的辩证思考》，载《教育与职业》，2007年第18期，第89页。

④ 彭忠信：《对道德教育本质论的辩证思考》，载《教育与职业》，2007年第18期，第90页。

挥不可能与之分开。"道德教育实质上既体现着人的主体性发展需要，也体现为社会和谐发展的社会性需要，是人的主体性和社会性的共同要求。"① 所以，道德教育的本质不能仅仅体现在主体性上，而是主体性与社会性的有机统一。同时，朱艳也就道德教育本质"统一论"阐述了自己的观点。她认为"道德是人的道德，道德教育在考虑社会需要的同时，也应关注人的需要与价值"②。她将道德教育的主体性理解为发展性，将社会性理解为规范性，把道德教育的本质规定为规范性和发展性的统一，拓展了道德教育本质"统一论"的内容。

5. 道德教育本质的"求善论"

道德教育本质的探索在赵志毅看来，"规范说"和"生活说"是最具代表性的两种观点。"规范说"是将道德教育"蜕变为注入规范、规则的外在化教育"③。它"悄无声息地脱离了原初为人类服务的本意，变成为少数利益集团服务的工具，从而使规范与德育貌合神离"④。"生活说"是"将生活知识引入德育课堂中，即是德育教学及学科知识获得科学发展的缩影"⑤。可是，"当生活的每一个毛孔都流淌着道德的血和泪时，作为生活主体的人的创造精神也就荡然无存了"⑥。"生活说"并不是万能的，更需要不断地丰富和完

---

① 彭忠信：《对道德教育本质论的辩证思考》，载《教育与职业》，2007年第18期，第90页。

② 朱艳：《论道德教育的本质规定》，载《福建论坛（社科教育版）》，2009年第8期，第123页。

③ 张荣伟：《当代基础教育改革》，福州：福建教育出版社2007年版，第297页。

④ 赵志毅、张鹏程：《追求"善的生存"——德育本质再探》，载《杭州师范大学学报（社会科学版）》，2012年第3期，第113页。

⑤ 赵志毅、张鹏程：《追求"善的生存"——德育本质再探》，载《杭州师范大学学报（社会科学版）》，2012年第3期，第114页。

⑥ 赵志毅：《德育的"意志"转向——兼论走向"实践理性"的学校德育》，载《教育研究》，2012年第2期，第56页。

善。于是，赵志毅在充分反思"规范说"和"生活说"的基础上，提出道德教育的本质在于追求"善的生存"。"'善的生存'不仅指出了人具有生命性、本体性或存在性，同时意味着人的存在离不开世界、离不开他者、离不开'类'。"[①]中西方道德社会中都将"善"作为重要的价值理念和生活观念，"善"已作为人的生存方式而存在。所以，"善的生存"是道德教育本质使然，促进人心怀善念、追求至善和努力行善。这是道德教育的根本出发点，也是最终归宿。

通过对近些年来学界关于道德教育本质的观点梳理，可以发现学者们都有着各自不同的研究视角和研究维度。可是，道德教育作为人类的一种社会现象，它的本质应是其独有的品质和质地，是其内在的质的规定性。这种规定性就是事物内部所包含的特殊矛盾。所以，道德教育的本质即是其内部的特有矛盾所在。

道德教育作为"教育者按照一定社会或阶级的要求，有目的、有计划、有组织地对受教育者施加系统的影响，把一定的社会思想和道德转化为个体思想道德意识和道德品质的教育"[②]。它有关于道德品质的狭义教育，也有涉及思想、政治、法纪、道德等方面的广义教育。本书所关注的是狭义的道德品质教育，它存在着教育者、道德品质和受教育者三个基本要素。教育者以一定的道德品质要求受教育者，同受教育者原有的道德品质基础发生矛盾并产生矛盾运动。当受教育者自觉地认知、内化和运用这些道德品质并形成个体品德时，矛盾才得以化解。于是，有学者认为道德教育的本质就是教育者帮助受教育者生成道德品质和践行道德行为的活动。

而实际上，道德本身作为人类的一种特有精神活动，它是人类

---

① 赵志毅、张鹏程：《追求"善的生存"——德育本质再探》，载《杭州师范大学学报（社会科学版）》，2012年第3期，第115页。

② 董纯才等：《中国大百科全书（教育卷）》，北京：中国大百科全书出版社1985年版，第59页。

自我超越和自我升华的使然。"它是精神道义对物质功利的超越，是应当对实事的超越，是可能对现实的超越，真正具有'道德'意义的道德教育，不是把社会现存的道德规范和行为准则灌输给学生（虽然这是必要的），使学生成为一个个'美德的集合体'（柯尔柏格对此给予了强烈批评，指出即使学生熟记了众多的道德规则，也不等于说他成为了有道德的人），而是启发和唤起学生的道德自觉和道德良心，使学生树立道德理想，领悟人生真谛，学会'怎样做人'。"① 在道德教育过程中，其关键之处并不在于传播道德知识，也不在于训练人的道德行为，而在于培养人的道德理想。道德理想是相对于道德现实而言的，"道德现实是我们直接存在于其中、并必须面对的社会道德生活实际。无须讳言，它是纷杂混乱的，美与丑、善与恶交错在一起，往往使人感到世俗世界的浮躁和无奈。相反，道德理想则是观念的，它是人们对某种理想的道德社会及理想的道德个人的设计，是对现实中还不存在的美好道德社会蓝图及完美道德个人模式的勾画，表现了人们在道德方面的希冀和期望"② 。也就是说，道德理想是源于道德现实的，但又高于和优于道德现实。它是一种道德追求和道德向往，具有超越性。道德教育就是以这种超越于道德现实的道德理想去塑造人和培育人，促进人理想人格的完善和幸福生活的追求，以此实现对道德现实的超越。没有这种超越，道德教育就无以存在，也可能等同于数学、经济学等学科课程的教学与传授。道德理想会成为人们在生活世界中的坚强支撑和精神动力，实现人在生活世界中的自由存在，成为一个自由全面发展的人，一个生活幸福的人。至此，笔者认为道德教育的本质在于培养人的

---

① 杜时忠：《试论德育的超越本质》，载《高等函授学报（哲学社会科学版）》，1997年第2期，第6页。

② 王宏维：《论道德理想与道德典范》，载《华南师范大学学报（社会科学版）》，1996年第1期，第118页。

道德理想,这是它的质的规定性。它是一个塑造人精神的过程,统领着人的生活世界。

(二)生活世界

生活世界理论是基于近代以来人类社会科学主义世界观的形成和扩张,对人类生存和发展带来了较大的、甚至是灾难性的影响而作出的理论回应。"生活世界"已经成为近代哲学理论中的重要内容,是其现代哲学不可或缺的核心概念。很多领域的研究者都在其研究领域中使用"生活世界"术语,并从"生活世界"中发现问题和解决问题。虽然"生活世界"到目前为止都没有形成统一的概念性表述,但是其精神内涵和思想境界都是针对近代以来社会发展所产生的各种问题进行反思和建构。马克思从其唯物史观的角度对生活世界进行了解说,虽然没有明确的生活世界论述,但推进了生活世界理论的新发展。20世纪80年代末90年代初以来,我国学界对于生活世界理论的研究逐渐兴起,这是伴随着我国社会主义现代化的发展和科学世界的快速推进而产生的时代性需求。而且该理论已被运用到多领域之中,促进了生活世界理论在我国的本土化发展。

1. 西方生活世界研究

西方学界一直将"生活世界"视为现代哲学的重要概念,将其运用于多领域的学术研究之中,力求针对近代以来科学世界发展所产生的各种问题进行反思和建构。胡塞尔是生活世界的首位提出者,他认为在19世纪后半期,"现代人的世界观唯一受实证科学的支配,并且唯一被科学所造成的'繁荣'所迷惑"[①]。"生活世界总是一个

[①] [德]胡塞尔:《欧洲科学的危机与超越论的现象学》,王炳文译,北京:商务印书馆2009年版,第4页。

预先被给予的世界"①,"是一个依存于我们的五官感觉的、具有声、形、色的世界,在空间上是三维的、时间上是一维的"②。生活世界为人的发展和科学世界的形成提供了良好基础。可"现存生活世界的存有意义是主体的构造,是经验的,前科学的生活的成果。世界的意义和世界存有的认定是在这种生活中自我形成的"③,生活世界的主观性比较容易受到科学世界的客观影响。"人们所依赖的一切生活条件,理想,规范,就如同流逝的波浪一样形成又消失,理性总是变成胡闹,善行总是变成灾祸。"④ 人们进入了科学危机时代,遭遇了十分紧迫的问题,"即关于这整个的人的生存有意义与无意义的问题"⑤,而这个问题的关键在于"科学、哲学和生活意义之统一性的完全丧失"⑥。

海德格尔是胡塞尔的学生,但他并没有完全继承胡塞尔的先验现象学,只是对生活世界进行了基础性探索,开创了自己独特的存在主义思想,认为"岩石在,但它们并不存在。树木在,但它们并不存在","存在着的物就是人,唯有人存在着"⑦。在他看来,人是

---

① [德]胡塞尔:《胡塞尔全集(第6卷)》,海牙:马蒂努斯尼伊霍夫出版社1976年版,第461页。

② 王文鹏:《胡塞尔"生活世界"理论的德育启示》,载《教育理论与实践》,2008年第12期,第26页。

③ [德]胡塞尔:《欧洲科学危机和超验现象学》,张庆熊译,上海:上海译文出版社1988年版,第81页。

④ [德]胡塞尔:《欧洲科学的危机与超越论的现象学》,王炳文译,北京:商务印书馆2009年版,第5页。

⑤ [德]胡塞尔:《欧洲科学的危机与超越论的现象学》,王炳文译,北京:商务印书馆2009年版,第18页。

⑥ Petra Janssen, *Geschichte und Lebenswelt: Ein Beitrag zur Diskussion von Husserls Spätwerk*, Den Haag: Springer, 1970, p.413.

⑦ 中国现代外国哲学学会:《现代外国哲学(第5辑)》,北京:人民出版社1984年版,第326页。

特殊的存在者，个体是世界的存在，只有人才会思考自身存在的问题和意义。同时，"海德格尔指出：此在不仅是一个世界中的存在，而且与世界之物共同存在，与他人共同此在（Mitsein）这个'共同'是一种此在式的共同"①。他强调了生活世界中人的生存主体性，和与他人共存共享问题，但没有针对科学世界影响进行探索。而如何同他人在生活世界中共存共享？海德格尔也没有具体解释。

维特根斯坦对于同他人在生活世界中共存共享的问题，提出"时代的疾病要用改变人类的生活方式治愈，哲学问题的疾病则要以改变人类的思维方式和生活方式来治愈"②。"生活方式"在维特根斯坦看来，"想象一种语言就叫做想象一种生活形式"③。语言是人区别于动物的重要方面，是人们"必须接受的，被给予的，是——我们可以这么说——生活形式"④。语言促进了人们在生活世界中的生活实践，成为了生活世界得以形成的重要媒介。而如何利用语言去治愈科学世界的时代疾病，维特根斯坦并没有提及，只是强调了它作为生活形式去缓解危机的一个途径。

哈贝马斯作为生活世界理论的集大成者，他首先揭示了现代社会的困境源于科学世界发展导致的"工具理性"恶意膨胀所致。工具理性主宰了现代社会中人与人的交往关系，使得人们在生活世界中产生了沟通障碍。而破解沟通障碍就要重建生活世界的合理性，以人与人之间的交往理性取代工具理性，激发人与人之间的相互理解和关怀的意义，当然这需要以语言为媒介的交往行为实现，才能

---

① 王守昌：《新思潮：西方非理性主义述评》，北京：东方出版社1998年版，第106页。

② 尚志英：《寻找家园——多维视野中的维特根斯坦语言哲学》，北京：人民出版社1992年版，第203页。

③ 陈嘉映：《语言哲学》，北京：北京大学出版社2003年版，第195页。

④ [英]维特根斯坦：《哲学研究》，汤潮、范光棣译，北京：生活·读书·新知三联书店1992年版，第210页。

得以突破。以语言为媒介的交往行为促成了生活世界的文化、社会和个性的统一性形成，它们是生活世界的结构性内容（见下表）。① 文化的再生产、社会的一体化和个体的社会化是生活世界发展的必然要求。"文化知识以符号形式体现出来——体现在使用对象和工艺中，体现在格言和理论中，体现在书籍和文件中，还体现在行动中。社会体现在制度化的秩序、法律规范或规范调整的实践活动和使用的交织物中。最后，个性结构体现在人的有机体的根基中。"② 没有文化的传播，自然也不会有生活世界的生成，文化是生活世界的基础。社会是人们交往的场域，"交往的参与者调整着他们的隶属于社会群体的成员，并因而保证着他们的团结一致"③。个性是主体的表征，是"主体取得了参与相互理解过程的功能，并在其中确定了他本身的身份和特征"④。文化、社会和个性之间相互促进，共同统一于生活世界之中，构成了"一个错综复杂的意义关系网"⑤，维护着生活世界的正常运转。

哈贝马斯的生活世界结构⑥

生活世界的结构要素	不同的再生产过程	交往行为的不同侧度
文化	文化再生产	理解
社会	社会一体化	协调
个体	个体社会化	相互作用

---

① 张博树：《现代性与制度现代》，上海：学林出版社1998年版，第60页。
② [德]哈贝马斯：《后形而上学思想：哲学文集》，法兰克福：美音1988年版，第69页。
③ 艾四林：《哈贝马斯》，长沙：湖南教育出版社1999年版，第104页。
④ 艾四林：《哈贝马斯》，长沙：湖南教育出版社1999年版，第104页。
⑤ 艾四林：《哈贝马斯论"生活世界"》，载《求是学刊》，1995年第5期，第4页。
⑥ 张博树：《现代性与制度现代》，上海：学林出版社1998年版，第60页。

上述西方哲学家对于生活世界虽同一能指，却所指不同。他们有着各自不同的视角，因此对生活世界的理解差异性较大就不足为怪了。可是，他们的精神实质是始终一致的。他们都是基于当时的科学主义世界观反思之后，方才引入"生活世界"，以期突破科学主义的僭越。他们对于生活世界的积极探索，展现出现代西方哲学的关注点由自然界转向了对人和人的生活。它能够通过对人生活世界的独特性关注，洞察时代所呈现的人的生存危机和意义迷惘等现实问题，更积极地寻求解决方案。可是，他们对于生活世界的理解，由于各自的理论关怀和文化背景的差异性，使得他们所理解的生活世界存在着一定的局限性。胡塞尔的生活世界建构是一种意识的臆断，他的生活世界是先验的。海德格尔的生活世界虽然从存在主义角度关注到了人的存在，却忽视了人的存在是一种社会性存在的本质属性。维特根斯坦从语言层面探索生活世界，将一切问题归结到语言上，以期通过拯救语言危机走出科学主义世界观。可相对某种个体化语言的具体使用来说，它是先在的，并不能从根本上解决现实问题。哈贝马斯关注到了人的社会性在生活世界中的重要作用，可惜他将生活世界的实质放在了语言上，却忽视了语言是源于人的实践。所以，他的生活世界理论也没有脱离意识构造的窠臼。如此一来，可以看出西方生活世界理论实际上是对人日常生活的关注，具有自在性和封闭性等消极特征，始终没有剥去"意识的外衣"。

2. 马克思的生活世界研究

马克思一生的理论追求在于实现人的自由全面发展，他的生活世界理论是以社会实践为纽带，将生活世界视为实现人自由全面发展的现实土壤。基于这个土壤完成其自身对于改造人的生存方式和实现人的理想化生存的理论追求。可马克思在其经典著作中并没有明确提及生活世界的系统理论，但他对于生活世界的理解是贯穿始终的。马克思提出了以人为主体,以实践为物质基础,以关系和交往为主要内容,以人的自由全面发展为终极目标的生活世界观。

第一,生活世界的主体是人。

一段时间内人被理解为"被抽象地孤立地理解的、被固定为与人分离的自然界,对人来说也是无"①。马克思认为生活世界的主体是人,人首先是以他的对象性存在和生命存在为基础,是自然存在物。没有生命的存在,也就无所谓人。人被自然赋予了生命力,"激情、热情是人强烈追求自己的对象的本质力量"②,人凭借着生命力满足自身的需要并改造着自己对象来迎合自己的需要。自然界并不能满足人的发展需要,人的需要还要由社会生产力的发展来决定。人是自然存在物和社会存在物的统一,这是人最大的现实性。现实的人是自然发展过程和社会历史过程的统一体。所以,生活世界是属人的世界,它是现实人的世界。

第二,生活世界的物质基础源于实践。

人作为存在于生活世界中的现实生命体,"人们首先必须吃、喝、住、穿,然后才能从事政治、科学、艺术、宗教等等;所以,直接的物质的生活资料的生产,从而一个民族或一个时代的一定的经济发展阶段,便构成基础,人们的国家设施、法的观点、艺术以至宗教观念,就是从这个基础上发展起来的"③。生产只是物质资料生产实践的基础形式,它是现实人的生存发展基础,也是整个社会发展的推动力。所以,从这点来看,无论社会生活,还是现实人的个体生活,归根结底都是实践的。没有实践就没有社会生活和个体生活。"手推磨产生的是封建主的社会,蒸汽磨产生的是工业资本家

---

① 俞吾金:《被遮蔽的马克思》,北京:人民出版社2012年版,第367页。
② 中共中央马克思恩格斯列宁斯大林著作编译局:《马克思1844年经济学哲学手稿》,北京:人民出版社2000年版,第107页。
③ 《马克思恩格斯文集》第3卷,北京:人民出版社2009年版,第601页。

的社会"①,"全部社会生活在本质上是实践的"②。"凡是把理论引到神秘主义方面的神秘东西,都能在人的实践中以及对这个实践的理解中得到合理的解决。"③ 实践为人的生活世界提供了物质基础,也促进了社会生产力的不断发展。

第三,生活世界的主要内容是关系和交往。

实践是人生活世界的物质基础,没有实践,就不会有生产。"为了进行生产,人们相互之间便发生一定的联系和关系;只有在这些社会联系和社会关系的范围内,才会有他们对自然界的影响,才会有生产。"④ 生产必须依托一定的关系才能产生,没有生产,就不会有生活,没有生活也就无所谓生活世界,生活是生活世界基本形式。这种形式体现在人与他人、人与自然之间的对象性关系上。关系和交往是生活世界的主要内容,人在与自然、与他人的相互联系和交往中形成社会关系,可以改造客观外部世界,也可以不断丰富着自己的精神世界。

第四,生活世界的终极追求目标是实现人的自由全面发展。

马克思早年对自己的人生方向作了确定:为全人类的幸福而奋斗,也就是为每个人的自由全面发展而奋斗。这是对未来美好社会的追求,它是"一个更高级的、以每个人的全面而自由的发展为基本原则的社会形式"⑤。自由是人有史以来的需求状态,可自由仅仅是一个相对的概念。人的自由实现总是与社会生产力、社会关系等息息相关。它会随着社会的发展而呈现上升的趋势,人们对于自身

---

① 《马克思恩格斯选集》第1卷,北京:人民出版社1995年版,第142页。
② 《马克思恩格斯选集》第1卷,北京:人民出版社1995年版,第56页。
③ 《马克思恩格斯选集》第1卷,北京:人民出版社1995年版,第60页。
④ 《马克思恩格斯选集》第1卷,北京:人民出版社1995年版,第724页。
⑤ 陈学明:《永不消逝的"幽灵":重读〈共产党宣言〉》,北京:人民出版社2013年版,第53页。

自由的实现也会发生改变。全面发展也同样需要在社会生产力发展到相当高的程度后才会实现，而且它对人的综合要求水平较高，它并不是一蹴而就的事情。所以，每个人的自由全面发展作为马克思生活世界追求的终极目标，必须经历着一个从低级到高级的逐步发展过程。它具有生成性，始终在历史发展进程中求得完善。

与现代西方哲学家们的生活世界理论相比，马克思站在了历史唯物主义的立场上，清晰地提出了以实践为纽带的生活世界观，体现出了较大的优越性。马克思将生活世界的物质基础确定为实践，他看到了实践对于生活世界的现实意义。这样就避免了将生活世界的理解陷入先验主义之中，摆脱了抽象主义的意识干扰，对生活世界作出了更为现实的合理说明。马克思的生活世界观被认为是"开创了现代哲学的先河"①，对本书理解生活世界起到了重要的指导作用。

3. 当代中国的生活世界研究

改革开放以来，我国现代科技发展迅速，社会主义市场经济逐步完善，促进了整个经济社会的发展和人们生活水平的提高，也产生了很多问题。出于对我国现代社会发展和人的现实关怀，从20世纪80年代末90年代初开始，生活世界理论逐渐得到了我国学界的普遍关注，特别是对于生活世界的本质和内容，学者们进行了多方面的探索。

首先，从本质上来说，人们普遍认同生活世界是人的实践世界。"生活世界的现实基础是人的实践活动"②，"生活世界的实质就是人

---

① 吴启文：《改革开放的哲学》，香港：中国文化出版社2008年版，第88页。
② 刘建华：《赛博空间的舆论行为 校园网络舆论的形成机制及其思想政治教育研究》，北京：中国政法大学出版社2011年版，第214页。

的生活，就是生活中的人本身"①。人在生活世界中既是主导者，也是主体。可是，人毕竟是社会的人，人必须通过交往才能创造生活世界。"人所创造的生活世界并不是单纯主观性的意义世界，它也是在人的各种实践活动和交往关系中产生和发展起来的。"② 所以"'生活世界'既是一个实体的世界，又是一个关系的世界，在这个世界中，人的地位是至高无上的，人是能动的主体，人不依附于自然、社会、他人，或者其他某些外在力量。"③ 当然"'生活世界'的概念，决不是指'生活环境'，也不是指'自然世界'和'社会世界'，而是指对人生有意义的，且人生活在其中的世界，是人生的过程、生活着的心物统一的世界。"④ "生活世界是有意义的世界，它的意义在于它是人类创造的、实现人类自身发展的世界。"⑤

其次，从内容上来说，人们对于生活世界的研究主要是相对于科学世界展开的。认为"生活世界是人类生活形式的历史展开图景。而生活形式作为人们日常活动的一般形式，是人类心性活动过程与物性活动过程的叠合展现形式；前者是一种精神过程"⑥，"后者虽然也折射出某种精神性的东西，但它越来越展示为一种技术化的过

---

① 庞立生、王艳华：《哲学向生活世界的回归》，载《东北师大学报（哲学社会科学版）》，2003年第4期，第34—35页。

② 尹树广：《生活世界的现实及其价值维度》，载《哲学研究》，2003年第1期，第15页。

③ 郭元祥：《生活与教育——回归生活世界的基础教育论纲》，武汉：华中师范大学出版社2002年版，第113页。

④ 郭元祥：《生活与教育——回归生活世界的基础教育论纲》，武汉：华中师范大学出版社2002年版，第113页。

⑤ 靳玉乐、李森：《现代教育学》，成都：四川教育出版社2005年版，第134页。

⑥ ［美］L.A.怀特：《文化的科学——人类与文明研究》，沈原等译，济南：山东人民出版社1988年版，第50页。

程"①。科学世界是生活世界中的科学世界,"生活世界尽管离不开科学世界,但却不是科学世界的全部"②。"科学的目的就是要形成关于事物的统一的和真理性的认识。"③ 也就是说,科学世界是要建构一个具有统一性的"同一的世界"④。同时,针对科学世界的影响,有学者认为"生活世界是科学世界的意义基层","它本质上是一个融自然、生命、精神为一体的文化世界,同时它也是与他人与世界共在的共同体世界"⑤。科学世界的问题,需要回归生活世界,以生活世界为依托,促进人的幸福生活实现,才能更好地实现人的自由全面发展。

至此,我国的生活世界研究以马克思主义哲学为指导,在对科学世界探索的基础上,将"实践"的概念深入应用到生活世界的理论研究之中。生活世界被视为人的实践世界,这相对于西方无法脱离意识构造窠臼的生活世界观具有巨大的进步。它恰好弥补了西方生活世界理论中的实践不足,更推进了我国生活世界理论研究的新发展。可是,"生活世界"在我国学界一直是一个外来的"植入"概念,我国学者们在探索此概念与我国原有文化背景相衔接的过程中存在着一定的不足。学者们将生活世界的原初意义忽视了,从西方对人日常生活的关注,走向了另一个极端。大家对生活世界的理

---

① 黄旭敏:《深度技术化条件下生活世界的危机与重建》,载《中山大学学报(社会科学版)》,1997年第2期,第4页。

② 杨莉君:《科学世界与生活世界的统———兼论新课程的取向》,载《中国教育学刊》,2002年第6期,第13页。

③ 张以明:《超越生活世界——论胡塞尔的科学客观主义批判》,载《自然辩证法研究》,2010年第8期,第122页。

④ 张以明:《超越生活世界——论胡塞尔的科学客观主义批判》,载《自然辩证法研究》,2010年第8期,第122页。

⑤ 郑雪松:《教育学从"科学世界"深入到"生活世界"——对教育学转向的思考》,载《聊城大学学报(社会科学版)》,2010年第1期,第80页。

解更具开放性，更重视人的关系性存在和意义性发展。生活世界成为了一个极具歧义性的概念，产生了多样化的生活世界理论，始终处于争辩之中。

4. 本书对生活世界的界定

综上所述，生活世界的理论探索一直在不断推进之中。可由于学者们所关注的角度不同，对生活世界的理解也产生了较大的差异性。生活世界成为了一个非常含糊且复杂的概念，始终没有明确统一的界定。通过对西方生活世界的深入分析，并在对马克思生活世界和我国生活世界理论系统整理和全面挖掘的基础上，笔者发现学者们对于生活世界的研究无外乎是从具象层面的经验性概念研究和哲学层面的分析性概念运用。本书的主题是探索道德教育对生活世界的疏离与回归，这是从一般意义上来探索道德教育与生活世界的关系，生活世界之于道德教育是根基所在，道德教育不能疏离生活世界。探索该主题必须明晰生活世界含义，这是立论依据，否则无法开展相关研究。而且从存在论的意义上来说，生活世界的含义不是一个简单地用某种语言阐述和理论逻辑就可以完全揭示出的概念。生活世界需要通过本身的实际存在过程才能得以展现自身，对其任何一种界定实际上都是对其异常丰富内涵的遮蔽和消解。

通过前期大量的探索，笔者确定了以马克思生活世界理论为指导，以西方生活世界理论为参考，以我国生活世界理论为基础的研究路径。生活世界在本书中被确定为包容性较强的哲学概念，它泛指人一切活动的场域。活动对于人来说，从生到死都经历着各种活动。而"人的各种活动的总和"[1]就是生活，生活性是人生活世界的根本特性。失去了生活性，人就无法进行各种活动，人的生活世

---

[1] 《辞海》，上海：上海辞书出版社1999年版，第4651页。

界就无以存在。生活性是人在生活世界中生活状态的高度概括和表达。人的生活总是交织着人们彼此之间的多样活动,人的生活伴随着各种各样的活动。所以,生活世界就是人一切活动的场域。由此,不难看出这一框定包含着以下几点:

(1) 生活世界是一个以人为主体的世界

生活为人所独有,生活的存在实际上就是人的存在。没有人的存在,生活就无以存在,人的生活世界也无以形成。人在生活世界中开展各种丰富多样的活动以求得生活的实现,这是每个人的生存和发展都必然需要经历的过程。这个过程中人们既有对物质的基本生存需要,又有对生命底蕴和人生价值的价值延续。生活世界中的人们凭借着较强的自主能动性,诠释着作为人的类本质存在,展现了人独有的超越性特征,体现了人在生活世界中不断追求的生活境界。生活世界就是这样一个以人为主体的、生机勃勃的活动世界。

(2) 生活世界是一个主体间性的世界

人的存在是一种类的存在,脱离群体的存在无法让人生活于这个世界。人生活于生活世界之中,为了生存与发展需要开展各种活动,逐渐使得各自的物质生产和精神发展在相互交往中获得新的提升并进而丰富各自的生活世界。人的生活世界是异常丰富的,它有着不同的形式和不同的层次。人们只有通过个体与个体、个体与群体的矛盾碰撞,才能有着新的突破和更新。这是一个主体间相互取得共识的过程。当然共识的基础是主体间的平等地位应当得到充分的尊重,否则是难以取得合理共识的。人们在平等交往中取得生活的共识,以人的主体间性建构着人的生活世界,追求着人自由全面发展的前进方向。

(3) 生活世界是一个以实践为基础的世界

人的生活世界总是充斥着人的各种活动,人依赖于实践将人的生活世界打造得丰富多彩,赋予了人生活世界更多的意义存在,让人们在这个属人的世界中可以追求更多的生命价值和生活乐趣。实践是人生活世界的基础，没有实践的支撑，人的生活世界就没有存在的可能。以实践为基础，建构人的生活世界，已经深入到生活世界的发展进程之中。人立足于实践，创造了伦理、科学和艺术等形式，把握了生活世界并超越了实践的现实。通过实践，生活世界中人的各种现实境遇和矛盾得以正视，并产生了更高的生活境界追求。实践奠定了生活世界的根基，更赋予了其生机和活力，让人们得以在这个活动场域中不断前进和发展。

(4) 生活世界是一个结构性的世界

人的一生活动有多种，可以说，人生就是各种活动彼此交替的系统。它往往具体到实践行动中，具体到各种交往行动之中。没有交往行动的发展，就不可能构成人的生活世界。生活世界是人一切活动的场域，也是人交往行动发展的场域。在这个场域中，人的交往行动有凝结于物质之中又游离于物质之外的目的行为，这种行为受着人们一定时期内共识化的生活思维和方式的支配，对应于"文化"；有存在于人与人之间的规范行为，这种行为受着人们核心价值观和伦理规范的调节，对应于"社会"；还有展现于公众面前的戏剧行为或表演行为，这种行为受着人在一定组织中所获得能力和资格的影响，对应于"个性"。文化、社会和个性三个要素相互联结，共同推进着人各种交往行动的完整。从这个层面上来说，作为人一切活动场域的生活世界并不是一个孤立的整体。它是由文化、社会和个性构成的结构性存在，是文化再生产、社会整合和个性成长的需要。文化、社会和个性三个要素相互协调，可以促进人的一切活动顺利开展，实现文化传统、社会秩序和个性自由的均衡发展。这虽与哈贝马斯所提倡的以语言为中介的生活世界结构说有相似之处，但它的逻辑进路已摆脱了意识构造的窠臼。它是从人一切活动的实践基础出发，以实践建构生活世界结构，维系文化、社会和个性之间的良性互动,促进人一切活动的有序进行,维系着生活世界的整体健康状态。

(三)道德教育与生活世界

1. 道德教育与生活世界的关系研究

道德教育与生活世界的关系在学界有从不同层面的分析,主要涉及历史、逻辑和功能论三个方面。首先,在历史层面,是在追踪道德教育的历史本源基础上,揭示出道德教育原初面貌和人类原初生活世界的一体状态。唐汉卫在其《生活道德教育论》中指出"在原始社会,由于生产力水平极其低下,人的意识水平也相当薄弱,根本不可能有意识地,同时也没有条件把道德教育作为一项独立专门的社会活动来进行"①。所以,原始社会的道德教育是与生活世界融为一体的。其次,在逻辑方面,学界对道德教育源于生活、为了生活世界并在生活世界中进行作了相应的论述。有学者提出"生活世界是道德教育的生长点,离开生活世界,道德教育最终将走向虚无"②。道德教育只有在生活世界中进行,才能更好地为生活世界服务。这为探寻道德教育与生活世界的关系提供了具有借鉴性的分析角度。最后,在功能论方面,邵广侠认为生活世界中"存在着丰富的德育价值"③,道德教育只有植根于生活世界,才能更好地发展。这是时代发展、人的自我发展、世界教育发展和实施素质教育的必然要求。

---

① 唐汉卫:《生活道德教育论》,北京:教育科学出版社2005年版,第74页。
② 邵广侠:《道德教育应植根于生活世界》,载《淮阴工学学报》,2002年第4期,第9页。
③ 邵广侠:《道德教育应植根于生活世界》,载《淮阴工学学报》,2002年第4期,第10页。

2. 道德教育对生活世界疏离的研究

(1) 道德教育疏离生活世界的现状

目前学界对于道德教育疏离生活世界的现状研究主要聚焦在道德教育本身结构中所呈现出的问题，主要表现在道德教育目标、道德教育内容和道德教育方法上。首先，道德教育目标忽视了对人的幸福引领，让道德教育与现实人的道德品质生成产生了较大差距。而且受一定社会生产和现代科学世界勃兴的影响，道德教育目标也呈现出政治化与工具化的问题，使得"道德教育日益成为封闭化的制度体系"①。其次，道德教育内容的知性化和学科化，"把道德教育等同于道德知识和道德理论的传授"②，片面强调了道德教育中对道德知识的灌输。这样虽然提升了人们对道德的概念和原理的理性认知，但也让人们的道德品质停留在了基本的认知和空洞的形式理解之中，始终无法让人们"通过教育客体自身的生活体认、道德感受，形成自为的道德自觉的活动"③。这样长此以往，"势必导致道德教育的言行分离、知行脱节，消解道德教育的实践性"。④ 最后，教育方法上受传统教育思想的影响，灌输式教育仍然是主流，教育方法单一化、教条化的现象还未解决。虽然道德灌输经过了多方面的创新和改造，在显性模式为主导的教育过程中深化了模式改革并发展了隐性模式。可"无论是道德灌输的'美德袋'显性模式还是提倡'情景引导'的隐性模式都不能解决道德教育与生活世界剥离

---

① 康钊:《道德教育的理性回归》，载《教育发展研究》，2011 年第 10 期，第 78—79 页。

② 刘志山:《道德教育向现实生活的回归与超越》，载《北京师范大学学报（社会科学版）》，2005 年第 4 期，第 30 页。

③ 马晓星:《回归生活世界：我国权利道德教育范式转换问题审视》，载《思想政治工作》，2015 年第 10 期，第 105 页。

④ 康钊:《道德教育的理性回归》，载《教育发展研究》，2011 年第 10 期，第 78 页。

的现实"①。道德灌输的显性模式消解了生活世界生动的主观性,会让"教师与学生的关系蜕变为纯粹的主客体关系,即权威与服从的关系"②。道德灌输的隐性模式则"抛弃了生活世界中积极的文化内容——人类在其文明演讲过程中所形成的美德"③。由此可见,道德教育疏离生活世界的现象是明显的。

此外,还有学者认为道德教育疏离生活世界也体现为教育思维方式对生活世界的疏离。教育思维没有生活世界作为基础,道德教育就"偏离了其作为存在根基和意义之源"④,教育效果自然不强。也有从道德教育整个过程上去分析,认为道德教育"在实践过程中往往遗忘了培养受教育者美丽心灵的功能"⑤,而这也会遗忘对人终极价值的关怀和重视。同时在学校道德教育中存在着明显的主客二元对立的课程。这种课程缺少生活世界的特色和魅力,让受教育者无法在一种充满生活气息的氛围中去体验和感受。以至于让每个人的独立个性无法得以张扬,无法让受教育者实现角色转化,教育者更无法对受教育者进行有效的价值引导。而实际上,道德教育内容应该是"'价值引导'和'自主建构相结合",对受教育者的内在需求和整体发展较为关注,"才不至于让受教育者在发展过程中迷失方向"⑥。

---

① 朱春英:《重返生活世界:走出道德教育"灌输"的困境》,载《江苏高教》,2005年第4期,第83页。

② 朱春英:《重返生活世界:走出道德教育"灌输"的困境》,载《江苏高教》,2005年第4期,第85页。

③ 朱春英:《重返生活世界:走出道德教育"灌输"的困境》,载《江苏高教》,2005年第4期,第85页。

④ 闫少华:《"回归生活世界":现代道德教育观与先秦儒家伦理思想的契合》,载《社会科学家》,2011年第2期,第13页。

⑤ 闫少华:《"回归生活世界":现代道德教育观与先秦儒家伦理思想的契合》,载《社会科学家》,2011年第2期,第14页。

⑥ 李创斌、蔡建昌:《道德教育:向"生活世界"的回归》,载《榆林学院学报》,2009年第3期,第98页。

(2) 道德教育疏离生活世界的原因

学界对于道德教育疏离生活世界的原因探寻，已从不同领域有着不同的理解，也产生了不同程度的认识。概括起来，其实学者们对于疏离的原因探寻主要是分析生活世界和道德教育二者各自存在的问题。一般认为道德教育疏离生活世界是由于现代科学世界勃兴下的生活世界所遭受的僭越造成的。科学世界中理性与科学的充分发展，让原本属于生活世界的意义世界被遗忘在生活世界之外。道德教育与生活世界的紧密关系就此被淹没在了科学理性和工具主义之中，道德教育过程演变成为了工具化的传播。所以，才导致道德教育出现庸俗化隐患，疏离了生活世界。

道德教育中受教育者的主体性发挥着异常重要的作用。在道德教育中不仅仅有教育者，也有受教育者。他们都是主体，也都有着人格上的平等。所以，朱春英将道德教育疏离生活世界的原因归结为对人的主体性重视不足。认为道德教育过程中，教育者和受教育者之间应该是"主体与主体间的民主交往关系"[①]，二者"同作为道德教育的主体而相互影响、相互作用、相互渗透，由此而形成交互主体性"[②]，这才是道德教育的基本指向。

也有学者将道德教育疏离生活世界的原因归结为道德教育制度化的发展。认为道德教育制度化，是一种与政治高度结合的形式。"道德教育的目的是实现功利，而提升主体的道德素质和价值这一终极目标被忽视了"[③]。道德教育是"作为一种有组织、有目的、有计划的教育活动，它本身是从属于非日常生活世界的，是非日常生活

[①] 朱春英：《重返生活世界：走出道德教育"灌输"的困境》，载《江苏高教》，2005年第4期，第85页。

[②] 朱银端：《网络道德教育》，北京：社会科学文献出版社2007年版，第345页。

[③] 孙建英：《道德教育务必走向生活世界》，载《江南论坛》，2000年第10期，第41页。

世界的一个重要组成部分"①。人在非日常生活世界中的价值满足无法实现,就会疏离生活世界,这是道德教育制度化使然。

3. 道德教育对生活世界回归的研究

(1) 道德教育回归生活世界的定位

对于道德教育究竟应该回归怎样的生活世界,一直是学界普遍关注的热点主题,而且产生了多样的观点。学者们都从各自不同的角度探寻和理解着该问题,却始终没有定论。

一是实践的世界,强调生活世界的实践性基础。认为"道德教育回归生活世界,就是要以生活世界作为道德教育实践和受教育者道德学习实践的场域,即在学校教育指导下,以日常生活作为道德学习、道德体验、德育养成的重要场所,让受教育者感受丰富多彩的生活世界,以主体的身份参与、体验、规划和创造生活,达到道德内化,提高自身道德修养的目的"②。这里将生活世界的实践性基础与人的日常生活紧密相连,认为道德教育回归生活世界就是要与生活实践紧密相连,不可分割。

二是经验的世界,强调生活世界的经验性存在。认为生活世界是由人的生活经验构成,是人们可以通过现实的、具体的经验积累,能被感知的世界。道德教育回归生活世界就是对人经验的关注。经验"即个体在其生活世界中的际遇、经历和体验,是间接经验转化为个体精神财富的中介和'加速器'"③。"任何道德价值都是经验

---

① 班建武、付涛:《在超越中适应:德育回归生活世界的必由之路》,载《教育科学研究》,2009年第7期,第62页。

② 闫少华:《"回归生活世界":现代道德教育观与先秦儒家伦理思想的契合》,载《社会科学家》,2011年第2期,第14页。

③ 肖川:《道德教育必须关照学生的生活世界》,载《教育研究与实验》,2005年第3期,第10页。

的产物。"① 回归生活世界就是对道德本身的一种体验，是经验的积累过程。只有在经验积累的基础上，充分体验其内在的价值，才能在感同身受中丰富自己的道德情感，提升自己的道德境界。

三是内心的世界，强调生活世界对人的内心呵护。认为"生活世界的丰富多彩，是以生活者的丰富多彩作保证的，只有尊重每一个学生对生活世界的理解才能保证每一个生活者生活的独特性。从这个意义上讲，德育要面向的生活世界也应该包括学生的内心世界"②。

四是未来的世界，强调的"是一种审视和批判的回归"③。这是从学校道德教育角度，"为学生的未来生活做准备"④。认为道德教育"如果不能面对未来的生活世界、面对学生的未来，就无法使其习得的生活知识转化为可能的生活"⑤。回归未来生活世界的道德教育已经转化成为未来生活的基础性工作。

五是日常的世界，强调生活世界的现实性和日常性，也可称为现存生活世界。它强调道德教育回归客观真实的日常生活，包括"消费生活、交往活动、观念活动"⑥ 等各种丰富的生活内容。道德教育回归生活世界就是"有效促进生活中道德教育的建立，只有让

---

① 肖川：《道德教育必须关照学生的生活世界》，载《教育研究与实验》，2005 年第 3 期，第 11 页。
② 陈均土：《高校德育应该回归怎样的生活世界》，载《河南社会科学》，2010 年第 2 期，第 197 页。
③ 陈均土：《高校德育应该回归怎样的生活世界》，载《河南社会科学》，2010 年第 2 期，第 197 页。
④ 陈均土：《高校德育应该回归怎样的生活世界》，载《河南社会科学》，2010 年第 2 期，第 197 页。
⑤ 陈均土：《高校德育应该回归怎样的生活世界》，载《河南社会科学》，2010 年第 2 期，第 197 页。
⑥ 黄建军：《道德教育"回归生活世界"的思考》，载《江西教育科研》，2006 年第 3 期，第 29 页。

学生置身于丰富多彩的生活世界和自然之境中，对其学习、交往和日常生活方式以及各种生活境遇作出具体指导，他们才能够领悟到在封闭的教室和书本上很难感受到的鲜活的世间乐趣，达到道德境界的实质性提升"[①]。

六是超越的世界，强调生活世界的超越性，是相对于日常生活的非日常生活而说的。认为"没有这种超越和建构，德育就永远滞后于生活"[②]。道德教育回归超越生活主张"让道德教育与现实生活交织和渗透在一起，要求道德教育从生活出发、在生活中进行、最终回到生活"[③]。它是基于对日常现实生活的一种超越，是凸显出人非日常生活所承载的超越。这种超越"主要体现为社会性超越和个体自我超越两个方面"[④]，可以实现人的生物性与精神性的应然组合，实现理想世界追求和现实世界改造的统一。

此外，还有檀传宝和陈文海从道德教育回归生活世界的向度上进行了分析，为道德教育回归生活世界的路径选择作了铺垫。檀传宝认为当前对道德教育回归生活世界的研究呈现出实然与应然的两种向度。回归实然生活世界就是回归日常生活世界，是"从生活世界现实层面对德育的规定"[⑤]。回归应然生活世界是现象学的话语表达，是"依据生活世界的形而上的意义取向赋予德育创设美好人生、追求人性卓越的价值追求"[⑥]。在檀传宝看来，实然向度的回归是工

[①] 黄建军：《道德教育"回归生活世界"的思考》，载《江西教育科研》，2006年第3期，第29页。

[②] 陈均土：《高校德育应该回归怎样的生活世界》，载《河南社会科学》，2010年第2期，第197页。

[③] 康钊：《道德教育的理性回归》，载《教育发展研究》，2011年第10期，第80页。

[④] 康钊：《道德教育的理性回归》，载《教育发展研究》，2011年第10期，第80页。

[⑤] 檀传宝、班建武：《实然与应然：德育回归生活世界的两个向度》，载《教育研究与实验》，2007年第2期，第25页。

[⑥] 檀传宝、班建武：《实然与应然：德育回归生活世界的两个向度》，载《教育研究与实验》，2007年第2期，第25页。

具性的回归，应然向度的回归是归宿性的回归。实然是应然的前提性条件，应然是实然的价值指向。"用实然取代应然或者用应然取代实然，都不利于德育的健康发展"①，需要全面地把握实然与应然两个向度回归的意义即各自的合理性边界。而陈文海则对此提出了不同的意见，他从或然向度剖析了道德教育回归生活世界的问题。他认为道德教育回归生活世界应该"基于实然，趋于应然，达于或然"②。他强调实然与应然向度的回归是一种二元分化的辩论，对道德教育回归生活世界本身的丰富性和不确定性并不能起到实质性的突破。于是，他从或然向度，"指向一种具体而可能的意义生活，即可能生活"③。这种提法为有效把握了生活世界本身的特有属性，尤其是为道德教育回归生活世界提供了一个新的研究视角。可它实际上是对人的意义世界的追寻，并没有走出非日常生活的局限而有效把握住人可能生活的真正意蕴。

至此，通过对当前学界关于道德教育回归生活世界的定位来看，学者们的意见是不一的。但总体来说，无非是三种，一是对日常生活世界的回归，即对人的现实生活关怀。回归日常生活世界与人的生存发展紧密关系，是对道德教育基础的关注，对人的现实生活及各种生活境遇起着指导作用。二是对非日常生活世界的回归，即是对人的意义世界追求和超越，是当前道德教育回归生活世界理论和实践的新生长点。三是对日常生活世界和非日常生活世界的统一回归，类似的观点还有对理想世界和现实世界的统一回归，对科学世界和生活世界的统一回归等。统一回归既关注到了生活世界的现实

---

① 檀传宝、班建武：《实然与应然：德育回归生活世界的两个向度》，载《教育研究与实验》，2007年第2期，第25页。

② 陈文海：《可能生活：德育回归生活世界的或然向度》，载《教育学术月刊》，2012年第6期，第50页。

③ 陈文海：《可能生活：德育回归生活世界的或然向度》，载《教育学术月刊》，2012年第6期，第48页。

性，也关注到了生活世界的超越性。道德教育回归到对生活世界相关领域的人为统一性世界之中，成为了道德教育所回归生活世界的理想状态。

(2) 道德教育回归生活世界的对策

随着道德教育回归生活世界的理论与实践发展，学界就此议题的重要性大都无异议。认为道德教育只有回归生活世界才更具生命力，更有助于引导受教育者在观察生活中，做有心之人；在感悟生活中，做有爱之人；在理解生活中，做有德之人；在体验生活中，做有用之人。[①] 为此，学界就对策问题产生了更为丰富多彩的观点。

首先，强调对道德教育结构上的改进。第一，教育目标要确定幸福教育的目标，从道德认知走向幸福教育，尽可能地增进人的幸福感。第二，教育内容的完善要超越道德知识的传授，要依据人的生活经验进行逻辑化的编制，以便受教育者可以更好地将人的类经验转化成为个体经验。第三，教育方法上要重视对话。认为教育方法就是如何传达的问题，要将传达变成对话，"对话是生活世界中最基本的道德教育方法"[②]。另外，还强调了师生关系在道德教育中的基础性作用。要求教育者在教育过程中对受教育者由"我教你学"的施教权威，变成为受教育者道德生成过程中的"引导者和同行者"[③]。

其次，探索出了以生命教育为起点，以心理自由为前提，以交往为桥梁，依赖环境氛围来进行道德教育的路线。认为"回归'生

[①] 刘菊：《让德育回归生活世界》，载《现代教育科学》，2009年第4期，第8页。
[②] 叶文梓：《从"知识世界"走向"生活世界"——对学校道德教育基础的反思》，载《浙江社会科学》，2005年第3期，第105页。
[③] 叶文梓：《从"知识世界"走向"生活世界"——对学校道德教育基础的反思》，载《浙江社会科学》，2005年第3期，第104页。

活世界'的根本乃是为了生活中的人,为了生活中那完整的生命存在及其健康成长"①。只有帮助受教育者首先树立生命意识,才能更好地促进其人格发展。这"是一种引导个体社会和实践'爱惜自己、尊重他人'的价值性教育活动"②。另外着重强调了道德教育与心理学的融合发展是其发展的重要基础。有学者提出"真正的德育是人与人之间的心灵交流、激荡和升华"③。具体来说,"道德教育和心理学都以具体的、活生生的人为研究对象,并且都是从人的精神领域进行研究的;一个人的道德素质与心理素质也是相互作用的,健康的心理状态是形成良好道德素质的基础,而一个人一旦形成良好的道德素质,必定促进其心理的健康发展;一个人健康心理素质的某些个性特征本身就是良好的道德品质"④。而交往方面,主要是教育过程中的主体互动。"通过交往能加深对道德规则的理解,为道德的真正获得提供基础;在交往中,可以培养、发展真正的责任意识和义务感;道德主体在道德教育的交往关系中生成着自我,建构着自我,同时,也在创造生活,也在体验和内化着生活要求。"⑤再则就是环境,主要针对当前文化多元的社会环境。认为道德教育回归生活世界是在全球化背景下的多元文化背景之中,"世界各国的先进文化教育和优秀道德遗产固然要认真学习,但这种学习一定要牢牢扎根于民族文化的深厚土壤,树立中外融通的理性学习观,取其精华,去其糟粕,服从和服务于社会主义先进文化的前进方向,共谋

---

① 黄书光:《生活世界中的当代德育反思》,载《教育科学研究》,2005年第10期,第7页。
② 孙秀丽:《论道德教育回归生活世界》,载《理论观察》,2007年第6期,第59页。
③ 孙秀丽:《论道德教育回归生活世界》,载《理论观察》,2007年第6期,第58页。
④ 孙建英:《道德教育务必走向生活世界》,载《江南论坛》,2000年第10期,第42页。
⑤ 胡晓霞:《解读回归生活世界的学校道德教育》,载《教育与职业》,2008年第17期,第122页。

文明社会的和谐发展"①。此外,还有学者提出继续加强素质教育,"使受教育者成为德智体美劳全面发展的有道德的生活中人"②。倡导人文教育,将科学世界与人文世界通融,让道德教育在通融中获得新发展。

最后,开创了回归生活世界的道德教育的模式,主张"必须通过具体的道德教育模式建构,才可能由应然转变为实然"③,主要包括情境体验道德教育模式、生活化的道德教育模式和双主体德育模式等。第一,情境体验道德教育模式"是指在道德教育过程中,由教师选取学生真实的生活场景,让学生通过自己的道德叙事并与教师进行平等无差别的道德对话,由学生自己的积极思考,引发对具体生活情境的体验感悟,而获得道德发展的道德教育模式"④。情境体验道德教育模式可以让学生在情境体验中完成对道德的学习和认知,可以通过道德叙事、道德对话、道德感悟生成道德理想。第二,生活化的道德教育模式,"体现在目标建构、内容建构、过程建构和评价体系建构之中"⑤。目标要以生活为基础,以人为本,从单一目标走向多层次目标,内容要兼顾宏观和微观领域的共同渗透;过程首先要树立核心道德价值取向,创造良好的道德体验环境和学习氛围,建立良好的学生交往关系。第三,双主体德育模式是从道德教

---

① 黄书光:《生活世界中的当代德育反思》,载《教育科学研究》,2005年第10期,第8页。

② 孙秀丽:《论道德教育回归生活世界》,载《理论观察》,2007年第6期,第59页。

③ 杨迎春:《高校道德教育回归生活世界的途径探索》,载《湖南科技学院学报》,2010年第6期,第131页。

④ 张玉茹、许惠芬:《情境体验:道德教育回归生活世界的基本模式》,载《高等农业教育》,2005年第2期,第24页。

⑤ 杨迎春:《高校道德教育回归生活世界的途径探索》,载《湖南科技学院学报》,2010年第6期,第131页。

育的主体角度提出的一种模式。认为"德育作为一种社会主体回归生活世界,既要主动适应社会生活,又要积极干预并超越社会生活,以'交互主体观'统摄整个德育过程,将德育过程由传统的主体与客体间的权威服从关系转化为新型的主体与主体间的民主交往关系,建立教育者与受教育者均是主体的双主体德育模式"[1]。

此外,道德教育回归生活世界是一个伴随着生活世界的发展而不断发展的主题。"回归'生活世界'是当代中国德育创新的必然选择。"[2] 它不是一蹴而就的,它需要不断地改革创新。刘桂梅等首先就道德教育改革创新的价值取向作了分析,认为"生活世界的和谐"[3] 才是道德教育改革创新的实现。他们主张要处理好回归生活与超越生活的关系;生活世界德育与科学世界德育的关系;个体需求与社会需求的关系。也有学者从学校制度上进行了分析,认为当前学校的管理多是泰勒式的管理方式,这样不利于学生的道德个性发展。要将纪律规范的柔性化、教师规约的人性化、整体管理的"自然"化,[4] "使学生在对美好生活的希冀中,回归到整体人的发展轨道中来"[5] 张芳明也认同道德教育的制度改革,认为管理制度可以轻"管控"重"激发",让人的独立自主性可以提高,而且在评价制度中要重视评价因素的全面性,包括"生活德育教师的道德品质、

---

[1] 陈秋红:《重归故里——试论现代德育向生活世界回归》,载《教育导刊》,2002年第Z1期,第34页。

[2] 黄书光:《生活世界中的当代德育反思》,载《教育科学研究》,2005年第10期,第7页。

[3] 刘佳梅、彭忠益:《回归生活世界:高校德育改革创新的重要价值取向》,载《现代大学教育》,2009年第4期,第42页。

[4] 张烨:《学校德育:构建意义的生活世界》,载《当代教育科学》,2004年第23期,第11—13页。

[5] 张烨:《学校德育:构建意义的生活世界》,载《当代教育科学》,2004年第23期,第11页。

生活德育教育的人际关系、学生在校外和校内思想品行的变化情况等，不能仅仅局限在对教师的教学效果的评价"①。最后，值得提出的是，杨珉老师关注到了道德教育回归生活世界的课程建设。他认为"生活活动是沟通道德个体主体观念和行动的桥梁，是道德个体与外界联系的中介"②。道德教育回归生活世界，就要将道德教育的课程设计面向生活的活动性发展，有体验与理解活动、人际交往训练活动、心理训练活动、实践活动，教师在这些活动中"起着组织、指导和顾问的作用"③。活动发展了，人的道德品质就会在其中得以体现。

总体来说，道德教育回归生活世界是一个非常复杂的过程。学界对不同解读进行了不同的阐述和分析，但仍需进一步地发掘其深度根源，才能找到更为合理的回归路径，否则就会陷入简单化、世俗化、随意化、形式化的状态。

（四）现状总结

综上所述，基于对学界关于道德教育、生活世界和二者之间的关系及疏离与回归的研究探索，发现学界已经在相关领域取得了非常丰富的研究成果和一定的学术共识。尤其对于当前道德教育疏离生活世界的现实状况，学界是普遍认同的。而且在道德教育回归生活世界的必要性及可行性上也有了基础性的认识，为深入研究道德教育对生活世界的疏离与回归问题提供了思想材料和理论参考。可针对"道德教育应该回归怎样的生活世界和如何回归

---

① 张芳明：《学校道德教育向现实道德生活世界的回归》，载《内蒙古师范大学学报（教育科学版）》，2014年第6期，第92页。
② 杨珉：《面向生活世界的道德教育》，载《学海》，2002年第6期，第197页。
③ 杨珉：《面向生活世界的道德教育》，载《学海》，2002年第6期，第197页。

生活世界"的问题，始终仍然处于初探阶段，没有获得实质性的突破，至今没有形成系统化的理论框架和有效实践参考。究其原因，其实通过前文的文献梳理，可以发现学界对于道德教育的本质和生活世界的内涵始终没有达成科学合理的认识，所以才产生了对于相关议题的不同见解，甚至是表层化的表述。因此，笔者认为要想进一步深入合理地探寻道德教育对生活世界的疏离与回归问题，就要在前人研究的基础上，充分认识到道德教育的本质和生活世界的内涵，否则就会产生诸如道德教育疏离生活世界的标准是什么及回归生活世界的实质是什么等关键性问题，影响到本书的展开。

于是，笔者通过不懈地探索，确定了以马克思生活世界理论为指导，以西方生活世界理论为参考，以我国生活世界理论为基础的研究路径。而且从对生活世界本身的理论探索中，获得了生活世界作为人一切活动场域的内涵。另外从当前道德教育本质的实践论、超越论、主体论、统一论和求善论等多种研究基础上，提出了道德教育的本质所在，即是培养人的道德理想，这是它的质的规定性，统领着人的生活世界。至此，通过对生活世界的内涵和道德教育本质的确定，可以为探索"道德教育应该回归怎样的生活世界和如何回归生活世界"等问题形成强有力的支撑，以化解在研究过程中的各种关键性问题。

二、研究难点

（一）道德教育作为一项培养人道德理想的活动，本身有着独特的本质规定性和结构解说，否则无法针对具体问题具体分析。且这项活动是如何产生的？它与生活世界是怎样的密切关系？又是怎样的原因造成了它与生活世界的疏离？疏离的标准是什么？疏离了生活世界的什么？又何以回归生活世界？回归怎样的生活世界？又该如何回归？学术界对这一系列的问题探讨有些尚未提及，有些模棱两可，有些局限在某一个领域，有必要将这些问题进一步地进行补充和解答。

（二）本书力图探清道德教育对生活世界的疏离与回归问题，而生活世界是源于西方哲学理论的概念，在本书中将其作为一个重要的理论视角和分析工具，是否合适？是直接拿来主义，还是加工创造？能否解决我国的道德教育问题？会不会水土不服？马克思的生活世界理论透彻且充满唯物主义色彩，它在本书中的地位该如何？同时自20世纪80年代末期开始，我国生活世界理论研究取得了较大的发展，学者们对生活世界的理论探索有了更深一步认识，可也出现了生活与生活世界概念混淆，导致生活世界世俗化发展的现象。如此这般，西方生活世界理论、马克思生活世界理论、我国生活世界理论三方的关系处理和运用是本书的重点，更是难点，需要对此给出合理的界定和分析。

（三）针对道德教育回归生活世界的具体路径上，学界已提出较多想法，但总体都是简单地提出回归日常生活世界，回归非日常生活世界，回归日常生活世界和非日常生活世界的统一世界等。对于"道德教育应该回归怎样的生活世界和如何回归生活世界"的基本问题解答始终缺乏较为合理全面的阐述。本书不能仅仅停留在对问题的批判和表面化表达上，更需要从生活世界与道德教育的深入理论挖掘中，探寻问题的根源。从生活世界视域探寻道德教育问题，不仅仅是一种理论的运用，更是为了构建一种新的教育理念，是教育理念的转变。对传统道德教育研究来说，这是一次创造性的探索，是道德教育合理化、时代化发展的必然。

第三节　研究方法与创新之处

一、研究方法

（一）文献分析法。文献分析法是本书的最基本方法，它能让笔者站在前人的肩膀上，深入具体地开展研究工作。研究道德教育与生活世界的疏离形态，必须以占有大量的文献资料为基础，逐步由抽象到具体，这是探索道德教育回归生活世界的使然。通过查阅文献，能够从中把握道德与生活世界关系发展的历史脉络并了解相关研究的进展情况与主要成果，为研究的突破口寻求新的信息。

（二）比较研究法。比较研究法是根据一定的标准，将本书的相关内容进行系统研讨，从中寻找到内在的联系和发展规律，从而把握研究对象独有的质的规定性。本书主要是探索道德教育问题，这不同于一般知识性教育的研究。运用比较研究方法对可以更加清晰地认识到其问题所在。特别在中西方道德教育与生活世界的关系上，更需要通过比较透析问题本质。

（三）矛盾分析法。矛盾分析法是坚持唯物辩证法的最根本方法，可以通过把握事物的对立统一辩证认识事物的实质。毛泽东曾指出："这个辩证法的宇宙观，主要地就是教导人们要善于去观察和分析各种事物的矛盾的运动，并根据这种分析，指出解决矛盾的方法"①。道德教育包含多方面内容，它与生活世界的离合交织更具有较为复杂的内在问题，需要理清它们之间的关系就必须运用矛盾分析法对其进行合理分析，最后揭示其实质。

---

① 杨信礼：《重读〈实践论〉〈矛盾论〉》，北京：人民出版社2014年版，第23页。

（四）系统分析法。"所谓系统研究方法，就是按照事物本身的系统性，把对象放在系统形式中加以考察的一种方法，即从系统的观点出发，始终着重从整体与部分（要素）、整体与外部环境之间的相互联系、相互作用、相互制约的关系中，综合地、精确地考察对象，以达到最佳的处理问题的一种研究方法。这种研究方法具有整体性、综合性、历时性、最优化等特点。"[①] 本书是一项复杂的系统性研究，运用系统分析法，可以从整体上把握其具体问题，将道德教育与生活世界的紧密关系和疏离过程加以细化，从中指出问题的症结。

二、创新之处

（一）拓宽了道德教育研究的视野，提升了研究的思维层次。生活世界本是西方哲学理论，将其运用到我国当前道德教育问题的分析上，是以一个崭新的理论视角和分析工具来运用。不能生搬硬套，需要深入探索该理论的本土化可能。通过研究，确定了以马克思生活世界理论为指导，以西方生活世界理论为参考，以我国生活世界理论为基础的研究路径，从道德教育与生活世界的密切关系入手，开展系统的梳理，为逐渐探索出道德教育发展的新路径作铺垫。而且通过生活世界的视域可以更加明确道德教育作为培养人道德理想的活动的合理性，对于当前道德教育概念内涵的模糊状态，提供了重要的理论参考。

（二）阐明道德教育回归生活世界的本质。关于道德教育回归生活世界的本质问题，关系到能否回归和如何回归的具体落实。其本质上无法透析，对于道德教育回归生活世界的探索都是表面的、不透彻的。通过研究发现生活世界与道德教育具有同构性，

---

① 韦冬雪：《思想政治教育过程矛盾和规律研究》，北京：光明日报出版社2011年版，第20页。

它们都是人为的，也是为人的。它们的存在和发展都是为了人的发展，为了人理想人格的完善和幸福生活的追求。道德教育回归生活世界实质上就是使人从抽象的人走向生成的人、从分裂的人走向完整的人、从自在的人走向自为的人。所以，道德教育回归生活世界是必然的。

（三）创造性提出可能生活世界的回归。可能世界理论已经有学者提及，认为它是"'事物可能具有的存在方式'的实体存在"[①]。但可能世界并不意味着是人的世界，人是有生活的，生活是人独有的。人的世界首先是生活的世界，它区别于动物的生存世界。对人来说，可能世界就是可能的生活世界。道德教育作为为人的，培养人道德理想的活动。它需要回归的并非是现存流俗的日常生活世界，也不是远离世俗的非日常生活世界，更不是人为统一的生活世界。道德教育需要回归可能生活世界，可能生活世界是人追求可能人和可能生活的能及场域。它不是未来世界，也不是虚幻世界，而是任何人都可以通过努力，都能实现完整理想人格和追求幸福生活的能及场域。

---

① 弓肇祥：《可能世界理论》，北京：北京大学出版社2003年版，第242页。

第一章 生活世界：道德教育的根基

根基即根源始基，它是指事物得以存在和发展的坚实基础。道德教育作为一项培养人道德理想的活动，它引领着人对道德本身价值原则及其精神基础的笃信和崇敬，成为一个可以不断完善自我理想人格和追求幸福生活的人。这是人本身的存在需要和发展使然。道德教育是为了人，为了现实的人。这是"不能撇开的现实前提"[①]，是现实人在生活世界的"活动和他们的物质生活条件，包括他们已有的和由他们自己的活动创造出来的物质生活条件"[②]以及其他各种条件，为道德教育夯实了坚实的基础。人的生活世界是人一切活动的场域，它蕴含着道德教育得以存在的土壤和发展的养料。生活世界伴随着道德教育发生和发展的全过程，是决定性因素。它既规定着道德教育的立足点和出发点，又制约着道德教育的发展方向。生活世界是道德教育的根基所在，没有生活世界，也就无所谓道德教育。道德教育与生活世界相辅相成，是历史地、逻辑地和功能性地相伴相生。

---

① 《马克思恩格斯文集》第1卷，北京：人民出版社2009年版，第517页。
② 《马克思恩格斯文集》第1卷，北京：人民出版社2009年版，第517页。

第一节 道德教育植根于生活世界

道德教育作为一项由教育者按照一定社会或阶级的要求，有目的、有计划、有组织地对受教育者施加道德影响的活动。它始终围绕着"如何做人和如何生活"的基本问题进行着不断探索，这也是生活世界中主体人的生存和发展需求。道德教育依赖于生活世界为其提供现实基础、实践支撑和交往场域，没有生活世界，人的生存和发展需求就失去了意义。道德教育需要正视人在生活世界中的各种生存和发展需求，引领生活世界的发展。

一、生活世界为道德教育提供素材资源

从历史源头来看，道德教育产生于人原初的生活活动之中。在原始社会，人的一切活动都是围绕着生存，而且由于当时生产力水平的极度低下，生活世界中的阶级性是不存在的。所以，道德教育作为人类文明社会具有阶级性的精神塑造活动，它表面上是不存在于原始生活世界的。但原始人们在谋求生存的过程中，产生了合作、平等、互助、勇敢和正义等富有现实价值的道德信条，这些信条可以促进原始人们更好地进行共同的生产生活，规范着集体生活中人与人的利益关系，使每个人的生存利益都可以得到保障。只是这些道德信条并没有直接地采用单独的道德教育活动进行，而是直接地为人的一切活动服务，与人的生活世界融为一体。而后随着人类生产活动的发展，社会阶级得以形成。道德作为阶级的产物，也发生了分化。统治阶级为了维护本阶级的利益，总是将符合其阶级利益要求的道德价值原则及其精神基础视为人们安身立命的道德规范。

这些道德规范的传播就成为了人生活世界中自阶级产生以来的重要活动，它成为了政治稳定的传声筒、经济发展的扬声器和文化繁荣的维护者。这项活动就是充分突出了阶级意识和社会需求，它是基于人的生存和发展需要而产生的活动，即道德教育。它会随着人生活世界的变迁而变迁，会因人一切活动的改变而改变。离开了人的活动，离开了人的生活世界，道德教育就失去了存在的合理性，更不能从中获取必要的教育素材。

二、生活世界为道德教育提供支持手段

在中西方传统社会中，都伴随有巫术禁忌、神话传说和宗教等方面的内容，这些内容是当时人生活世界的真实写照，更为道德教育提供了支持手段。从远古巫师到古代教主，再到近代领袖，他们往往都是利用其自身特有的权势、言语行为等将道德所蕴含的价值原则和精神基础戴上神秘的光环，让道德本身上升为神圣的教义，让"本来源起于一定时空内的某种社会性道德"[①]，成为具有普遍必然性的生活信条和人生方向。巫术以一种超自然力帮助早期人类解答各种问题，以各种占卜、祭祀、咒语等巫术形式在人的传统道德生活中占有重要的地位。禁忌是各种崇拜中产生的信仰戒条，它的最大制裁力就在于"任何违犯这些戒令的行为都将不可避免地立即受到神灵或鬼的惩罚"[②]。神话传说是对人类早期生活的重要记录，它体现着人类早期的生活状态，包含着浓厚的膜拜心理和情感寄托。宗教更是让人们可以从接受教化中获得情感的终极依托，成为笃信敬拜的朝圣者。而这些都是"由于当时的环境和主客观条件，这种

[①] 李泽厚：《历史本体论·己卯五说（增订本）》，北京：生活·读书·新知三联书店 2008 年版，第 53 页。

[②] [英] A.R.拉德克利夫-布朗：《原始社会的结构与功能》，潘蛟等译，北京：中央民族大学出版社 1999 年版，第 151—152 页。

社会性道德必须也必然以一种超社会超人世的现象出现。从图腾时代到动物崇拜再到宗法社会的祖先崇拜，从多神到一神，从巫术到宗教，甚至抽象到哲学理论上，都如此。即都以世上人间的各种道德准则、人的行为规范、心性修养，本源于超越此有限人际、生活世俗的'天理''良心''上帝''理性'，正因为这样，人群才能慑服，万众才会信从"①。长期以来，人的生活世界经历的多重变革，道德也被以各种方法手段提升着普遍必然性。生活世界为道德教育提供了丰富的支持手段，让渺小的个体"不能抵抗、不可争辩、无法阻挡"②，只有"认同、服从和践履，使它成为个体自觉意识到人生意义、生活价值、安身立命、终极关怀之所在"③。

三、生活世界为道德教育提供交往场域

道德教育作为一项教育者向受教育者施加道德影响的活动，它不是单方面的实践活动，其本身就是一种交往活动，它更需要一定的交往场域。"所谓交往，简而言之，就是人类主体之间的相互作用、相互交流、相互沟通、相互理解，这是人的基本存在方式。"④"场域是由各种不同地位所构成的多维度的空间，是社会关系的构成单位，是一种关系系统。"⑤ 交往场域对于道德教育来说，是教育活动得以顺利进行的重要保障。在交往场域中，人与人之间通过交往，

---

① 李泽厚:《历史本体论·己卯五说（增订本）》，北京：生活·读书·新知三联书店2008年版，第53页。

② 李泽厚:《历史本体论·己卯五说（增订本）》，北京：生活·读书·新知三联书店2008年版，第53页。

③ 李泽厚:《历史本体论·己卯五说（增订本）》，北京：生活·读书·新知三联书店2008年版，第54页。

④ 李忠艳、黄刚:《论网络场域下的社会交往》，载《齐齐哈尔大学学报（哲学社会科学版）》，2011年第5期，第50页。

⑤ 李忠艳、黄刚:《论网络场域下的社会交往》，载《齐齐哈尔大学学报（哲学社会科学版）》，2011年第5期，第49页。

展开了群体生活的方式,产生了交往性资源。交往性资源是人与人、与集体、与社会的经验获得,是每个个体的人安身立命的价值准则和精神基础。在中国传统伦理社会中就有天人合一的重要思想,它是人们在长期交往实践中的思想凝练。"天"既指自然的"天",也指伦理的"天"和宗教的"天"。它实质上是一个由自然环境、社会伦理和灵魂信仰构成的生活世界。这个世界强调人在其中的共存共生,没有"天"的存在,就没有人的生存发展。它不仅提供了人的生存物质,而且使人可以不断实现自我超越,获得人生终极价值。生活世界不是单个人的所有物,单个人的所有物只是其个人的私人交往领域,它不足以建构人的生活世界,更无法将人的价值诉求和利益选择等问题化解在人际交往之中。私人交往领域只有走向公共交往领域,参与到公共生活之中,才能够与他人共识,与社会共生。生活世界包含着人的私人交往领域和公共交往领域,它具有自身特有的交互主体性。道德教育在这种私人交往和公共交往交互发展进程中应运而生并相伴发展。它以实践为基础,以人为主体,客观地调节着人与人之间的关系,维护着社会生活秩序,使生活世界中的人们和睦相处、互利合作、共同生存和发展。

第二节　道德教育发展于生活世界

生活世界是道德教育真实且完整的载体,道德教育必须在生活世界中进行,不能疏离生活世界,否则,道德教育就难以有效推进并发挥积极作用。道德教育强调人的生存价值关怀,无论是人类早期的原始生存危机,还是原始社会之后的生存发展,道德教育都会在人的生活世界中隐性或显性地将人们长期实践积累的、约定俗成的各种生活价值原则和精神基础传播到人的生活世界之中。它始终关注着人的道德个性提升和慰藉人的精神生产吁求，诠释着人与动物的本质性区别，积极发挥着自身培养人道德理想的精神塑造作用。

一、道德教育强调人的生存价值关怀

长期以来，人的生活世界总要面对各种风险及生存压力。道德教育是为了更好地应对由于生产力水平不断发展而产生的生存价值约束活动。它是经过代代沿袭和约定俗成的禁忌、礼仪等所构成的理想生活要求和情感寄托。它已成为生活世界中人的一种生存方式，用以规避危险、保存生命和调节社会关系的重要手段。道德教育如果不能在生活世界中进行，任何时代的人类都将受到生存威胁，人们将不能有效地将在生活世界中长期积累的道德信条传递下去，这必然会影响到人的生存目的。在道德教育中，需要利用集体意识联合个体，维护集体利益，共同抗击恶劣的生存环境，以求得人类个体与群体的长期发展。当然这"主要是基于生活、行为、经验和阅历，而很少出于抽象的理智的推论"①。抽象理智的推论形成的只是道德知识，并不是道德理想的生成，道德需要有对道德价值原则及其精神基础的追求。它是对一种潜在道德生活逻辑的遵从，是为了更好地生存和发展。道德教育必须在生活世界中进行，它离不开生活世界，否则就疏离了内在的生活逻辑，难以实现生活意义，这是它对人的生存价值关怀需要。

二、道德教育关注人的道德个性提升

个性即指个别性和个人性，是每个人在思想、意志、情感等方面不同于他人的一种特质。个人需要个性的存在，任何人都是有个性的，只是受多方面的影响，会有着一定的差别。个性展现了个人

---

① 贺麟：《贺麟新儒学著作辑要》，北京：中国广播电视出版社1995年版，第446页。

独特鲜明之处，会对个人的生产生活产生直接的影响，甚至对个人的命运前途产生直接影响。但个性不是随意性的，它本质上还是个体在物质生产和交往实践中逐渐形成的具有社会意义的稳定心理状态。它也会有助于形成推动社会发展正向力矩，促进社会共性繁荣。共性寓于个性之中，且需要通过个性表现出来，没有个性也无共性的存在。人的共性存在，以自然和社会的存在为基础，产生于人的生活世界之中，是人类社会的行为要求，是人类寻求自我超越的重要途径。人的个性自然也离不开人的共性存在，它需要在道德教育中突破自我封闭僵化的状态，走向类本质的共性发展，且又不失去自我独特存在的合理性和潜在可能。由此可见，人的个性本质是道德的反映，是一种道德个性。它的真正完成最终是道德共性和个性的统一体，是人个体道德追求和类道德本质的统一体。道德教育关注人的道德个性提升，将人的道德个性放在自觉的生活世界中，让个体的道德思想、道德意志和道德情感等方面都纳入到类的再生产之中，让人们通过类本质的对象化活动，在共性发展中提升道德个性。

三、道德教育慰藉人的精神生产吁求

马克思和恩格斯指出："思想、观念、意识的生产最初是直接与人们的物质活动，与人们的物质交往，与现实生活的语言交织在一起的。观念、思维、人们的精神交往在这里还是人们物质关系的直接产物。表现在某一民族的政治、法律、道德、宗教、形而上学等等的语言中的精神生产也是这样。"[①] 人的精神生产伴随物质生产而发展，但对早期人类来说，他们的精神生产仍处于萌芽状态。他们有着精神生产的吁求，但没有从物质生产中独立出来，而是泛化于

---

① 《马克思恩格斯选集》第1卷，北京：人民出版社1995年版，第72页。

人的一切活动场域。人类早期对自然的依附性强烈，必须依靠集体的力量方可得以生存。"在生活资料由社员共同生产和共同分配的原始公社里，共同的产品直接满足公社每个成员，每个生产者的生活需要，产品或使用价值的社会性质这里正是在于其共同的性质。"① 共同的性质就直接反映了人类早期精神生产的核心是公共意志，"维护群体存在，促进、保护群体的发展是每个成员最高的责任和义务，每个人的思想、情感、行为都必须无条件地做到这一点"②。道德教育作为人类精神生产的活动，它存在于人类原始生活世界之中，凭借着原始崇拜的各种形式，促使每个社会成员都是精神生产的参与者和享受者，激发每个人最大的道德热情，提升个体与群体的谐振，增强人超越动物的社会性情感动力。道德教育为人类早期精神生产提供了途径，并为人类精神文明的未来发展提供了重要的思想资源。

第三节　道德教育实现于生活世界

道德教育培养人的道德理想，是要让人们对于人生和人性怀有应当的价值信念，要"相信人生之有意义，相信人性之善；对于良心或道德律的信仰，相信道德律的效准、权威和尊严。又如相信德福终可合一，相信善人终可战胜恶人，相信公理必能战胜强权等"③。生活世界是充满生活气息的人的活动场域，它需要人们有对人生、人性、良心或道德律、德福统一的美好期许。没有生活世界，道德

---

①　王正萍：《马克思 恩格斯 列宁 斯大林 毛泽东论历史唯物主义（上）》，北京：北京师范大学出版社1983年版，第557页。
②　聂运伟：《论原始社会中的精神生产》，载《湖北大学学报（哲学社会科学版）》，2003年第4期，第26页。
③　贺麟编：《贺麟选集》，长春：吉林人民出版社2005年版，第160页。

教育就没有存在的意义。道德教育的发展让生活世界更为和谐有序，生活世界让道德教育实践着对个体人格的完善作用，对道德进步的推动作用和对社会治理的促进作用。道德教育实现于生活世界，它依托于对人道德理想的塑造过程，发挥着对道德本体、个人发展和社会进步的影响力。

一、完善个体人格

实现自由全面的发展是人个体发展的核心，也是最终目标。人类是一个不断发展的群体，它的发展过程是一个不断追求超越和完善自我的过程。理想人格是实现自由全面发展的基础，是每个人得以在生活世界中获得良好生活状态的人格基础。它"是能够正视环境与个人责任，因而对自身、别人，或所居处的环境，能做正确的适应"①。道德教育培养人的道德理想，可以帮助人们在具体的社会实践中产生理想人格，而且可以赋予人们明确且具有价值意义的方向性目标和终极关怀。"正因为有了一个目标，故而也就有了一个牢固的根基和基础。并不是作为意志的意志，并不是游移不定的知识，而是那作为理论活动与实践活动之统一的目的活动，才给人以道德根基和道德支柱。"②道德教育给予了人类精神自由实现和人格全面发展的具体形式。精神自由是人类的高级需要，它超越了肉体本身的需求，它更是要诉诸社会及他人的需求，毕竟人是一切社会关系的总和，"人的自然的存在对他来说才是自己的人的存在"③。人格全面发展是道德教育的本质体现，也是精神自由的前提。道德教育帮助人们在生活世界中寻求自我超越，成为一个追求理想人格和幸

---

① 贾馥茗：《人格心理学概要》，台北：三民书局1997年版，第3页。
② [美] 费尔巴哈：《基督教的本质》，荣震华译，北京：商务印书馆1984年版，第104页。
③ 《1844年经济学哲学手稿》，北京：人民出版社2000年版，第83页。

福生活的人。这样人们在整个生活的过程中就会产生生命思维，成就自我道德理想的美好境界。"地球上的最美的花朵——思维着的精神"①，人的生命思维标志着自我道德理想的生成，推进着个体自由全面发展的实现。道德教育让生活世界中人的生命思维逐渐形成，推动着人们自觉地在生活世界中完善自我理想人格，实践着自由全面发展的理想生活形式。

二、推动道德进步

道德教育产生于人的生产生活实践，它与社会经济基础紧密联系。它的形成和发展，是由道德本性所决定的，是道德得以存在和发展的有效形式。道德可以依托教育维护现有社会伦理秩序，并以更强大的力量推进人类生产力的发展。可是人类社会总是在不断发展变化之中，道德教育往往会出现滞后于人类经济社会发展的现实需要，疏离人的生活世界。致使人类社会的道德理想无法有效地与人类现有的社会生产生活水平相协调。滞后的道德理想灌输只会维护旧有的利益关系，并不能促进道德主体能力的提升，反之会压制着其创造性的发挥。这样道德本身所蕴含的价值原则及其精神基础将无法获得更大的进步空间。但是，事物的发展总是在矛盾中前进。道德理想本身往往会在与人的生产生活实践相矛盾的关系中产生超越性。这种超越性是始终源于生活世界并高于生活世界的特有属性。人的"每一种基本需要的满足都会引发'更高'的需要，支配下一个意识阶段"②。人在不同时期都有不同的利益诉求及道德需求，这是人类在不同时期认识自我，调节社会关系的道德自觉。道德教育则是人类发展过程中的道德推进的直接形式，让人们对道德本身的

---

① 乌杰：《马列主义的系统思想》，北京：人民出版社1997年版，第22页。
② [美] A.H.马斯洛：《人类价值新论》，胡万福等译，石家庄：河北人民出版社1988年版，第24页。

价值原则及其精神基础产生笃信和崇敬，超越于人类一定时期的社会经济发展状态，追求理想人格的完善和幸福生活的追求，推动道德的不断进步和可持续发展，更好地顺应人类经济社会的发展。

三、促进社会治理

社会治理是一个社会实现公共管理的模式，它伴随着人生活世界的发展而不断推陈出新。在不同的时代，受不同的生活理念和生产方式的硬性，社会治理模式往往有很大的差别。"从古至今，人类社会经历了古代统治型社会治理模式，近现代管理型社会治理模式以及当代尚未成型的服务型社会治理模式。"① 古代统治型社会治理模式是通过君主统治的形式，将社会等级化，以官僚制度实现着社会等级秩序实现的模式。这种治理模式也可以成为传统治理模式，它受着小农经济社会的生产所决定。管理型治理模式是在近代科学文明的进步基础上，人们生活世界中渐渐被科学化、制度化和技术化的理性思维所影响而兴盛起来的一种政治与行政相分离的治理模式。这种治理模式有效应对了近代社会科学世界的勃兴，推动了古代统治型社会治理模式的变革。现代服务型社会治理模式是在社会转型变化快，文化发展多元化的背景之下而产生的一种治理模式。它在本质上是对善治的追求，善治程度越高，管理的效果就会越好。现实管理中，"好多事故都是因为不会管理，不会做工作，不会做人的工作，不会做思想工作，使矛盾激化而发生的"②。善治的目标在于促进社会公平，实现人与人的社会和谐。善治需要共同目标的支持，才能更好地协调整个社会的利益关系，帮助人们形成共同的道德理想和价值归宿，产生情感认同。"这种认同感是真正维系整个群

---

① 肖文涛：《社会治理创新：面对挑战与政策选择》，载《中国行政管理》，2007年第10期，第105页。
② 《邓小平文选》第2卷，北京：人民出版社1994年版，第81页。

体的纽带,没有这种认同感就不能形成坚强的群体"①,善治的和谐效果就不能得到实现。道德产生于社会成员的共同的利益关系和社会生产实践,共同道德理想的形成,一定会产生道德向心力,凝聚人心,更能促进社会和谐。道德教育的推进,可以促进善治的完成,帮助现代服务型社会治理模式的发展。

---

① 王伟凯:《构建和谐社会的若干哲学问题研究》,天津:天津社会科学院出版社2008年版,第200页。

第二章　道德教育疏离生活世界的现象反思

　　生活世界是人一切活动的场域。人们在这个场域中通过以实践为基础推动着文化再生产、社会整合和个性成长。失去了生活世界，人得以存在的意义关系网就会被打破，人就无以对自我存在和发展进行感知和体悟。道德是人在生活世界的经验获得，依托道德教育，可以推进人在生活世界中的理想人格完善和幸福生活追求。生活世界为道德教育提供了教育素材，以生活实践推动着道德教育发展。而生活世界也毕竟是人一切活动的场域，会随着社会生产力发展而发展。受我国社会主义市场经济的繁荣影响，生活世界充分享受了科学世界勃兴带来的福利，也同样面临着诸多挑战。目前在生活世界中的一些人迷失了道德理想方向，将个人的幸福追求构建于无尽的物欲满足、享乐主义和利己主义之中，真正引领人理想人格完善和幸福生活追求的道德教育被拒斥于生活世界边缘。道德教育随波逐流地疏离了生活世界，产生了"人学空场"的现象，直接导致人的培养目标无法实现，产生了一系列的后果。

第一节　道德教育疏离生活世界的图景

当前道德教育已经取得了诸多方面的成就，可也呈现出将人格完善目标演变成为工具化完成的手段的现实图景。人被视为被动的"物"，道德教育为充分利用好"人"去实现更多的"非人"的活动，出现了对人的现实性存在和阶段性发展的忽视现象，将理想世界和理论世界取代了人生活世界的"生活性"。"生活性"是人在生活世界中生活状态的高度概括和表达，是人的生命存在和生活发展得以彰显的表现。它不仅体现在人的生活实践中，也体现在生活世界中人的根本品质要求上。生活性不足是当前道德教育疏离生活世界的总特征，也是道德教育与生活世界之间的平衡标准。疏离生活世界，就是违背了生活性，远离了对生活世界的根本依托。道德教育就由社会的中心被放逐到了社会的边缘，会陷入虚幻的、无力的、低效的幽谷之中。在具体的道德教育过程中，就会将人的生命价值量化，人的生命意义也会凸显功利化，无以引领和塑造人的生活意义和生命价值。

一、教育目标方面：反生活性

道德教育是一项帮助人们对道德的价值原则及其精神基础产生笃信和崇敬，并内化为自身道德理想的活动。道德理想的内化即人理想人格的形成，是道德教育的根本目标，是关系到人如何做人的根本问题，是人们追求幸福生活的基础。然而理想人格的实现是"在有限的生命中追求和实现自己的无限的生命的价值、道德价值、人格价值"①。实现人的理想人格不是一蹴而就的，它与人的生命历程和生活过程紧密相关，是人生活性的具体彰显的过程。

人的生活性，就是人的生命存在和生活发展得以彰显的表现。不同群体和个人之间必然存在着差异性，而理想人格的生成也必然是阶段不一的。就道德教育中的受教育者而言，不同群体和不同个人，由于知识水平、生活环境、能力素养等方面都有较大差别，道德教育所要达到的理想人格目标必然难以同步。而且受我国古代传统道德教育中"圣人"目标的影响，以及近代以来对共产主义理想人格的美好期许。往往在具体道德教育过程中容易忽视遵循受教育者的身心发展规律、道德理想生成规律和社会发展规律的重要性。教育者会以高远的目标要求受教育者，致使教育目标往往难以实现。实际上，人的理想人格最基础的体现就是在人的生活世界中，体现在其生活表现之中，也呈现在其对幸福生活的追求过程中。高远的人格目标往往让人们难以达到，甚至会感到生疏。在理想人格的教育目标上苛求高远目标的实现，并将其视为永恒的、绝对化的理想目标去追寻和教化。每个人都会被限制在高远目标之中，会让人感到迷茫，甚至失去生活的热情。因为它完全疏离了生活在不同生活背景下的群体和个人，每个群体和个人都有其独特性、差异性和有限性，它们的生命历程和生活过程中的感受和要求，需要被正视，否则教育效果会适得其反。雨果曾说："做一个圣人，那是特殊情形，做一个正直的人，那却是为人的常轨。"② 在道德教育过程中，受教育者的生命存在和生活发展都有其特有的阶段性，而且这其中伴随着融于社会群体的品质要求和人性信仰。教育者需要全面地把握教育在这其中的理想人格生成规律，让其对道德理想有一个从知到行的阶段性进步过程。具体来说，可以有着从认知敬仰、选择感

---

① 魏长岭：《道德信仰与自我超越》，郑州：河南人民出版社2004年版，第32页。
② 何怀宏：《底线伦理》，长春：辽宁人民出版社1998年版，第3页。

验、超越创造,最后到自觉践履的生成活动过程。这样就可以在遵循人生活性的基础上,帮助受教育者逐级到达理想人格的要求,产生对道德理想的获得感和向心力,成为一个拥有理想人格的人,一个可以追求幸福生活的人。

二、教育内容方面:少生活性

道德教育传播着道德的价值原则及其精神基础。它"是人们对某种理想的道德社会及理想的道德个人的设计,是对现实中还不存在的美好道德社会蓝图及完美道德个人模式的勾画,表现了人们在道德方面的希冀和期望"[①]。为完成培养人道德理想的任务,道德教育内容体现在三方面:"(1)与社会有关的内容,包括合作、公民权利和义务、公共精神、慈善和考验、尊重他人、社会公正、尊重人的尊严和权利、劳动等;(2)与自我或个人有关的,像真诚、诚实、守纪律、勇敢、善良、容忍、自尊、自我完善等;(3)与国家和世界有关的,如爱国主义、国家意识、忠于领袖或皇帝、和平的公民、国际理解、人类皆兄弟的思想、国家之间相互依存的思想等。"[②] 这些内容不是臆断的,而是根据社会发展需求和个体思想实际确定的。它们反映着人们在生命历程和生活过程中的道德理想追求,是历史的、时代的和生活的观念精粹,是对生活世界生活性的反映和超越。

道德教育作为我国思想政治教育的重要组成部分,在科学主义和制度化教育的影响下,其内容也走向了学科化、课程化、逻辑系统化的知性教育轨道。"实际上已经将集知、情、意、行于一体,兼

[①] 王宏维:《论道德理想与道德规范》,载《华南师范大学学报(社会科学版)》,1996年第1期,第118页。

[②] 戚万学、唐汉卫:《现代道德教育专题研究》,北京:教育科学出版社2005年版,第227页。

具显性和隐性多层面的丰富道德演变成了抽象形式化的知识'条目'及其论证体系"①，甚至不乏"重点""难点""要点"，对于学习要求也是"识记""理解"和"运用"等。这种设置往往造成了受教育者的双面人格，言行不一。"在价值观上追求普遍性、客观性、必然性，在思维上追求统一性、规定性、程序性。"② 而人们生活世界中的道德理想涉及人们日常的职业道德、家庭美德，还有政治、经济、文化等国家、社会和个人领域的伦理规范，每个领域无不渗透着各自特有的道德信条。而当前的道德教育将这些内容仅仅体现在了知性化的轨道上，缺少了生活性的实践要求。道德教育内容的知性化将原本源自生活实践的道德信条上升为理论。可理论灌输只是用一种确定性概念的形式去客观化地阐述某一道德信条的存在，只能够体现人们道德生活中的暂时性片段或者典型性事件。它对人的道德理想塑造，只能够提升人们对个体道德生活的价值认知，培养人们用一种静态的眼光看待道德理论与实践，无法让人们感知到生活世界的整体性图景。道德教育少了生活性，失去了其存在的灵魂，缺乏了发展的活力，无法使受教育者生成道德理想，更不能从根本上体验道德生活的丰富性和具体性。

三、教育方法方面：去生活性

人是生活世界的主体，人依赖于生活世界，又在生活世界中实现自我超越。传统的"天人合一"思想赋予了人与生活世界的一体化关系。长期以来，人们在整个生命历程和生活过程中，都是基于实践的经验获取，通过语言的话语交流方式去实现在生活世界中的

---

① 王蓓：《论知性德育向生活德育的回归——现代德育困境研究》，载《现代教育科学》，2010年第4期，第2页。

② 钱志刚：《从"知性论"到"生活论"的道德教育转型》，载《教育评论》，2012年第5期，第72页。

合理化交往。话语表达是人在生活世界生活性的基本展现,更是人们在生活世界中开展交往活动的重要形式。通过话语表达的作用,人们可以有效进行日常思想交流和情感传递,让人们的生活世界更加丰富多彩,为人们的生产生活提供现实支撑。由此,话语表达权在道德教育过程中就显得尤为重要,而且一直被视为现代道德教育的基本方法。当然,话语表达权在现代文明社会中已不是谁服从谁和谁接受谁的问题,而是教育者和受教育者在道德教育过程中的平等交互对话。它强调在道德教育过程中,教育者和受教育者之间的平等,这种平等并不是经济地位和物质财富等方面的相等或同等,而是在人格和精神上的相互理解及相互尊重,是一种人与人之间的平等对话,更是作为生活世界中的人共同的生活性要求。这是受教育者作为人应有的权利,也彰显着教育者的言传与身教合一和良好的为师之范。

话语表达已不仅仅是人生存的基础,更上升为人生活的权利所在。话语表达权的合理运用是道德教育顺利开展的前提,它让道德教育过程充满着生活气息。对于受教育者来说,"权利本身就是价值的天然确证"[①],没有了权利自然就失去了追寻价值的可能。没有平等话语权,人们就不能在生活世界中求得道德理想的生成,获得完善个体理想人格和追求幸福生活的机会,道德教育更无法以适宜方式展开。在道德教育中,教育者和受教育者之间的独特话语体系被消解成了一个涵盖指令性语言、社会政治强权、绝对主义教条以及高度抽象概括的话语霸权系统。话语霸权使受教育者不能够表达真情实感,针对很多问题也不能和教育者产生心灵的沟通和情感的交流,逐渐地走向话语缺失的状态,自身的道德情感往往被话语霸权压制在孤独的内心世界之中。话语霸权破坏了

---

① 陈飞:《论思想政治教育话语霸权》,载《黑龙江高教研究》,2010年第2期,第98页。

道德教育过程中教育者和受教育者之间的平等交互，很容易导致教育者的话语垄断和受教育者话语缺失的单向化教育局面，剥夺受教育者在生活世界中的基本话语表达权，让受教育者在生活世界中的品质期许未能及时获得认可。

第二节　道德教育疏离生活世界的后果

　　生活性不足直接影响到道德教育的实效性，无法向人们传递生活的气息和生命的旨趣。疏离生活世界就疏离了人实践的存在、人关系的存在和人意义的存在，无法完成培养人道德理想的根本任务。人是有血有肉的物质存在，是实践的产物，同时人也是一种以意义为生存本体的高级动物。疏离生活世界的道德教育会成为一种异化人类的力量，使人逐渐失去其人之为人的独立性和本性，"逐渐失去了决定自己生活的权利，成为了所谓的'单向度'的人"[1]。"这种人丧失了自由和创造力，不再想象或追求与现实生活不同的另一种生活。"[2] 他只满足于"生命攸关的需要——在可达到的物质水平上的衣、食、住"[3]，失去了道德理想，缺乏了灵魂寄托，更无法成就理想人格。

---

[1] 范捷平：《德国教育思想概论》，上海：上海译文出版社2003年版，第23页。
[2] 陈前进：《受益一生的600个哲学常识》，天津：天津科学技术出版社2012年版，第232页。
[3] ［美］赫伯特·马尔库塞：《单向度的人——发达工业社会意识形态研究》，上海：上海译文出版社2008年版，第6页。

一、疏离人实践的存在

"人在本质上是一种实践的存在,即一种能够从事自由的创造活动……的存在。"① 反过来说,实践成为了人的基本属性和存在方式,而且是特有的存在方式。实践造就了人,人的一切属性也都源于人的生产劳动和社会实践。人通过有意识的实践活动改造着自身存在的生活环境、社会环境和自然环境,同时也产生了自身,发展了自身,成就了自身。人成为了改造世界的主体,人可以将自我意志和力量附加在人性世界的改造上,从而实现着人自身的更好发展。人成为了自我生活世界的主体,"人的实践是生活世界存在和发展的动力,人通过实践,改造已有的生活,生成和创造新的生活"②。人在不断地改造生活世界和完善自己的过程中,提升了自主意识和自主能力,而且逐渐产生了对自我有限性和未完成性的超越。实践活动"是改造世界的活动,它体现了人对旧事物的否定和对新事物的创造"③。于是,人越来越不满足于实然的发展,开始追求应然的发展目标。

道德理想在人追求应然发展目标的过程中逐渐产生,它是人不断改善世界和创造理想生活的结果,是人的实践活动的产物。它既可以调节人与自然、人与人、人与社会的关系,维系着社会和谐有序的正常发展,又可以净化人的心灵,给予人灵魂的寄托,使人得以更好地成为人,成为拥有理想人格的人。人作为生活世界的主体,通过实践改善了生活世界,丰富了生活世界,也创造了道德理想。

---

① [南]米·马尔科维奇、加·彼得罗维奇:《南斯拉夫"实践派"的历史和理论》,重庆:重庆出版社1994年版,第23页。
② 冯建军:《实践人:生活德育的人性之基》,载《高等教育研究》,2010年第4期,第24页。
③ 冯建军:《实践人:生活德育的人性之基》,载《高等教育研究》,2010年第4期,第23页。

道德理想引领人们获得自我超越性的道德理想追求,可这并不代表人通过实践创造道德理想就仅仅是为了道德理想,也是为了道德理想的超越性满足。实际上,人的一切源于实践,也要回归到实践。道德理想从人实践的生活世界中产生,也最终是为生活世界服务,为人在生活世界中的幸福生活实现服务,这是人实践创造的意义所在。所以,道德教育培养人的道德理想,它是由人的实践活动产生,并由人实施的活动。它需要为实践服务,为实践的人服务。疏离生活世界的道德教育,失去了它的实践基础,就失去了其主体的人的存在基础,也就无所谓存在的意义,这会将实践的人抽离成为失去实践根基的形式化的、影像化的人。

二、疏离人关系的存在

人是一切社会关系的总和,社会关系是人的基本存在方式。可以说,人是关系性的存在,关系是维系人存在和发展的根本要素。关系是通过人与人之间的交往实践而形成的,是人存在于生活世界的一种形式。具体来说,就是人通过实践推动着文化、社会和个性为一体的人的生活世界产生。而作为道德,它的存在源于关系的需要。它产生于关系之中,并在关系中发展。道德寄托着人与人之间的道德理想追求,这种道德理想并不是一种不可实现的憧憬和期许,它是可以实现和操作的。它源于道德现实并超越于道德现实,它维系着人与人之间的关系,使这种关系可以突破彼此分离、陌生、封闭的状态而走向他人,使生命之间可以有效沟通和充分交流,走向他人的心灵世界,给他人以心灵的温暖和灵魂的慰藉。从而使一种人道精神流动于生命之间,让人的生活世界洋溢着和谐温馨的人性关怀。而且这种关系也维系着人与自然、人与社会的关系,可以促进人与自然、人与社会的可持续发展。所以,这种关系不是不平等的,而是双向的、开放的和睦关系,关系主体之间是相互反应和双向互动的。同理，道德教育也需要立足于这种关系中进行。

道德教育的关系体现在教育者和受教育者之间的共在，"是一种人性与理性交融、相互理解、心灵相遇的关系"[①]。在具体的教育过程中，双方主体涉及"教"或者"育"的目的性完成时，就容易陷入单边化，成为了单纯的教育者改造受教育者的状态，排除了人在生活世界中生存所不可缺少的关系性交往。道德教育并不同于其他自然科学的知识获得，它是引领人道德理想的精神塑造活动。具体来说，它引导着人的人生观、世界观和价值观，以及具体的生活旨趣。所以，教育者和受教育者共为生活世界的主体，他们之间需要产生共鸣，道德教育才能更加有效的推进，他们之间的关系也是共生的。"所谓共生是这样一种生存状态，在此状态下，自然和社会，以及社会中的人们有着紧密的、相互依存、共同发展的联系，这种联系的基础和前提是承认对方的独立性和独特性。"[②] 教育者和受教育者在道德教育过程中是两个精神实体在交往，疏离生活世界的道德教育必定会缺乏这种共生性，脱离这种平等的关系存在，难以达到心灵陶冶、精神熏陶、生命超越的共鸣状态，是不可能产生教育实效的。

三、疏离人意义的存在

人作为灵肉兼具的存在，他绝非是物欲横流世界的子嗣。"人的存在从来就不是纯粹的存在；他总是牵涉到意义……人甚至在尚未意识到意义之前就同意义有牵连，他可能创造意义，也可能破坏意义；但他不能脱离意义而存在。人的存在要么获得意义，要么粉碎意义，对意义的关注，即全部创造活动的目的，不是自我输入的，

[①] 季爱民：《关系中的人与德育》，载《江汉论坛》，2013年第11期，第48页。
[②] 季爱民：《关系中的人与德育》，载《江汉论坛》，2013年第11期，第47页。

它是人的存在的必然性。"① 人生存生活的根本出发点就是对意义的追寻，对生命的价值创造和审视。意义的追寻照亮了人的存在，也照亮了人的生命旅程，它验证了人的意义存在，使得生命个体有了心灵的庇护所和精神的寄托地。意义是人未特定化的自然生命决定的，人需要在生活中实现能动的超越，去显示自我价值的独特规定和意义所在。人生无常，生命苦短，人的意义实现过程并不是一帆风顺的。人的生命过程中必然存在着苦难与酸涩，甚至会让人产生绝望和极度的失落感。于是，人们试图去建构意义的世界摆脱这其中的失落感。人的生命历程也是有限的，于是人们不敢虚度光阴，期待自己生命在意义世界中超越有限，获得无限并达至永恒。

生活世界中的人们一直在追寻意义世界的实现，而且乐此不疲。人的生活世界也成了追求意义和价值的世界，"离开了意义和价值的追求，不是人的生活世界，而是动物的生存世界"②。而意义何来呢？实际上，人生命过程中意义并不在于意义本身，而在于对意义的追寻。意义没有始终如一的概念，它是在人的生活世界中不断形成的一种体验，也反射着人生命得以生生不息的能力。当然对于每个个体来说，的确意义是难以界说的。但是，在长期的人类生命发展史上，逐渐就形成了以道德理想为核心的意义存在状态。道德理想既是人类有意义的生活，也是人们生活世界的共同意义载体。没有道德教育的引导，人在生活世界中的意义就会陷入个体性，走向任意性，从而会迷失人之为人的共同意义。道德教育以塑造人的道德理想为主旋律，激发人在生活世界中寻求意义和创造价值的目的性追求和动力。所以，道德教育疏离生活世界，从人存在的意义来说，

---

① ［美］赫舍尔：《人是谁》，隗仁莲译，贵阳：贵州人民出版社1994年版，第46页。
② 冯建军：《实践人：生活德育的人性之基》，载《高等教育研究》，2010年第4期，第25页。

会使人失去存在感，使人失去同动物相区别的生命存活状态，最终走向人性崩溃的边缘，不能享有人应该可以享有的真正人的生活。

第三节　道德教育疏离生活世界的原由

21世纪以来，我国社会发展进入了重要的转型时期，这个时期是"由过去单一的教条化的计划经济体制向多元的法制化的社会主义市场经济体制的转变，其实质就是由农业文明向工业文明的过渡，由前现代化向现代化的过渡"[①]。在这个重要的过渡时期，人的生活世界产生了文化多元性与意义世界、社会公共性与个人品德及个性张扬与群体性满足等诸多方面的矛盾性问题，这些问题是当前的道德教育疏离生活世界的缘由所在。

一、文化多元性与意义世界的消解

我国社会主义市场经济的发展是建立在以公有制为主体的多种所有制经济基础之上的经济体制，它是一种开放型的经济体制。"一定的文化是一定的经济、政治在观念形态上的反映，多种经济成分共同发展决定了多种文化的共存。"[②] 社会主义市场经济的发展已经使得多种经济成分更趋于利益多样化，改变了更多的社会阶层关系，并且各种各样的外来文化已经渗透进人们的文化生活之中，使原本"天人合一"的一元性中华传统文化逐渐走向了多元性。文化多元性的发展以其特有的平等友好，触发着长期处于中国传统文化世界中

---

① 张春：《论社会转型中的道德信仰教育》，载《铜仁师范高等专科学校学报》，2002年第4期，第4页。

② 朱毅蓉：《社会主义市场经济条件下文化多元的必然性》，载《福建师范大学学报（哲学社会科学版）》，2001年第4期，第96页。

的人们对各种新鲜文化的憧憬。人们渴望在思想观念、生活方式等方面的更多变革，可以享受到生活世界的丰富多彩，感受到生活世界的多样性。

文化多元性不仅带来了生活世界的繁荣，更伴随有个人主义、享乐主义和拜金主义等各种不良思想的影响，使得生活世界中隐藏着道德理想迷惘的问题。人们在意义世界中的价值根基逐渐被各种各样的思想颠覆或消解，人们面临着文化多元性所带来的各种困惑和迷失。以至于时下的有些人分不清"高雅与世俗、深刻与浅薄、精英与民众之间的界限、距离"[①]，他们在吸收外来优秀文化的同时，也被其世俗的、市场的、享乐的低俗文化所腐蚀。而且直接体现在自身的道德认知和行为上，产生了道德理想的混沌，以至于道德危机的问题。他们作为人的自我的意义世界在多元文化中游离，缺乏核心价值的引领，迷失了道德理想。实际上，"各美其美、美人之美、美美与共、天下大同"[②]，多元文化的渗透与融合绝对不能丢失中华优秀传统文化的主体性。"中华优秀传统文化是中华民族的精神命脉，是涵养社会主义核心价值观的重要源泉，也是我们在世界文化激荡中站稳脚跟的坚实根基。"[③] 只有更好地保持中华优秀传统文化的生命力，才能更好地吸收多元文化的精华，维系好自我意义世界的精神纽带和文化血脉，更全面地完善和发展社会主义核心价值观，构建好社会主义先进文化，奠定人们生活世界中的意义基础和价值根基。

---

① 李彬：《走出道德困境——社会转型期的道德生活研究》，长沙：湖南师范大学出版社 2011 年版，第 181 页。
② 蔺学才：《"一元"与"多元"的碰撞——中西文化之比较》，载《河南社会科学》，2008 年第 5 期，第 17 页。
③ 《习近平主持召开文艺工作座谈会强调 坚持以人民为中心的创作导向创作更多无愧于时代的优秀作品》，载《人民日报》，2014 年 10 月 16 日，第 1 版。

二、社会公共性与个人品德的张力

我国社会主义市场经济体制的不断完善,使得我国社会生产关系也发生了巨大的变化,冲击着人们的利益关系和价值观念。在正面影响为主的同时,也出现了负面影响。如在社会中的各种极端个人主义现象越来越多,而且逐渐渗透到了人们生活世界的各个领域。有些人在日常道德生活中,以个人利益最大化为最高行为准则,失去了道德理想的本真,一度陷入社会公共性缺失之中。这种缺失实际上是一种共同利益及价值的公共性缺失,更是现代社会发展对社会公共性需求的呼唤。"公共性"是对极端个人主义的规避路径,"是促成当代'社会团结'的重要机制,对于抵御市场经济背景下个体工具主义的快速扩张有着实质性意义"[1]。社会公共性的实现需要个人品德的完善,个人品德是实现社会公共性的基础。

长期以来,受传统道德教育的影响,个人品德在我国仅仅"是个人以私人身份与他人的交往中体现的德性,在私人领域行为中体现的德性,在利己行为中体现的德性"[2]。它是"人人独善其身者"[3]的私德,是人之为人的基本道德。而当前现代科学技术的发展和社会主义市场经济的兴起已经使得人们的社会交往面不断扩大,人们的生活世界早已超出了原有的亲缘性的熟人社会。社会公共性问题不断凸显,私德已难以维系社会公共性的发展,社会公共性需要人们公德的建立。公德不是私德的外化,更不是私德"次生层面的东

---

[1] 李友梅、肖瑛等:《当代中国社会建设的公共性困境及其超越》,载《中国社会科学》,2012年第4期,第126页。

[2] 张建英等:《公德与私德概念的辨析与厘定》,载《伦理学研究》,2010年第1期,第86页。

[3] 康雪编:《梁启超新民说》,北京:中国文史出版社2013年版,第33页。

西"①。它是"人人相善其群者"②的公共道德，是"在公共领域调节公民行为的道德规范，是人们在履行社会义务或涉及社会公共利益的活动中应当遵循的道德行为准则"③。公德涉及人们的社会公德、家庭美德、职业道德等多方面的道德要求，是与社会、集体，乃至国家荣誉和民族情感的各个方面都密切相关的。为此，很多个人品德上的失衡就难以避免了，这是社会公共性发展的必然，更是生活世界中社会公共性发展对公德的呼唤，这是人们个人品德获得全面进步的历史契机。

三、个性张扬与群体性满足的矛盾

人的个体存在和发展是人类社会存在和发展的基础，人类历史发展的过程实际上是人类个体发展的历史过程。每个个体存在于生活世界中都有其独特的个性，个性"就是个人独特的主体性，是人作为社会历史活动主体和他人相比的不同特性，它是个人生理、心理和社会素质在不同社会生活领域中的集中表现，包括个人的社会关系和自我意识以及由此形成的个人特有素质、品格、气质、性格、情感、能力等等的总和"④。只是生活世界中个体的个性张扬只有依托社会生产活动发展，才能得以实现。没有社会物质生产的迅速发展，人的个性张扬就不会得到应有的重视度和经济基础支撑。社会主义市场经济是以摆脱物的依赖性为基础的人的独立性实现，它是一个不断脱离物的依赖性，实现人个性张扬的过程。在社会主义市

---

① 秦弓：《中国人的德行》，北京：华龄出版社1997年版，第33页。
② 康雪编：《梁启超新民说》，北京：中国文史出版社2013年版，第154页。
③ 石岩：《中国社会转型期公民道德失范探析——基于公德与私德的视角》，载《甘肃理论学刊》，2012年第3期，第38页。
④ 刘远碧：《社会主义市场经济与发展人的个性》，载《探索》，2003年第1期，第69页。

场经济环境下，商品及商品所有者都在价值规律面前获得了自由与平等，冲破了旧有的"权利交易"和"人情关系"，可以将个体人的独立性和自由性充分发挥到自由平等的市场交易中来。生活世界中人的个性张扬既获得了尊重，又为自我的个性发展奠定了经济基础和提供了根本动力。

当前在社会主义市场经济体制不断完善的情况下，人们逐渐从依附型的物质人，演变成为具有独立经济能力的个性独立人。很多人为了尽快地摆脱物的依赖性，更加关注自我利益的获得。而对于自我利益的最大化关注，往往会忽视他人的、集体的和社会的群体性利益。在生活世界中，有些人背离了原有的道德理想，抛弃了自身的道德信念，无视群体性利益的需求，甚至不择手段地追求个人的利益，以求自我物质欲望的满足，完全丢弃了个人在生活世界中的应有价值。人在本质上是社会的产物，"是一切社会关系的总和"，"是属于一定的社会形式的"。① 社会主义市场经济的全面发展促进了个人的个性张扬，但不能停留在个体个性的追逐上，更要承担起作为社会人的义务和责任，尊重包括他人、集体和社会的群体性权利要求和利益表达，这样才能成为一个自由全面的人。生活世界中的人是现实的人，是社会的动物，是个体个性与社会性的统一体，脱离了同他人、集体和社会的群体性前提，人的个体个性张扬也就没有任何意义。个体个人利益的满足未尝不可，但在更大范围内的群体性满足和促进，才能获得更加全面和丰富的个体个性彰显和满足，这是由人的社会性存在所决定的。

---

① [苏] 罗森塔尔：《马克思主义辩证法史——从马克思主义产生到列宁主义阶级之前》，北京：人民出版社1982年版，第90页。

第三章 道德教育回归生活世界的必然性

道德教育植根于生活世界、发展于生活世界并实现于生活世界。没有生活世界就不会有道德教育，生活世界支撑着道德教育的产生和发展。而任何事物的发展都不是一成不变的，道德教育与生活世界之间总会随着人的生产实践不断发生着变化，甚至会与生活世界之间出现如前文所述的生活性不足的问题。实际上，从中西方道德教育发展史来看，道德教育对生活世界虽有疏离呈现，但总伴随着对生活世界的特殊倾向和独特要求。道德教育回归生活世界是历史的必然，是不以人的主观意志为转移的。它与生活世界之间存在着同构性且相伴相生，回归生活世界是可能的。道德教育回归生活世界是道德教育发展的现实需求，是客观认识道德教育发展规律和正确把握其历史趋向的合理论断。

第一节 道德教育回归生活世界的历史趋势

从历史角度描述道德教育与生活世界的关系，可以从总体上发现中西方道德教育回归生活世界的总趋势和特殊表征。这其中有对神的青睐转向对人的关注，有对超世的迷恋转向对今生的向往，有对人欲的否定转向对人性的认可。漫长的历史长河演绎着中西方道德教育回归生活世界的历史趋势，每一次浪潮都伴随着人性的解放和生活的价值期许，催生着道德教育的新发展，彰显出新时期道德教育回归生活世界的新走向。

一、西方道德教育回归生活世界的趋向

14 至 16 世纪在欧洲历史上发生了文艺复兴和宗教改革运动，它对西方社会及其道德教育发展产生了巨大影响。文艺复兴是欧洲近代史上具有里程碑意义的大事件，它撼动了占据绝对支配地位的中世纪宗教神学世界观，让当时的人们对人生、社会、世界有了新看法。很多关于人性、人生和生活世界的新思潮在道德教育中凸显，产生了道德教育回归生活世界的萌芽。而后随着科学世界的迅速发展和社会世俗化进程加快，宗教力量也随之走向衰微，在道德教育中对人生活世界的关注度越来越高。卢梭提出了"自然生活"回归的理念，裴斯泰洛齐通过对教育心理学化的方式，探索教育对人的生活世界理解和人本身的关注。他还成为了首位提出"生活教育"的教育家，为道德教育回归生活世界的提出提供了理念参考。时光进入 20 世纪以后，西方掀起了以欧洲新教育和美国进步主义教育为代表的现代教育运动。这场运动让道德教育对生活世界的回归更进一步，产生了以杜威的生活教育理论为杰出代表的重要教育思想。生活教育理论成为 20 世纪西方社会的重要思想，不断改进着人们对教育、道德教育的认识。在 20 世纪下半期以及 21 世纪的教育、道德教育发展进程中，使得回归生活世界成为了一个重要走向，并在多方面被运用，而且开创了精神关怀的新理念，让精神关怀教育融入道德教育之中，开创了 21 世纪道德教育回归生活世界的新航标。

(一) 回归生活世界的萌芽

自 14 至 16 世纪文艺复兴发展以来，西方社会产生了反映人性和世俗的人文主义思潮，使得中世纪处于神学世界的道德教育回归到了人的自由和发展上，挑战了宗教神学信仰的垄断地位，推动了长期的宗教改革，开启了西方近代道德教育回归生活世界的萌芽。

1. 文艺复兴的人文主义复归

"人文主义"源于拉丁文 humanitas，是古希腊观念的翻版，是"新兴资产阶级利用古代文化中反映人性和人的世俗成就的思想去对抗神学为核心的封建文化"[①]，创造出的一种新的文化和世界观。人文主义"是在反对天主教会及其压抑摧残人性的基督教教义，否定教会和教皇至高无上的绝对权威的基础上完成的"[②]，也是推动西方道德教育回归生活世界的萌芽思想。它肇始于意大利的文艺复兴，并且凭借着对人本身的关注，很快成为文艺复兴的指导思想，迅速在欧洲大陆生根开花，并在欧美世界很快传播。人文主义思潮"已无可逆转地预示着西方哲学的重大转向"[③]，"成为一百多年来在西方世界影响最大的思潮"[④]。一时间，人们的生活世界弥漫着人文主义精神，出现了抑神扬人的场面，社会各个阶层都体现出不同程度的人文色彩。人们逐渐"相信人是世界的主人和财富的创造者，相信人的智慧和力量，要求一切以人为根本，重视发展人的事业，强

[①] 单中惠：《西方教育思想史》，北京：教育科学出版社 2007 年版，第 47 页。
[②] 张斌贤：《外国教育思想史》，北京：高等教育出版社 2007 年版，第 109 页。
[③] 刘放桐：《探索、沟通和超越》，北京：北京师范大学出版社 2010 年版，第 36 页。
[④] 刘放桐：《探索、沟通和超越》，北京：北京师范大学出版社 2010 年版，第 36 页。

调人的自然本性、人的生活价值、自由意志、世俗生活和世俗教育"①。在道德教育方面，个性发展和思想自由被众多的人文主义者和教育思想家们所提倡，中世纪的"原罪说"和蒙昧主义、禁欲主义等教育理念濒临瓦解，在道德教育中开启了对于个性和世俗生活的初始关注。

作为文艺复兴时期时代精神代言人的但丁，他将世俗权威和宗教权威明确区分开来，认为"宗教权威和世俗权威的混乱和重叠是导致社会混乱、教会堕落和社会道德水准低下的根本原因"②，"现实社会中的教会应远离世俗的生活"③。由此，人们生活世界中的世俗部分在道德教育过程中被逐渐认可，要求道德教育"更适应于人的生活，更合理和更乐于为上帝接受"④。可世俗生活的追求虽然一定程度上激发了人性，但也往往把人性拉向无灵魂的状态。法国人文主义作家、教育思想家拉伯雷提出将"仁爱、勤劳、勇敢和正义等美德"⑤应作为道德教育的重要信条传授，他针对这些内容"强调教学的直观性和新颖性，重视直观教学方法的运用，注意所学知识与实际生活的联系"⑥。而且要将这些内容融入到其他方面的学习中，"去学习骑马和武术，保卫我们的家乡……"⑦拉伯雷将道德教育不仅仅看作是一项简单的育人活动，而且将其从世俗生活中解放

---

① [意]欧金·加林：《文艺复兴时期的人》，李玉成译，北京：生活·读书·新知三联书店2003年版，第2页。

② 张斌贤：《外国教育思想史》，北京：高等教育出版社2007年版，第121页。

③ 张斌贤：《外国教育思想史》，北京：高等教育出版社2007年版，第121页。

④ [英]丹尼斯·哈伊：《意大利文艺复兴的历史背景》，李玉成译，北京：生活·读书·新知三联书店1988年版，第89页。

⑤ 张斌贤：《外国教育思想史》，北京：高等教育出版社2007年版，第146页。

⑥ R.Freeman Butts, *A Cultural History of Western Education: It's Social and Intellectual Foundations*, New York: McGraw-Hill, 1955, p.185.

⑦ [法]拉伯雷：《巨人传》，成钰亭译，上海：上海译文出版社1981年版，第272—273页。

出来，上升到对解国家于危难的人格塑造之中。他认为当时包括道德教育在内的教育体系"需要有一场革命，彻底地破坏旧的教育体系，用一套全新的教育体系来取代它。在清空场地之前，你无法筑造任何东西。你首先必须一劳永逸地推翻整个腐朽不堪的结构，将它毫无用处的残迹清除干净。要想让真正的理性进入头脑，就一定不能让经院哲学还在其中留有一丝痕迹"①。

而同样作为人文主义者和教育思想家的伊拉斯谟，并没有像拉伯雷这样极端化的表达，他只明确地在其《愚人颂》一书中对神学家和经院哲学家进行了嘲讽，反对了教会的"原罪说"，指出"他们一方面这样白费时间说废话，一方面却以为他们用命题和三段论式的支柱支持着教会，其效果并不差于诗人们杜撰的阿特拉斯肩负摇摇欲坠的世界的重负"②。伊拉斯谟较拉伯雷更为理性，他在当时的人文主义教育家中最先认识到自然及人性自发的能动性在道德教育过程中的价值所在。他强调"我们不能低估年轻人有能力以自己的才智找到合适的答案……和其他任何生物一样，孩子能擅长真正属于他本性的活动……因此，要按大自然的规律办事，在学校中清除过重的劳累现象，要尽量使学习能够自由和愉快"③。可见，伊拉斯谟更重视教育过程的人性关怀，要求教育活动要按照自然的、人性本身的规律进行；另一方面他强调成为一个具有道德理想的有教养的人需要学习自由学科，"包括古典语言（拉丁语和希腊语）、修辞学、伦理学、历史学、政治学、动物学、植物学、数学、音乐和

---

① [法] 爱弥尔·涂尔干：《教育思想的演进》，李康译、渠东校，上海：上海人民出版社2003年版，第244页。
② [荷] 伊拉斯谟：《愚人颂》，见华东师范大学教育系、浙江师范大学教育系选编：《西方古代教育论著选》，北京：人民教育出版社2001年版，第236页。
③ [英] 劳伦斯：《现代教育的起源和发展》，纪晓林译，北京：北京语言学院出版社1992年版，第45页。

天文学等"①。他将道德教育与其他自由学科相结合,注重人性的全面发展,当然这些仍是对《圣经》的道德信条推崇。

至此,"从教育理论的角度上看,文艺复兴标志着我们思想演进过程中的一段间断,标志着与过去的断裂。在某种意义上,它开启了某种全新的东西"②。而对道德教育而言,更是一次较大的进步性发展。当然,人文主义者反教会思想只是反对神学对人性的压抑,并不反对信仰本身。而且他们始终无法摆脱中世纪思想的束缚,一般都倾向于保留宗教在道德教育中的影响和作用。但其中崇尚理性、弘扬个性以及对人们世俗生活的深切关注已经挑战了宗教神学的垄断地位,走出了经院主义的蒙昧,拉开了西方近代道德教育回归生活世界的序曲和先声,为近代科学精神的生成及道德教育科学化的发展开辟了新的发展道路。

2. 宗教改革运动及新教教育发展

文艺复兴的人文主义发展,滋生了西方近代新教教育思想,引发了西方社会思想的巨大变革,开启了宗教改革的序曲。宗教改革始于德国,原因在于罗马教皇对德国政治内务的强烈干涉,阻挠德国统一,而且对贫民、农民们进行各种赋税的剥削。人们对此非常不满意,不堪忍受,反对天主教会的斗争日趋激烈。马丁·路德以其张贴在威登堡大教堂门口的《九十五条论纲》很快成为了抗议的领袖。而且他将《圣经》译为德语出版并编写了《教义问答》,很快成为了新教发展的重要内容被人们广泛接受。"新教对旧教的批判,民族力量对罗马教廷的挑战,世俗力量对神权的挑战,广大人民对封建统治者的挑战,汇成一股反对天主教会、反对封建社会制

---

① 张斌贤:《外国教育思想史》,北京:高等教育出版社2007年版,第137页。
② [法]爱弥尔·涂尔干:《教育思想的演进》,李康译、渠东校,上海:上海人民出版社2003年版,第244页。

度的革命力量。"① 当然，这次宗教改革运动，最终也没有从根本上撼动上帝的位置，但新教的发展使人们在生活世界中的能动性、个体的存在价值、人们对自己世俗生活的需求和对命运的把握等均得到了前所未有的尊重和认可。作为继马丁·路德之后新教理论体系的主要阐述者，约翰·加尔文对"在实现宗教目的过程中引导个人学习世俗学科，掌握各门实用知识，成为能够积极参与世俗生活和生产的专业人才"②的教育世俗目的给予了肯定，而且提出了道德教育需要结合法律教育的思考，强调"上帝将律法赐给我们，为的是要以完善的正义教训我们"③。法律应该成为人们日常生活中分辨是非善恶的重要内容，法律是支撑道德教育顺利进行的有效依据。

宗教改革运动让新教教育思想得以产生，它"改革的重点在于试图纠正中世纪教堂里的迷信的泛滥"④，而且很快让人们感受到了上帝对人们现实生活的呵护。法国著名历史学家基佐指出："宗教改革既非属私利支配下的偶然事件，也非仅仅为了改善宗教事务，出自对人爱和真理的空想。它有更为强大的原因，压倒其他一切的特殊原因。它是一次人类心灵追求自由的运动，是一次人们要求独立思考和判断迄今欧洲从权威方面接受或不得不接受的事实和思想的运动。"⑤宗教改革孕育了现代资本主义精神，新教教育思想推动了近代西方资本主义的发展，让道德教育在新教发展中获得了对人、人性和人们生活世界的关注。宗教不再排斥世俗、排斥人，而是在肯定上帝的前提下将其纳入到新教体系之中，这与中世纪的宗教理

---

① 单中惠：《西方教育思想史》，北京：教育科学出版社2007年版，第92页。

② 张斌贤：《外国教育思想史》，北京：高等教育出版社2007年版，第154页。

③ 吴元训：《中世纪教育文选》，北京：人民教育出版社1989年版，第743页。

④ John L. Elias, *Moral Edvcation: Secular and Religious*, Malabar: Robert E. Krieger Publishing Company, 1989, p.10.

⑤ [法] 基佐：《欧洲文明史——自罗马帝国败落起到法国革命》，程洪建、玩芷译，北京：商务印书馆1998年版，第194页。

念有着本质性的区别。

文艺复兴和宗教改革无论对于西方社会发展，还是道德教育本身，都是一个承上启下的历史转折点，它开启了西方文明发展的历史新进程。道德教育在这个时期虽然在对人本身、对人的生活世界的关注上较中世纪有了很大的提升，但它始终无法摆脱宗教神学的影响，始终要将人的道德理想塑造置于宗教教育之中。道德教育回归生活世界在这个时期只是初见端倪，它仍然无法在具体实践中将道德教育独立于宗教神学，摆脱宗教教育影响。生活世界之于道德教育的意义所在，道德教育之于生活世界的必然性都未得到充分确认。所以，这个时期的道德教育对生活世界的回归只是初始的萌芽状态。

(二) 回归生活世界的提出

在继承文艺复兴和宗教改革所开创的崇尚理性、弘扬个性和关注世俗生活的文化基础之上，西方社会进入了一个以"理性时代""启蒙时代"和"革命时代"并称的18世纪。西方社会在这个世纪实现了政治、经济、文化、科技等多领域的巨大变革。随着科学世界的勃兴、启蒙运动的发展和民族国家的建立等一系列重大历史事件的发生，人的生活世界发生了较大变化。文艺复兴的人文主义和宗教改革运动的新教思想在人的生活世界中被进一步延续，而且进一步推进了自然主义教育思想的产生和对道德教育的渗透影响。自然主义教育思想"提倡教育要'顺应自然'，要求培养反封建的'自然人'，主张根据儿童的发展阶段事实实施教育"[①]。这种思想在夸美纽斯、爱尔维修、赫尔巴特、巴西多、福禄贝尔、欧文等思想家的著作中都有一定的陈述，而将自然主义思想实现人本化转移，

---

① 单中惠：《西方教育思想史》，北京：教育科学出版社2007年版，第156页。

并渗入人的生活世界的教育思想家是卢梭。他开启了"自然适应性原则",被誉为"教育上的哥白尼"。在道德教育方面,逐渐形成了对"自然生活"回归的理念,对西方道德教育发展来说,具有划时代的意义,是西方道德教育新旧时代的分水岭。此外,受卢梭的自然生活理念影响,瑞士教育家裴斯泰洛齐更珍视生活和人的天性。他提出了"教育心理化"和对人性之爱的解说,将原本道德教育对世俗生活的关注,聚焦在了人性之上,发扬了自然主义教育思想,推进了道德教育回归生活世界的本质探源。

1. 卢梭的"自然生活"回归

在当时的欧洲国家中,传统的古代主义教育仍然占据着统治地位,人们的心智发展受到了严重的摧残,教育只是与世隔绝的空中楼阁。道德教育更是疏离于生活世界,缺乏对人性的关怀。这种现象在以天主教会统治教育的法国尤为明显,人们道德个性遭受压抑,无法得以施展。很多的思想家对封建专制的法国社会和古典主义教育深恶痛绝,他们提出"理性",宣扬唯物主义,旨在抨击封建专制和腐朽的教育状态。作为当时小资产者的民主思想者,卢梭和这些思想家们一样,批判社会、反对古典。对于教育,他发展了夸美纽斯的"自然适应性原则","构思 20 年,撰写 3 年"于 1762 年完成了自然主义教育思想代表作——《爱弥儿》。该书被后世成为"教育的自然福音",卢梭在其中"提出将'回归自然'作为教育思想的基本原则,将传统的教育视为一种'非自然教育',要在尊重儿童天性与内部自然发展顺序的同时,实施一种'自然教育'"[①]。

"自然教育"就是一种"回归自然"的教育。自然教育要求教育要在人们的自然生活中,要服从自然法则,遵循人的本性,关注人的个性,顺应人的天性。它关注人的自然生活,推进人的"自然"

---

① 张斌贤:《外国教育思想史》,北京:高等教育出版社 2007 年版,第 226 页。

发展，塑造人的"内在的自然"。"自然生活"是卢梭从其自然主义和浪漫主义的哲学观出发，对当时的教育状态进行批判而设想的一种生活，也是他本人对生活世界的一种理解。它不是脱离社会生活而单独存在的孤独生活状态，也不是将人赶到森林里的原始生活恢复。在卢梭看来，近代科学世界的发展使人们越来越疏离自然生活，失去了对人性的关怀。自然生活是清新美好、和谐淳朴的。人类由自然生活而生，也应由自然生活而发展。人们生活在以自然为基础的"自然秩序中，所有的人都是平等的，他们共同的天职，是取得人品"①。人品即为人之道，是人们存在于社会生活之中的基本要求。对于人的道德，卢梭认为应该包括"善良、博爱、怜悯、仁慈以及所有一切自然而然使人感到喜悦的温柔动人的情感"②。道德给人以愉悦，让人们产生爱。卢梭反对传统的宗教教育，认为"没有信仰，就没有真正的道德"③。他提倡对人们进行道德教育，尤其是对15至20岁的青年教育。在卢梭看来，青年已经有了参加社会生活的准备，而且开始遭受社会不良影响，对社会关系有了一定的认识，有必要对他们进行道德教育，帮助青年们"激发善良的感情，养成正确的判断力，培养坚强的意志"④，这样可以起到抵御不良影响的作用，达到塑造"自然人"的"自然教育"目标。

"自然人完全是为他自己生活，不依靠任何的社会地位和职业，能够适应各种变化了的实际的需要"，"在社会中生存，又能保持自己的天性自由发展，抗拒外界的不利影响"⑤。"自然人"是卢梭自

---

① [法]卢梭：《爱弥儿——论教育》，李平沤译，北京：人民教育出版社2001年版，第9页。
② 单中惠：《西方教育思想史》，北京：教育科学出版社2007年版，第155页。
③ [法]卢梭：《爱弥儿——论教育》，李平沤译，北京：人民教育出版社2001年版，第454页。
④ 单中惠：《西方教育思想史》，北京：教育科学出版社2007年版，第155页。
⑤ 张斌贤：《外国教育思想史》，北京：高等教育出版社2007年版，第229页。

然主义教育思想所要达到的教育目标，是为了帮助在社会生活中的人们获得应有的"内在的自然"。这是一种未被社会"污染"的人之本性。拥有了这种"内在的自然"，人们就可以摆脱社会生活中的黑暗和各种异化的风险，可以更加纯粹地按照人的自然状态去生活，享受自然生活带给人的智慧和力量。青年尚处在各方面不定性的状态，接受道德教育，成就"自然人"的"内在的自然"，是青年健康成长的关键。卢梭认为这是一个步入社会的青年，必须接受的教育形式，这是其作为社会成员应当履行的义务。否则，即便一个青年的天性再好，缺乏良好的道德教育，都面临着无法抵制社会生活污秽影响的风险，他将难以充分享受自然生活的清新美好及和谐淳朴。"自然人"的"内在的自然"在当时的传统古典教育中难以实现，因为传统古典教育摧残了人性，导致了人的"内在的自然"变质，失去了人的善良本性。每个人都是生而自由且善良的，"每个人的心灵有它自己的形式，必须按它的形式去指导他"[1]。自然生活成就了人的产生，也必然要推进人的发展。卢梭说："如果你想永远按照正确的道路前进，你就要始终遵循大自然的指引。"[2] 自然生活是"自然人"之寓所，是"内在的自然"之基础。针对青年的道德教育必须摆脱传统的古典教育影响，"遵循自然，跟着它给你画出的道路前进"[3]，遵照自然生活赐予人的天性发展要求，"按照你的学生的年龄去对待他"[4]。

---

[1] [法]卢梭：《爱弥儿——论教育》，李平沤译，北京：人民教育出版社2001年版，第97页。

[2] [法]卢梭：《爱弥儿——论教育》，李平沤译，北京：人民教育出版社2001年版，第536页。

[3] [法]卢梭：《爱弥儿——论教育》，李平沤译，北京：人民教育出版社2001年版，第19页。

[4] [法]卢梭：《爱弥儿——论教育》，李平沤译，北京：人民教育出版社2001年版，第88页。

至此，可以看出卢梭的自然教育思想有着非常独特的教育视角，的确深刻地体现了时代精神，也使当时处在云雾之中的人们看到了教育的曙光。但其对于道德教育回归自然生活，塑造"自然人"之"内在的自然"的设想无疑带有浓厚的浪漫主义和理想主义色彩。它缺乏实践基础，有着主观臆断的呈现，在现实的教育操作中往往难以实现。但这不足以否定卢梭的"自然生活"教育理念。他的教育思想具有较强的理论价值，指导着现时代道德教育的探索。

2. 裴斯泰洛齐提出"生活教育"

瑞士著名民主主义教育家裴斯泰洛齐深受卢梭的自然主义教育思想影响，他深刻批判传统经院式教育，充分肯定自然对人发展的重要性，强调"我永远委身于大自然的引导"①。他通过对自然主义教育思想的继承和探索，较卢梭显得更实际一些，缺少了一些浪漫主义和理想主义色彩。他提出爱的教育、教育心理学化、直观教学、要素教育等更加富有生活气息和人性色彩的教育理念。裴斯泰洛齐认为生活是自然不可或缺的一部分，"其本身就是一本自然的书籍"②。"这里面蕴藏着开明的教育力量的秘诀。学校如果不把它的工作建立在这个基础之上，就会误入歧途。"③ 在他看来，"生活是伟大的教育者"④。裴斯泰洛齐自始至终将自己的教育活动寓于生活之中，提出了学校像家庭的理念，创办了"家庭式的学校"，并为之耗尽了毕生心血。他对生活教育虽然没有精确定义，但他却是教育

---

① ［瑞士］裴斯泰洛齐：《裴斯泰洛齐教育论著选》，夏之莲等译，北京：人民教育出版社2001年版，第76页。

② ［瑞士］裴斯泰洛齐：《裴斯泰洛齐教育论著选》，夏之莲等译，北京：人民教育出版社2001年版，第246页。

③ ［瑞士］裴斯泰洛齐：《裴斯泰洛齐教育论著选》，夏之莲等译，北京：人民教育出版社2001年版，第246页。

④ ［瑞士］裴斯泰洛齐：《裴斯泰洛齐教育论著选》，夏之莲等译，北京：人民教育出版社2001年版，第446页。

史上首位明确提出"生活教育"的倡导者,是第一位将教育与人的具体生活相结合的教育家。即便他对生活世界的理解仅仅是体现在日常的家庭生活之中,但仍为道德教育回归生活世界研究留下了浓墨重彩的一笔。裴斯泰洛齐将生活教育理念寓于道德教育之中,以全民为对象,以适应生活为目标,以爱为核心,以家庭和学校为载体,以要素教育为内容,建构了道德教育回归生活世界的结构雏形。

在西方传统社会中,社会底层的广大贫困农民和工人子弟很难享有接受教育的机会和条件。裴斯泰洛齐一生都在致力于关注社会底层人的教育,尤其是道德教育。很多来自社会底层的人由于未接受过系统的教育,知识不足,心智不健全,甚至有些迟钝,加上长期的恶劣生活条件,他们有的道德沉沦,有的更显得信仰愚昧和人格虚伪。裴斯泰洛齐认为"每个人,即便是最低下的人,都应当获得最起码的、最朴素的人类智慧"[1]。他主张全民教育,无论是穷人,还是富人。"教育应该成为所有人的财富,人人都应该接受教育,通过教育启蒙愚昧,提高智能,激发善心,从根本上改变贫困人民的生活状况。"[2] 道德教育是一项培养人道德理想的活动,让社会底层人士接受相应的教育是对他们有效的精神塑造和灵魂引导,可以帮助他们走出道德沉沦和心灵迷失的迷惘状态,从而实现更好地适应生活的教育目标。

在裴斯泰洛齐看来,"教育的终极目标不是圆满地完成学业,而是适应生活;不是养成盲目服从和规定的勤奋习惯,而是培养自主的行为"[3]。适应生活就是适应自然,是人们接受教育之后生理和

---

[1] [瑞士]裴斯泰洛齐:《裴斯泰洛齐教育论著选》,夏之莲等译,北京:人民教育出版社2001年版,第246页。

[2] 袁锐锷、张季娟:《外国教育史纲》,广州:广东高等教育出版社2002年版,第225页。

[3] [瑞士]裴斯泰洛齐:《裴斯泰洛齐教育论著选》,夏之莲等译,北京:人民教育出版社2001年版,第368页。

心理上所形成的各种能力在自然生活中的体现。人们能够在自然生活中展现自己的能力，获得各种锻炼，并能够获得自己应有的地位，这就是适应生活，就是教育目标的完成。接受道德教育可以使人明确道德理想，展现自我天性和天然的能动性，人们可以将道德理想的生成诉诸到具体的生理和心理能力提升之上，以更加积极主动的心态和更加善良仁慈的道德操守确定自我并融入到社会生产和生活之中。

裴斯泰洛齐始终怀揣赤诚之爱投身教育事业，他是西方教育史上首位将"爱"的教育融入整个教育理论与实践之中的教育家。他曾就社会底层儿童的教育状况，提出"我断定我的热情将如春天的太阳使冰冻的大地苏醒那样迅速地改变我的孩子们的状况"[1]。可见，他是一位多么富有爱心的教育家。德国哲学家、教育家费希特这样评价他："裴斯泰洛齐生活的灵魂是爱。他爱贫穷和被压迫的人们。他的爱……使他的所获，竟远过于他的追求；他原来求的是贫苦孩子的启蒙，而得着的是人类教育的大道。"[2]裴斯泰洛齐的生活教育思想的核心就是"爱"，"爱是人性的光辉"[3]。他将人性发展分为三段，即生物原始阶段（biological state of primitiveness）、社会阶段（state of society）和道德自由阶段（state of moral freedom）。最高的道德自由阶段，就是人们生成道德理想的阶段，也必然是爱的内化和升华阶段。因为在他看来"爱是缠绕大地，也是上帝与人结合的一根韧带"[4]，它是上帝赋予人类天性中唯一的最可贵、最光辉灿烂的一面。"人间有爱，就可以消弭战争，去除仇恨，并且彼此相亲、

---

[1] [瑞士]裴斯泰洛齐：《裴斯泰洛齐教育论著选》，夏之莲等译，北京：人民教育出版社2001年版，第196页。

[2] [瑞士]阿·布律迈尔主编：《裴斯泰洛齐选集（第一卷）》，尹德新组译，北京：教育科学出版社1994年版，第59页。

[3] 林玉体：《西方教育思想史》，北京：九州出版社2006年版，第396页。

[4] 林玉体：《西方教育思想史》，北京：九州出版社2006年版，第399页。

尊重、合作、友爱、关怀、体恤、帮助。"① 这些都是以"爱"的方式实现道德教育的最直接体现，是人们进入道德自由阶段的"爱"的彰显。裴斯泰洛齐将道德教育寓于"爱"之中，以爱育爱，将爱的精神感染到人们生活的每个角落，以爱推动人的道德自由和道德理想生成。

裴斯泰洛齐的"爱"是基于家庭生活，认为"家庭生活的粘结力就是爱的粘结力"②，"有温暖的家，父母子女相爱，本身有一股强烈磁性的向心力"③。人的"爱"首先是在家庭生活中萌生的，这是人的本性使然。所以，"对人的本性来说，家庭的生活环境是第一位的，也是最重要的环境"④。"家庭生活必须被看成上帝为教育人类所提供的唯一的外部环境"⑤ 充满爱的家庭必然会有助于塑造出拥有爱的能力的孩子。于是裴斯泰洛齐通过这种爱的思考，将"爱"引入学校，认为"教育原应在一种大家庭的精神中融为一体"⑥。对当时被称为"心灵屠宰场"（Slaughter house of the mind）的学校颓废症结提出了自己的方案："学校缺乏一股温馨感人的气氛，教师没有教育爱的精神。"⑦ 于是他花费毕生的心血将学校打造成为一个家庭式的学校，赋予它家的爱意，提出"学校像家庭"。他在这个家庭中将作为所有孩子的爸爸，呵护着孩子们的成长，让师生之间的关

---

① 林玉体：《西方教育思想史》，北京：九州出版社2006年版，第398页。

② [瑞士] 裴斯泰洛齐：《裴斯泰洛齐教育论著选》，夏之莲等译，北京：人民教育出版社2001年版，第302页。

③ 林玉体：《西方教育思想史》，北京：九州出版社2006年版，第404页。

④ [瑞士] 阿·布悻边尔：《裴斯泰洛齐选集（第一卷）》，夕嘴新组译，北京：教育科学出版社1994年版，第197页。

⑤ [瑞士] 裴斯泰洛齐：《裴斯泰洛齐教育论著选》，夏之莲等译，北京：人民教育出版社2001年版，第302页。

⑥ 张焕庭：《西方资产阶级教育论著选》，北京：人民教育出版社1979年版，第318页。

⑦ 林玉体：《西方教育思想史》，北京：九州出版社2006年版，第404页。

系如同家人一般。他始终认为"缺乏了爱,一切罪恶就接踵而至"①。他不相信人性不可改造,只要在教育过程中坚持以"爱"灌溉,给予足够"爱"的滋润,塑造人的善良天性,引领着人的道德理想,重拾人的纯真本性是完全可能的。

裴斯泰洛齐对以"爱"为核心的教育乐此不疲,而且支撑了他一生的教育追求,被人们恭称为"平民教育之父"。他关注全民教育,主张"教育必须成为所有人的财富"②。每个人都具有潜在的可能性和力量,只是它必须经过教育的塑造,才能够激发出所有的能力。这些能力是多方面的,人的发展也应当是全面的。人们要接受"头的教育"(智育)、"心的教育"(德育)和"手的教育"(劳动教育),才能将应有的能力全面激发。

裴斯泰洛齐主张人"头、心和手"的全面发展,心的教育(德育)是所有教育的基础,它关系到人的道德理想,是人的精神灵魂所在。"整个教育的中心问题在于形成人的道德,必须使人的动物性受到道德的支配。"③ 这样人就可以用道德理想支配动物性,过上一种道德的生活。经过裴斯泰洛齐的深度研究,"发现了人类通过感觉印象获得清晰概念都有它的起点,即一些最简单、最基本的'要素'"④。于是,针对心的教育,他在道德教育中从受教育者最简单的、最熟识和最生活的"要素"出发,逐渐过渡到相对复杂的"要素",让人的道德理想生成成为一个循序渐进的过程。这个"要素"就是亲子之爱,是孩子对母亲的爱,"是一种本能的骨肉之爱"⑤。

---

① 林玉体:《西方教育思想史》,北京:九州出版社2006年版,第411页。
② 顾明远:《世界教育大事典》,南京:江苏教育出版社2000年版,第399页。
③ 刘军、舒畅:《瑞士》,北京:世界知识出版社2002年版,第211页。
④ 陈明霞:《裴斯泰洛齐论教育的人性化和心理学化》,载《福建教育学院学报》,2005年第7期,第46页。
⑤ 林玉体:《西方教育思想史》,北京:九州出版社2006年版,第417页。

母亲对孩子的爱是无私的,她给予了孩子安宁和快乐。孩子对母亲的爱就是在这种长期的滋润中萌生的,并内化到其精神深处,成为了家庭幸福之源和社会生存之基。"在多少世纪的普通生活里,我们已经看到这种互爱和互信的情感产生的非常惊人的结果,使旁观者确信,我们工作的道路是成功地扩展家庭生活的道德影响,因而使我们能接近于实际解决我们这个时代迫切而重要的一个难题。"① 道德教育不是一味地说教和灌输,而是要从最基础的"要素"出发,给人以爱的感化,一种潜移默化的生活影响。裴斯泰洛齐也将这种要素教育,融入到头的教育和手的教育之中,共同支撑着"心的教育"完成。

（三）回归生活世界的创建

19世纪后半期,以美国为代表的西方社会科学技术日益进步,工业生产发展迅速。到20世纪初,美国已经完成工业化的历史任务,"从一个巨大的农业的、乡村的、孤立的、地方的和传统的社会转变成为一个工业的、城市的、一体的、全国的和现代的社会"②。这个现代的社会是极其丰富的社会,人们深处工业化、城市化和价值多元化的现代生活之中,"人们的生活领域分裂为公共领域和私人领域"③,人们对国民身份的认同感也越来越强,国民意识逐渐形成。"曾是美国人主要道德价值观的新教伦理和清教精神,强调工作、清醒、俭省、节欲和严肃的人生态度开始受到挑战"④,美国传统道德教育面临着新的转型需要。

---

① ［瑞士］裴斯泰洛齐:《裴斯泰洛齐教育论著选》,夏之莲等译,北京:人民教育出版社2001年版,第447页。

② 刘绪贻、杨生茂:《美国通史（第四卷）》,北京:人民出版社2008年版,第22页。

③ 陈平:《美国道德教育发展研究》,南京:南京大学出版社2011年版,第179页。

④ 陈平:《美国道德教育发展研究》,南京:南京大学出版社2011年版,第155页。

道德教育对生活世界的疏离与回归

传统道德教育中的形式主义，划一的教育内容和方法已经不能适应开放、多元和实用的现代教育新需求。人们认为传统道德教育"是非常专门化的、片面的和狭隘的。这是一种几乎完全被中世纪的学术观念所支配的教育"①，它忽视了受教育者在接受教育中的主动性，压制其道德个性的发挥。人们急切地需要一种教育理论可以为传统教育改革作出合理的理论支撑。虽然盛极一时的"品格教育"在维护传统道德理想和应对新时期道德教育困境上取得了一定的成绩，但"品格教育者的道德保守倾向也流露无遗"②，在20世纪30年代之后逐渐走向衰微。

对于新时期的道德教育，以杜威为代表的进步主义者提出："如果美国人放弃专横的传统，通过运用科学和理性来解决所面对的复杂问题，为公平、效率和民主社会而努力。那么，新的秩序就能为社会和道德的进步提供前所未有的希望。"③ 杜威作为进步主义的最主要发言人和实用主义的集大成者，他认识到当时包括道德教育在内的整个美国教育体系都不是简单的转型和调整，实际上"一场知识的革命已经发生"④。无论是传统道德教育，还是后起的品格教育，都在"想方设法让学生养成良好的习惯以强化抵制新时代诱惑的意志"⑤，"将伦理的术语与某一特定的行为相关，给其贴上美德的标签，使之与其他大多数行为分开"⑥，让道德教育成为了一项伪善的

---

① ［美］杜威：《杜威教育论著选》，赵祥麟、王承绪编译，上海：华东师范大学出版社1981年版，第26页。

② Stephen M.Yulish, *The Search for a Civic Religion: A History of the Character Education Movement in America*, 1890-1935, Lanham, MD: University Press of America, 1980, p.70.

③ McClellan, B.Edward, *Moral Education in America: Schools and the Shaping of Character from Colonial Times to the Present*, New York: Teachers College Press, 1999, p.56.

④ ［美］杜威：《杜威教育论著选》，赵祥麟、王承绪编译，上海：华东师范大学出版社1981年版，第26页。

⑤ 陈平：《美国道德教育发展研究》，南京：南京大学出版社2011年版，第173页。

⑥ 陈平：《美国道德教育发展研究》，南京：南京大学出版社2011年版，第174页。

工作。杜威认为这是以美德为中心的教育观念,"太狭隘、太重形式和太病态"①。他认为道德教育应该以培养"社会智力"为目标,"培养学生虚心的品质和道德判断的全面能力,培养将精神质疑和解决问题的高水平能力相结合的专业人员"②,最终可以解决时代中呈现的现实问题,"要养成配做社会的良好分子的公民"③。

杜威关注人的公民能力培养,注重道德教育最终对人们现实生活的关照,他非常倡导道德教育反映社会生活,以社会生活为中心的教育模式。为此,他以"自然经验主义"的哲学观、"技能主义"的心理观和"社会有机论"的社会观,提出了"教育即生活""教育即生长"和"教育即经验的改造"三大命题,系统构建了包括道德教育在内的生活教育理论。杜威的生活教育理论,是实用主义教育思想最系统、最集中的展示,而且它是"美国精神的最深刻、最完全的体现"④,是一种具有美国特色的教育思想。它凭借着更加务实、更加智慧的方法和教育力量对传统教育理论与方法革新有着巨大的推动作用,很快在世界范围内产生了深刻的影响,产生了很强的感召力,成为20世纪教育界的一股重要思潮。

1. 教育即生活

杜威用实用主义哲学同教育联系起来,创立了实用主义教育思想。实用意味着对人的实际用途,而"一个人成为什么人,看他在

---

① 陈平:《美国道德教育发展研究》,南京:南京大学出版社2011年版,第174页。
② McClellan, B.Edward, *Moral Education in America: Schools and the Shaping of Character from Colonial Times to the Present*, New York: Teachers College Press, 1999, p.57.
③ 吕达、刘立德、邹海燕:《杜威教育文集(第三卷)》,北京:人民教育出版社2008年版,第96页。
④ 王定功:《青少年生命教育国际观察》,上海:上海交通大学出版社2011年版,第8页。

和别人联合生活中,在和别人自由交往中是什么人"①。"'生活'包括习惯、制度、信仰、胜利和失败、休闲和工作"②,"是一种包罗万象的活动,在这种获得中机体与环境都包括在内"③。人在生活中积累着各种经验,与周围环境相互动,实现着自我不断地更新。"当个体与周围的环境发生互动、产生一定的关系,进一步说,产生一定的伦理关系之时,个体在这种关系之中,道德经验不断更新和成长,这样的生活就是道德生活。"④ 道德生活与道德教育是一致的,道德生活是对其所蕴含的价值原则及其精神基础进行传播的过程,这是一个对人类伦理生活不断积累、创造和转化的过程。它为社会生活服务,调节着社会生活,也应在社会生活中进行。

在杜威看来,"教育是生活的过程,而不是将来生活的预备"⑤。传统道德教育关注人的未来生活,只是项对未来生活准备的活动,会让人忽视当前的生活,不能有效改善人的当前生活,也无法推进人们在社会生活中对道德伦理经验的延续。当前生活的状态是一种社会生活经验的积累及社会生活能力的提升。任何一种教育活动都是作为延续社会生活的工具。道德教育过程本质上是让人可以更好地体验道德生活的过程。只有更好地明确道德生活,适应道德生活,最终也要落实到社会生活的延续上。所以,道德教育不是为未来生

---

① [美] 约翰·杜威:《民主主义与教育》,王承绪译,北京:人民教育出版社2001年版,第129页。

② [美] 约翰·杜威:《民主主义与教育》,王承绪译,北京:人民教育出版社2001年版,第7页。

③ 田光远:《科学与人的问题:论约翰·杜威的科学观及其意义》,上海:复旦大学出版社2006年版,第37页。

④ 李志强:《杜威道德教育思想研究》,中国人民大学博士学位论文2006年,第131页。

⑤ [美] 简·杜威:《杜威传》,单中惠译,合肥:安徽教育出版社2009年版,第192页。

活作准备，而是其本身就是一种生活方式，是一个不断适应新社会生活而改造已有道德生活的实践过程。

2. 教育即生长

"生长"本是一个生物学的概念，"是一个连续的过程，它没有间断"①。杜威将其运用到教育上来，认为"生活就是发展；不断发展，不断生长，就是生活"②，"生长是生活的特征，所以教育就是生长"③。"教育就是生长"说明教育也是一个连续不断的过程，没有间断，没有终点。对于一个生命存在的人来说，生活在不断发展，他对生活中知识、技术和修养的生长就无法停止。所以，"生长，或者生长着即发展着，不仅指体格方面，也指智力方面和道德方面"④。尤其是道德因素，它是在前面各方面因素基础上的进一步发展。在其生命成长过程中，尤其在日常生活的经验之中，人的道德理想得以形成。从这个意义上来说，道德教育就是教育者与受教育者之间的道德经验传递和互动的过程。

斯宾格勒曾说："高贵的习惯完全是长期不断的训练的不知不觉的结果。"⑤ 这里的"高贵的习惯"就是指道德理想，道德理想绝不是一个既定的概念，而是不断变化发展着的具体经验，这与杜威的道德经验说是几乎一致的。经验需要经过道德教育进行传递和互动，这样就可以在传递和互动中不断地积累、改组和创造，以增强个体

---

① 李志强：《杜威道德教育思想研究》，中国人民大学博士学位论文 2006 年，第 135 页。

② 曹德谦：《美国的 108》（上卷），北京：中央编译出版社 2012 年版，第 357 页。

③ 吕达、刘立德、邹海燕：《杜威教育文集（第二卷）》，北京：人民教育出版社 2008 年版，第 52 页。

④ 赵祥麟、王承绪：《杜威教育名篇》，北京：教育科学出版社 2006 年版，第 253 页。

⑤ [德] 奥斯瓦尔德·斯宾格勒：《西方的没落（第 2 卷）世界历史的透视》，吴琼译，上海：上海三联书店 2006 年版，第 316 页。

生长的道德能力。然而个体生长的道德能力往往不能离开个体原有的道德经验，且容易遭受外在环境的制约。所以，这就要求在道德教育过程中尊重个体先天的本能和原有的道德经验，按照人的生长规律要求进行。只有符合人的正常生长发展要求的道德教育才是适当可行的教育活动。同时在人的进步生长中，更需要给人以成长的社会生活方向，要适应社会生活，以个体生长的道德能力参与到社会生活之中。"离开了参与社会生活，学校就既没有道德的目标，也没有什么目的。"① 这就是杜威的"教育即生长"理论对道德教育的影响，渗透着他在教育目的上的强烈社会倾向性。

3. 教育即经验的改造

在杜威看来，"教育是生活的过程"②，"生活就是发展；不断发展，不断生长"③。生长是人们经验积累的过程，它需要经验的传递与互动。生活需要经验不断地改造，"教育即生活"，自然教育也可以被视为经验的改造。"教育即经验的改造"④，构成了杜威生活教育思想的基本理论结构。他认为"教育就是经验的改造或改组。这种改造或改组，既能增加经验的意义，又能提高指导后来经验进程的能力"⑤。教育是无法脱离经验的，没有经验，必然就无所谓教育。

---

① [美]约翰·杜威：《学校与社会·明日之学校》，赵祥麟等译，北京：人民教育出版社1994年版，第146页。

② [美]简·杜威：《杜威传》，单中惠译，合肥：安徽教育出版社2009年版，第192页。

③ [美]杜威：《我的教育信条——杜威论教育》，彭正梅译，上海：上海人民出版社2013年版，第75页。

④ 唐爱民：《20世纪西方社会思潮与道德教育》，济南：山东人民出版社2010年版，第243页。

⑤ [美]约翰·杜威：《民主主义与教育》，王承旭译，北京：人民教育出版社2001年版，第87页。

"教育是以经验为内容，通过经验，为了经验的目的"①。"一切真正的教育莫不是在经验中、通过经验、为了经验的过程。"② 经验对于杜威对教育的理解，是至关重要的。它是杜威教育理论的起点，也是归宿。它不仅仅对教育有着一般的意义，而且对道德教育更有着特殊的意义。

道德教育是对道德本身的价值原则及其精神基础进行传播的过程，是培养人道德理想的活动。道德本身的价值原则及其精神基础就是教育过程中所要传递、互动，尤其需要改造的道德经验所在。它是一个由教育者对受教育者的道德经验进行改造的过程，是一个不断改造原有道德经验，适应新生活，发展新的道德经验，提升道德能力并生成道德理想的过程。当然，道德经验的获取不是一个单向度的过程，而是一个由感性认识与理性认识相互作用的过程，改造原有的道德经验本身就包含着对原有经验的感性和理性的全面分析，并由此为获得新的道德经验作好准备。杜威非常重视这样的一个过程塑造，但他非常反对唯智主义和权威主义的倾向。他提倡道德经验最终要在社会生活中落实，将道德经验的感性的、理性的都结合在社会生活之中加以改造，是可以实现教育过程越来越好的转变，否则就失去了道德教育的社会本性，陷入空洞的形式教育之中。

至此，杜威作为实用主义的集大成者，他将实用主义同教育联系起来，创立了实用主义教育思想，并在具体的教育实践中形成了"教育即生活""教育即生长"和"教育即经验的改造"的生活教育理论。他一直在试图用更加务实的、生活化的方法去进行道德教育，

---

① 教育大辞典编纂委员会：《教育大辞典（第11卷）外国教育史》，上海：上海教育出版社1991年版，第357页。

② 唐爱民：《20世纪西方社会思潮与道德教育》，济南：山东人民出版社2010年版，第243页。

这对于缓解当时美国社会的道德理想危机起到了积极作用。他尤其倡导包括道德教育在内的一切教育活动都应反映社会生活，即便学校教育也要充分展现它的社会性。杜威将他个人的"社会有机论"的社会观充分地发展到教育之中，他的生活教育思想实际上是以社会生活为本位的思想，它所认识的生活世界也仅仅局限在社会生活的主要范畴内。教育中"一切能发展有效地参与社会生活的能力的教育，都是道德教育"[①]。学校"除了参与社会生活之外，学校就没有道德目的，也没有目标"[②]，道德教育也应时刻为社会生活而准备着。这种社会生活本位"使其学生的个性最终作为工具、机能而融化于其民主社会中，失去了其独立存在"[③]。而且随着社会的不断发展，人的主观性要求越来越强烈，杜威的生活教育思想面临着新的发展和超越。

（四）回归生活世界的发展

"在美国历史上，没有哪一次战争像第二次世界大战那样对这个国家的影响如此之大。"[④] 自"二战"以来，西方资本主义国家普遍衰落，美国则从战争中获得了最大的发展，成为了世界最强国，并建构了以美国为主导的资本主义阵营。发展战后高科技不仅成为了美国的基本国策，也成为了整个西方社会繁荣经济的主要手段。为此，"以计算机、新能源、新材料及生物工程、信息产业为支柱的知

---

① [美] 约翰·杜威：《民主主义与教育》，王承绪译，北京：人民教育出版社2001年版，第379页。

② [美] 约翰·杜威：《道德教育原理》，王承绪等译，杭州：浙江教育出版社2003年版，第12页。

③ 韩国海：《论道德实践的基本诉求》，载《沈阳师范大学学报（社会科学版）》，2004年第5期，第60页。

④ 何顺果：《美国史通论》，上海：学林出版社2001年版，第295页。

识产业成为国民经济中的首要产业"①。生活世界中中产阶级也是由一批"拥有高科技知识、资源和资本的'专业人员'群体"②所构成。人们对于知识越来越看重,尤其是学术和技术水准方面,尤其是中产阶级,他们极力地为孩子寻求更好的大学,为孩子的未来工作和生活作好铺垫。学校也随之弱化了道德教育,强化学生的科学技术教育,致力于对学生的智力发展。

特别是在美国,人们对于智力成就和基本学生技能的呼吁越来越高,个人的成功也不再是品格首位,而是技能、学历的要求上,学校甚至删除了关于道德教育的相关"软"课程和活动,竭力地为考大学和学生的学术性训练和智力性课程让位。直到20世纪60年代,美国社会中对于道德教育的态度急转直下,学校中几乎全部撤销了有计划的道德教育相关课程和活动。20世纪五六十年代,成为美国乃至整个西方社会的道德教育"荒凉期",彻底疏离了人的生活世界。特别是20世纪70年代末,道德教育在美国公立学校中"已降到历史最低点"③。而这样的后果就是社会矛盾的激化,人们的道德理想危机问题突出,尤其是年轻人对于学校教育的反对所产生的各种校园反叛,还有各种文化思潮和权利主张的冲击等。人们越发认识到了在生活世界中强化道德教育的重要性,提出对道德教育的恢复,"创造全新系统来为年轻人提供道德指导"④。人们认识到了无论科技如何发达,物质条件如何丰富,道德教育对于个人成长发展都是不可或缺的。让道德教育重新回归人的生活世界之中,在校

---

① 陈平:《美国道德教育发展研究》,南京:南京大学出版社2011年版,第227页。

② 何顺果:《美国历史十五讲》,北京:北京大学出版社2007年版,第269页。

③ McClellan, B.Edward, *Moral Education in America: Schools and the Shaping of Character from Colonial Times to the Present*, New York: Teachers College Press, 1999, p.78.

④ 许桂清:《美国道德教育理念研究》,北京:中国社会科学出版社2008年版,第89页。

园生活和日常生活之中获得应有的地位，成为很多有识之士最关注的话题。他们为此还进行了多种理论与实践的探索，有力地推动了道德教育向生活世界回归。

1. "非学校化"运动的兴起

战后人们由于遭受到科学主义的僭越，更反对传统式道德教育的约束和压制，主张个人的权利和个性自由，"还权于民"的呼声愈来愈强烈，逐渐使得文化多元主义成为西方社会的基本价值观，甚至提出道德理想"私人化"。权利意识和反对权威也在人们的生活世界中渗透，使得学校道德教育越发棘手。对于学校开展道德教育，一些人开始质疑，认为学校只是传授技能的地方。道德教育应该留给家庭、教会和学生自己来解决，学校开展道德教育是对个人权利的侵犯。"公立学校介入价值观这样的私人事务中，就像教会和国家结合一样的危险。"[①] 而在当时工具理性笼罩下的西方社会对这个观点几乎是无置疑的，大家对学校的育人价值产生了怀疑。奥地利学者伊凡·伊里奇关注到此问题，他从存在主义的角度提出当时社会的各种问题的重要原因在于教育本身出了问题，应对教育和学校进行批判，进行"非学校化运动"。他认为花大价钱建立学校，只有富裕国家才可以，而贫穷国家不可能实现。而且富裕国家渐渐把学校教育制度化，直接造成了学校成为了特殊的机构和教学的工具。而"学校教育在其本质上依赖于外在的力量——意识形态的、文化的、技术的、社会的甚至是无政府主义者的"[②]。学校教育的解散可以"让教育回归到个体的生活经验中去"[③]，让原本由学校教育造成的

---

① 陈平：《美国道德教育发展研究》，南京：南京大学出版社2011年版，第239页。
② Barry I. Chazm, *Contemporary Approaches to Moral Education Analyzing Alternative Theories*, New York: Teachers College Press, Columbia University, 1985, p.99.
③ Barry I. Chazm, *Contemporary Approaches to Moral Education Analyzing Alternative Theories*, New York: Teachers College Press, Columbia University, 1985, p.100.

技术知识商品化和价值机构化向生活化转变，实现教育的平等和道德理想的"私人化"。

在伊凡·伊里奇看来，解散学校，是制度性的革命，不是简单的废除。它需要一种"由教育媒体服务中心、志愿同伴通信网、技艺交流中心、'非专职'教育家咨询中心等网络组成"① 的"欢乐性学习机构"取代。他认为这样就可以消除学校教育中的弊端。"欢乐性学习机构"是真正自由和个性独特展示的平台，可以将道德教育以更生活化的方式渗透到人们生活的方方面面，最终可以克服社会发展带来的"精神危机"。然而，虽然他在强调个人的道德个性和人与人之间平等的教育实现等方面取得了积极意义，但终归摆脱不了其存在主义的思想束缚。他忽视了人在生活世界中的社会道德承担，出现了"道德上的无政府状态"②，最终无法摆脱衰落的命运。

2. 价值澄清与道德认知的发展

对于伊凡·伊里奇倡导的"非学校化运动"，随着弊端的不断呈现，人们发现"尽管青年人能够养成他们自己的品格，并且能够通过社会生活和实际任务的完成来学习，但这种学习还是需要某种形式的学校教育的"③，道德教育不能脱离学校教育。而对于学校道德教育，最好的办法就是保持中立。基于中立的态度，西方社会兴起了价值澄清和道德认识发展两种道德教育模式。这两种模式在西方社会学校道德教育中产生了很大的影响。尤其在美国，它们

---

① 唐汉卫、戚万学：《现代学校道德教育的问题与思索》，济南：山东教育出版社2008年版，第249页。

② [英] D.D.拉雯尔：《道德哲学》，邱仁宗译，沈阳：辽宁教育出版社1998年版，第70页。

③ 联合国教科文组织国际教育发展委员会：《学会生存——教育世界的今天和明天》，北京：教育科学出版社1996年版，第45页。

成为了学校道德教育发展的阶段性象征，更是道德教育回归生活世界的新突破。

　　价值澄清模式主要是针对人们的价值观混乱现象而提出的，尤其是青少年生活中的价值多元化给他们造成的道德理想危机问题而产生的一种教育方式。它认为"价值观是个人的事情；如果它们不是被自由接受的，它们就不可能是针对个人的；如果它们不能融于人们的生活之中，它们就不可能赋予重大的意义"①。价值澄清模式反对传统道德教育的"灌输"，让受教育者通过选择、珍视和行动的三个阶段完成接受教育的过程。具体来说，"'选择'包括自由地选择；从各种可能的选择中进行选择；对每一种可能选择的后果进行审慎思考后完成选择三个步骤。'珍视'包括真爱；愿意向别人确认自己的选择两个步骤。'行动'由根据选择行动；以某种生活方式不断重复两个步骤组成"②。这三阶段七步骤遵从了人的道德理想生成规律，让道德教育可以有序进行，帮助受教育者重新寻找自己的价值观，最终在生活世界中确立自己的价值观。可这种方式却会让人的个性偏好左右人的价值观，忽视了人的内心信仰呼唤，最终并不能真正地激发道德理想，反而使人产生更多的道德理想混乱和精神迷茫。尤其"在反社会人格的团体中，价值澄清可能是无意义甚至是危险的。一定程度的社会化、自我控制、同情是价值澄清过程中深入思考、尊重人所要求的，这些大多数必须来自价值澄清之外的方法"③。

---

　　① L.E. Raths, M.Harmin & S.B. Simon, *Values and Teaching: Working with Values in the Classroom*, *Columbus OH*: Macmillan Publishing Company, 1978, p.38.

　　② L.E. Raths, M.Harmin & S.B. Simon, *Values and Teaching: Working with Values in the Classroom*, *Columbus OH*: Macmillan Publishing Company, 1978, pp.231-232.

　　③ Howard Kirschenbaum, *From Values Clarification to Character Education: A Personal Journey*, Journal of Humanistic Counseling, Education & Development, Vol.39, No.1, 2000, pp.4-20.

在价值澄清模式发展的同时，也有一些教育者和哲学家们在探索更为简单的道德教育模式。1966年，劳伦斯·柯尔伯格在其《学校评论》(School Review)上提到关于道德认知发展理论与学校道德教育相结合的思考，提出"认知—发展方法"，这是一种较为中立的方法。"认知"是说道德教育"犹如理智教育一样，是以刺激儿童就道德问题和道德决策从事积极的思维为基础的"①。"发展"是说道德教育不是一蹴而就的，是分阶段的，是由低到高的阶段性发展进行的。"认知—发展"打破了人在接受道德教育过程中的认知平衡，促使人的道德理想发展不断地向更高阶段发展。具体来说它包括：惩罚和服从的定向阶段，工具性的相对主义的定向阶段，人际关系和谐的或（愿做一个）"好孩子"的定向阶段，"法律与秩序"的定向阶段，社会契约的、墨守成规的定向阶段，普遍的伦理原则的定向阶段。②每个阶段的完成都"标志着阶级与阶段之间的质的差异"③，都是人们道德理想发展的一大进步。阶段与阶段之间不是割裂的，"是一个'结构化了的统一体'，一个有组织的思想系统"④。

劳伦斯·柯尔伯格将杜威和皮亚杰的相关理论充分运用到道德教育中，核心是认知，但是一种发展性的认知，而且最终要落实到社会生活之中。为此，他创造性地提出"社区学校"，让受教育者的道德理想可以在民主方式中得到制定和修正。这样就可以避免认知

---

① 魏贤超：《道德心理学与道德教育学：柯尔伯格研究》，杭州：浙江大学出版社1995年版，第267页。

② 许桂清：《美国道德教育理念研究》，北京：中国社会科学出版社2008年版，第93—94页。

③ 许桂清：《美国道德教育理念研究》，北京：中国社会科学出版社2008年版，第94页。

④ 许桂清：《美国道德教育理念研究》，北京：中国社会科学出版社2008年版，第94页。

过程中的复杂和较为困境的虚构讨论，人们可以直接地在社会生活实践中体会到道德理想的意义感和合理性。这种思想在劳伦斯·柯尔伯格弟子的帮助下，在部分地区建立了自己的社区学校并取得了一定的成绩，但最终因为应用过程过于复杂，未能完全落实到教育实践中去。可他们对于道德认识发展理论的探索和创新，为当时的道德教育回归生活世界探索了新路子。

3. 品格教育复兴

"二战"以来，价值澄清和道德认知发展成为了包括美国在内的西方社会主要的道德教育模式，二者都提倡教育者在教育过程中的价值中立，注重对受教育者的个性激发和个体道德能力的培养。可是由于它们对特定文化环境的忽视，"缺少有序的环境，对学生的要求相对简单，学校精神缺失"[1]。人们的道德状态并没有取得较大的提升，尤其是青少年的道德危机仍然没有从根本上缓解，自杀、早孕、吸毒、暴力犯罪等现象依然是道德教育中的难题。于是倡导传统美德本位的教育模式又被人们广泛推崇，"品格教育"在20世纪80年代中后期到90年代获得了长足的发展，被认为是道德教育的主要方法。同时由于"品格教育"是20世纪初期兴起的教育运动，此次品格教育再次被兴起，它们二者之间又"具有非常多的共性"[2]，于是此次品格教育运动被称为品格教育复兴运动，而且受到官方的大力支持，很快地回归了学校，成为美国"发展最快的一项教育运动"[3]，有力地推动了西方社会道德教育发展。

---

[1] William A. Donohue, *Why Schools Fail: Reclaiming the Moral Dimension in Education*, Washington, D.C.: Heritage Foundation, 1988, p.5.

[2] Leming, James S., "Whither Goes Character Education? Objectives, Pedagogy, and Research in Education Programs", *Journal of Education*, Vol.179, No.2, 1997, p.14.

[3] Madonna M. Murphy, *Character Education in America's Blue Ribbon Schools: Best Practices for Meeting the Challenge*, Lanham: Rowman & Littlefield Education, 2002, p.xiv.

此次品格教育复兴运动不仅注重培养人的道德认知、道德个性，而且更注重人在生活世界中的道德理想生成。最具有代表性的认识是以贝内特和里考纳为主导的社群主义流派。他们"视社群为第一，强调个人的责任，强调传统美德的经验，主张改造现代学校的非人格化氛围从而恢复美国早期个人与社群的和谐关系"[①]。也就是说，在道德教育过程中个人的尊严需要被重视，但同时也不能忽视个人所生活的世界及社会。

为了更好地发展品格教育，美国有三分之一的学校成为了以促进学生公民意识为教育使命和目标的"蓝带学校"，鼓励学生参与到学生委员会之中。在课程改革上，积极探索社会科学（Social Studies）课程的标准旨在"培养有见识、负责任、能胜任政治生活参与、忠于美国宪政民主的基本价值和原则的公民"[②]。在校外教育活动中，将受教育者生活世界中最基本的生活空间——社区与道德教育紧密联系起来，使社区成为了道德教育的基地。甚至"在亚特兰大市，1984年就规定中学生必须完成75小时的社区服务才能毕业"[③]。1989年布什总统还签署了一项"青年从事服务"的倡议。"服务学习"成为了20世纪八九十年代美国道德教育的重要形式，让学生充分体会到了在生活世界中自我道德理想生成的快乐。即便在面对21世纪的教育问题上，美国仍然将其作为道德教育的重要内容写进了《美国2000年教育战略》之中，要求"所有学生都要参与提高和实现良好公民意识、社区服务与责任心的活动"[④]。

[①] 陈平：《美国道德教育发展研究》，南京：南京大学出版社2011年版，第324页。
[②] 陈平：《美国道德教育发展研究》，南京：南京大学出版社2011年版，第349页。
[③] Thomas Lickona, *Educating for Character: How Our Schools Can Teach Respect And Responsibility*, New York: Bantam Books, 1992, p.24.
[④] 唐汉卫：《生活道德教育论》，北京：教育科学出版社2005年版，第120页。

通过一系列的品格教育创新，道德教育工作取得了前所未有的进步，受教育者可以在生活世界中具体地体会什么是善，什么是恶，又该如何成为合格公民，如何避免暴力犯罪、吸毒等问题。道德教育在品格教育运动复兴下，再次回归到人的生活世界之中，渗透到学校、社区的具体活动之中，让道德教育回归生活世界更具有了现实可操作性。

4. 21世纪的精神关怀新走向

21世纪的到来，西方资本主义市场经济大行其道，为人们创造了史无前例的丰富物质生活。可物质生活的大发展，并没有减小人们精神生活和物质生活之间的差距，反而变得更为悬殊。人们在生活世界中物质主义、享乐主义等现象逐渐凸显，对于通过品格教育复兴的质疑声越来越多。罗伯特·纳什指出："尽管品格教育具有可敬的品质，但也存在着严重的、深层次的缺陷。……从极端角度看，很多品格教育在文化批评方面都存在不必要的天启性和狭隘性，在信念上具有天生的权威主义，对美德的理解过于怀旧、前现代式，在课程创新中与保守的（或激进的）政见联系紧密、反智力，其道德主张夸大其词、具有反民主的危险性，教育内容过分简单，以为仅靠训练和模仿就足以灌输道德品质。"[①] 人们越来越关心自身的精神生活，认为没有精神生活的健康发展就没有人的生活世界存在，人的道德理想是无意义。2000年10月27日英国产生了《精神教育全球宣言》(*Global Declaration of Soul Education*)，提出了"精神教育计划"(*The World Programme for Soul Education*)，开启了西方社会的"精神关怀运动"。它是"一种自发的社会运动，一种有意义的在实现精

---

① Nash Robert J, *Answering the Virtuecrats: A Moral Conversation on Character Education*, New York: Teachers Colleges Press, 1997, p.10.

神对生命、健康、社区和福利产生康复作用的新兴趣"[①]。

精神关怀运动起初是针对劳伦斯·柯尔伯格道德发展理论思想中存在的男性主义偏见,以卡罗尔·吉利根等为代表的女性对该理论进行批判而发起的,而且还建构起了道德教育的"关怀理论"(Caring Theory)。卡罗尔·吉利根认为劳伦斯·柯尔伯格的理论模式"不仅排除女性,也排除孩子、弱势经济地位者、边缘性别、种族、宗教身份的人等。这个理论模式并不能为许多人讲话"[②]。她"力图打破以普遍道德原则为核心的公正伦理范式,建立以道德实践为基础的生存论模式,提出了从关怀自我到关怀他人再到关怀他人及自我的三阶段发展理论"[③]。这三阶段发展理论紧贴人的生活世界,为生活世界中的人们"提供交互个体间义务的基础。从他们中产生平等和相互补充性的互惠的道德规范"[④],促进了道德理想由生活世界中的人际和谐产生。和谐需要关怀,需要"关怀自我,关怀身边的人,关怀陌生人以及地球上的其他人,关怀自然界以及所有的动植物,关怀人为的世界以及理想"[⑤]。

道德教育的关怀理论模式在进入21世纪以后由内尔·诺丁斯首推,并逐渐受到更多的有识之士的关注而兴盛起来。内尔·诺丁斯在其2002年《培养有道德的人:以关怀伦理代替品格教育》(*Educating Moral People*: *A Caring Alternative to Character Education*)一书中强烈推崇道德教育的关怀伦理发展,而且在其2003年的《幸福与教育》(*Hap-*

[①] David Tacey, *The Spirituality Revolution*: *the Emergence of Contemporary Spirituality*, *Mental Health*, Religion & Culture, Vol.14, No.4, 2011, pp.409-410.

[②] Virginia Held, *Justice and Care*: *Essential Readings In Feminist Ethics*, Boulder: Westview Press, 1995, p.143.

[③] 邓达等:《学校德育课程的精神视界》,北京:人民出版社2013年版,第14页。

[④] Seyla Benhabib, *Situating the Self*, New York: Routledge, 1992, p.159.

[⑤] McClellan, B.E. *Moral Education in America*: *Schools and Shaping of Character from Colonial Times to the Present*, New York: Teachers College Press, 1999, p.89.

piness and Education）一书中特别强调这是一种"为了幸福"的教育方式。幸福本是生活世界中人们的共同追求，关怀理论融入道德教育将"幸福"视为教育目的，顺应了人们对生活世界的美好期许。它极大地推动了西方道德教育对生活世界的回归，成为了西方道德教育21世纪发展的新走向。

二、中国道德教育回归生活世界的趋向

根据我国道德教育与生活世界之间的发展状况，可以将我国道德教育分为古代传统道德教育和近代以来的道德教育，这两个历史阶段的道德教育都蕴含着异常丰富的回归生活世界资源。我国古代传统道德教育底蕴深厚，内容丰富且体系庞大，引领着古代传统社会的生产生活。它包含着对生活世界回归的丰富养料，否则难以深入传统社会并影响至今。而近代以来的道德教育既深受西方现代教育思潮的影响，又面临着国家富强和民族复兴的重担，它的发展之路坎坷且有效地踏出了生活化的新趋势。我国古代传统道德教育和近代以来的道德教育以各自独特的历史背景和生活材料映射了道德教育回归生活世界的历史趋向。

（一）古代传统道德教育对生活世界的回归

我国古代传统社会是一个以血缘宗法为纽带的伦理社会，它以对人的伦理教化维系社会稳定和谐。道德教育作为一项培养人道德理想的活动，在古代传统社会中一直同"修身""齐家""治国""平天下"有机结合，是融于人们生活世界的重要内容。它助推着人们勇于完善自我理想人格和追求幸福生活，形成了我国古代传统道德教育的思想体系。而这个体系在发展过程中，产生了教育目标的理想主义、教育内容的先验论和教育方法的省悟论等疏离生活世界的现象。但我国古代优秀的教育家们，从未放弃对美好道德理想的

期许。他们提倡"化民成俗"的教育目标,以更好地应对生活世界的现实性要求;丰富以"礼教"为核心和灵魂的教育内容,以回应生活世界的价值性要求;采用"明辨笃行"的教育方法,以把握生活世界的整体性存在。我国古代传统道德教育在不断地变革和发展中透显着与生活世界的须臾不离和美好的生活气息。

1. "化民成俗":教育目标对生活世界的现实性回归

道德教育的目标是对人的理想人格塑造。"理想人格是道德理想的人格化"①,在我国古代传统道德教育中一直视圣人人格为最高的理想人格。"圣人,人伦之至也"②,圣人是生而具有最高道德理想之人,圣人人格是至高无上的,更不是一般人所能及的。正所谓"民之初生,固若禽兽夷狄然。圣人者立,然后知宫居而粒食,亲亲而尊尊,生者养而死者藏。是故道莫大乎仁义,教莫正乎礼乐刑政,施之于天下,万物得其宜;措之于其躬,体安而气平"③。圣人的能力和精神力量在孔子看来是超越常人的,"与天地相似,故不违;知周乎万物,而道济天下,故不过旁行而不流,乐天知命,故不忧;安土敦乎仁,故能爱","范围天地之化而不过,曲成万物而不遗,通乎昼夜之道而知"④。圣人人格不仅仅可以在众人中起到重要的示范和引领,而且会产生很多难以想象的作用。"与天地合其德,与日月合其明,与四时合其序,与鬼神合其吉凶。"⑤ 同时,圣人人格也不是靠后天形成的,孔子认为"生而知之者上也,学而知之者次也;困而学之,又其次也;困而不学,民斯为下矣"⑥。圣人人格是天生

---

① 郑维铭:《试论新时期道德理想的传播普及》,载《华南师范大学学报(社会科学版)》,1997年第4期,第33页。
② 张栻:《南轩先生孟子说》,北京:中华书局2015年版,第443页。
③ 金圣欢:《金圣欢全集(修订版)》,北京:中华书局2010年版,第410页。
④ 朱熹:《周易本义》,北京:中华书局2009年版,第227页。
⑤ 朱熹:《周易本义》,北京:中华书局2009年版,第2页。
⑥ 张栻:《南轩先生论语解》,北京:中华书局2015年版,第276页。

道德教育对生活世界的疏离与回归

的，不是靠后天习得的。所以，圣人人格在人的生活世界中只是美好的人格期许，是众人学习的方向，但大部分人在现实生活世界中是无法达到的。"圣人人格"的目标要求疏离了生活世界中现实人的存在，忽视了人作为一个有机的系统和一个多维立体性的存在。

作为我国古代传统道德教育思想全面总结的《礼记·学记》，它认识到了生活世界的现实性问题，开明宗义地针对人的理想人格塑造，提出了"化民成俗"的教育目标观，将疏离生活世界的圣人人格教育转向了对生活世界的现实性关怀。文章指出："发虑宪，求善良，足以謏闻，不足以动众。就贤体远，足以动众，未足以化民。君子如欲化民成俗，其必由学乎。"① 这里强调了办学施教的"化民成俗"的特殊功效，换言之，"化民成俗"是我国古代传统道德教育回归生活世界现实性的目标指向。"化民成俗"目标观的提出，是对我国传统道德教育的综合性总结结果。它不是将道德教育的目标引向流俗，而是作为"一种通过改变民众的生活方式以达到改造和整合基本精神秩序目的的生活教化实践活动"②，"既包括旧的生活模式与精神秩序化除的过程，也包括新的生活模式和精神秩序化生的过程"③。"化民成俗"糅合了先秦教育家们的观点，为构建我国传统道德社会和成就人的理性人格提供了思想保证。具体来说，它冲破了疏离生活世界的圣人人格目标观。回归生活世界的现实性，关注生活世界中现实的人，以生活实践培育人的君子人格、成人人格和兼爱人格等更具普遍性和可能性的人格，整合和建构了我国古代传统道德理想的精神秩序和生活方向。

---

① 阮元：《十三经注疏（清嘉庆刊本）》，北京：中华书局2009年版，第3296页。
② 张毓雯：《加强大学生社会主义核心价值观培育的思考——以古代中国"化民成俗"生活教化实践为视角》，载《吉林化工学院学报》，2015年第3期，第37页。
③ 张毓雯：《加强大学生社会主义核心价值观培育的思考——以古代中国"化民成俗"生活教化实践为视角》，载《吉林化工学院学报》，2015年第3期，第37页。

（1）君子人格

"君子"最初是专指社会上居高位的人，后来才逐渐转化为道德中的名称。① 最早见于《白虎通·号篇》"或称君子者何？道德之称也"②。在我国古代传统道德理想社会中，以儒家论证的君子人格最为完备，其深远的影响力至今犹存。儒家学人提出的君子人格，为世人所追求，给人们树立了做人的榜样和目标，是化民成俗的主要任务。

君子人格在孔子看来，是拥有道德自觉和道德修养的人所具备的一种道德品质。"君子"与"小人"是相对的，正所谓"君子喻于义，小人喻于利"③。他们所关注的内容不同，决定了他们之间的相对。同时"君子怀德，小人怀土；君子怀刑，小人怀惠"④。可见，君子与小人之间关注的生活内容是完全不一样的，君子懂得道义，小人只关注利害。君子怀揣仁义，小人只在乎财利。君子恪守"仁"的精神，以道德理想捍卫道德的独立性，追求道德的崇高性，堂堂正正地做人。"君子道者三，我无能焉：仁者不忧，知者不惑，勇者不惧"⑤。君子人格在孔子看来是人理想人格的基本形式，是人格的榜样。"见贤思齐焉，见不贤而内自省也。"⑥"君子之德风，小人之德草，草上之风，必偃。"⑦

孟子继承了孔子的君子人格思想，提出"性善论"，丰富了孔子"仁"的理念，并将"礼"共同作为君子的特质。在孟子看来，接

---

① 余英时：《中国思想传统的现代诠释》，南京：江苏人民出版社1998年版，第156页。
② 孙怡让：《周礼正义》，北京：中华书局2015年版，第392页。
③ 张栻：《南轩先生论语解》，北京：中华书局2015年版，第130页。
④ 张栻：《南轩先生论语解》，北京：中华书局2015年版，第128页。
⑤ 张栻：《南轩先生论语解》，北京：中华书局2015年版，第244页。
⑥ 张栻：《南轩先生论语解》，北京：中华书局2015年版，第130页。
⑦ 张栻：《南轩先生论语解》，北京：中华书局2015年版，第221页。

受道德教育是"求放心",是人性之善使然。"仁,人心也,义,人路也。舍其路而弗由,放其心而不知求,哀哉!人有鸡犬放,则知求之;有放心而不知求。学问之道无他,求其放心而已矣。"① "君子所以异于人者,以其存心也。君子以仁存心,以礼存心。仁者爱人,有礼者敬人。爱人者人恒爱之,敬人者人恒敬之。有人于此,其待我以横逆,则君子必自反也:我必不仁也,必无礼也,此物奚宜至哉?"② "仁"和"礼"共同存在于君子人格之中,细微到待人接物。孟子主张"仁民爱物",要宽以待人,因为"人必自侮,然后人侮之;家必自毁,而后人毁之;国必自伐,而后人伐之"③。

荀子相对于孟子,更偏重于以"礼"来评价君子人格。他从性恶论出发,提出"今人之性恶,必将待师法然后正,得礼义然后治。今人无师法,则偏险而不正;无礼义,则悖乱而不治"④。师法和礼义成为了荀子人格的两个重要路径,缺一不可。"礼者,所以正身也;师者,所以正礼也。"⑤ "无礼何以正身,无师吾安知礼之为是也。"⑥ "师法"简单来说就是接受学问,接受道德教育。"君子之学也,入乎耳,著乎心,布乎四体,形乎动静。端而言,蠕而动,一可以为法则,小人之学也,入乎耳,出乎口。口耳之间,则四寸耳,何足以美七尺之躯哉?古之学者为己,今之学者为人。君子之学也,以美其身;小人之学也,以为禽犊。"⑦ 接受道德教育是"君子"与"小人"的分野,是君子人格"师法"实现的有效形式。

---

① 张栻:《南轩先生孟子说》,北京:中华书局2015年版,第554页。
② 张栻:《南轩先生孟子说》,北京:中华书局2015年版,第491页。
③ 张栻:《南轩先生孟子说》,北京:中华书局2015年版,第448页。
④ 杨柳桥:《荀子诂译》,济南:齐鲁书社2009年版,第462页。
⑤ 杨柳桥:《荀子诂译》,济南:齐鲁书社2009年版,第27页。
⑥ 杨柳桥:《荀子诂译》,济南:齐鲁书社2009年版,第27页。
⑦ 杨柳桥:《荀子诂译》,济南:齐鲁书社2009年版,第10页。

"故有师法者,人之大宝也;无师法者,人之大殃也。"① 同时,礼义在荀子的君子人格思想中也至关重要,认为"故君子者,治礼义者也"②。他将礼义的人格作用大大发展,将人的一切处世之道和生活细节都由其涵摄。提出:"凡用血气、志意、知虑,由礼,则治通;不由礼,则勃乱、提僈。食饮、衣服、居处、动静,由礼,则知节;不由礼,则触陷生疾。容貌、态度、进退、趋行,由礼,则雅;不由礼,则夷、固、僻违、庸众而野"③。

而后君子人格在《中庸》中得以进一步发展并获得总结,文中以其中庸之道,倡导了我国传统道德教育中的"五达道"(君臣也,父子也,夫妇也,兄弟也,朋友之交也)和"三达德"(即仁、智、勇)等。针对君子人格,提出"故君子尊德性而道问学,致广大而尽精微,极高明而道中庸,温故而知新,敦厚以崇礼。是故居上不骄,为下不倍,国有道其言足以兴,国无道其默足以容"④。该提法的提出标志着我国古代传统道德教育中君子人格目标观的基本完成,它以更加贴近生活世界现实性对君子人格提出了较高的、更加全面的要求。

(2) 成人人格

"成人"在我国古代传统道德社会中,强调生理意义的成人,要参加一定的成人礼。"成人之者,将责成人礼焉也。责成人礼焉者,将责为人子、为人弟、为人臣、为人少者之礼行焉。"⑤ 古人一般都是"二十而冠",然后就需要接受成人的道德要求和规范,成为一个社会的人。一个合格的社会人就需要面对一定的人格范式,这是

---

① 杨柳桥:《荀子诂译》,济南:齐鲁书社2009年版,第129页。
② 杨柳桥:《荀子诂译》,济南:齐鲁书社2009年版,第37页。
③ 杨柳桥:《荀子诂译》,济南:齐鲁书社2009年版,第18页。
④ 王文锦:《礼记译解》,北京:中华书局2016年版,第819页。
⑤ 王文锦:《礼记译解》,北京:中华书局2016年版,第941页。

"成人"的另一个人格意义。杜维明先生在其《人性与自我修养》中也将"成人"的生理意义和人格意义作了强调。他认为"把成人基本上理解为一个人在完全发展人性方面已经取得了相当的成功，似乎不是牵强附会的吧！这样，'成人'这一概念所蕴含着的就不只是人生的一个阶段，而是人对于必然成熟过程的创造性适应的多方面的表现，它是已被证实了的使人更进一步成熟的能力，也是成熟本身的鲜明的标志"①。

成人人格在《论语》中是"成人之道"，是作为一个成年人在生活世界中应当具备的道德品质，需要成年人不断地完善自我人格，它是儒家学说的核心内容。子路问孔子何以"成人"？子曰："若臧武仲之知，公绰之不欲，卞庄子之勇，冉求之艺，文之以礼乐，亦可以为成人矣。"② 在孔子看来，"成人之道"包括智慧、克欲和勇气，也包括技艺、礼乐等多方面的才能。不过这些方面在生活世界中往往很多人难以达到，于是他又提出"今之成人者何必然？见利思义，见危授命，久要不忘平生之言，亦可以为成人矣"③。对于生活世界中的现实人来说，能够在面对利益时可以考虑到道义规范，在危难时刻勇于献出生命，长时间处于困境之中，而不忘平生所立下的誓言，就可以成人了。至此，可见孔子的成人人格是具有层次性的，既有合乎基本道德规范的基础性成人人格，也有多方面智慧及才能都具备的全面性成人人格。成人人格是任何现实的人都可以通过努力达到的道德理想境界。

荀子发展了孔子的"成人之道"，从人的自然性和社会性角度更加全面地阐述成人人格。"生之所以然者谓之性。"④ 人性是自然而

---

① 杜维明：《人性与自我修养》，北京：中国和平出版社1988年版，第35页。
② 张栻：《南轩先生论语解》，北京：中华书局2015年版，第239页。
③ 张栻：《南轩先生论语解》，北京：中华书局2015年版，第239页。
④ 杨柳桥：《荀子诂译》，济南：齐鲁书社2009年版，第438页。

生的，是客观的。"饥而欲饱，寒而欲暖，劳而欲休，此人之性情也。"① 人的存在有着诸多的共性，也决定着人的欲望。"以所欲为可得，而求之，情之所必不可免也"②。欲望成为了人性的实际内容，促使人自主地认知事物。"凡以知人之性也，可以知物之理也。"③ 人的能力逐渐提升，也渐渐区别于禽兽。"水火有气而无生，草木有生而无知，禽兽有知而无义。人有气、有生、有知，亦且有义，故最为天下贵也。"④ "力不若牛，走不若马，而牛马为用，何也？曰：人能群，彼不能群也。"⑤ 人成为了社会的人，建构起了人的生活世界。人欲的合理性和正当性被荀子正视，强调"君子贵其全也"。但他也看到了欲物之间的矛盾，认为"欲虽不可去，可以求节也"⑥。"君子知夫不全不粹之不足以为美也，故诵数以贯之，思索以通之，为其人以处之，除其害者以持养之；使目非是无欲见也，使耳非是无欲闻也，使口非是无欲言也，使心非是无欲虑也。及至其致好之也，目好之五色，耳好之五声，口好之五味，心利之有天下。是故，权利不能倾也，群众不能移也，天下不能荡也，生乎由是，死乎由是，夫是之谓德操。德操，然后能定；能定，然后能应。能定、能应，夫是之谓成人。"⑦ 人性是自然性与社会性的统一，成人人格需要内修与外学相结合，明确了道德理想，并能坚定不移，融会贯通在生活实践之中，才是成人人格的体现。

---

① 杨柳桥：《荀子诂译》，济南：齐鲁书社2009年版，第463页。
② 杨柳桥：《荀子诂译》，济南：齐鲁书社2009年版，第454页。
③ 杨柳桥：《荀子诂译》，济南：齐鲁书社2009年版，第2页。
④ 杨柳桥：《荀子诂译》，济南：齐鲁书社2009年版，第150页。
⑤ 杨柳桥：《荀子诂译》，济南：齐鲁书社2009年版，第150页。
⑥ 杨柳桥：《荀子诂译》，济南：齐鲁书社2009年版，第454页。
⑦ 杨柳桥：《荀子诂译》，济南：齐鲁书社2009年版，第15页。

（3）兼爱人格

墨子生活在战乱不断的战国初期，社会处于由奴隶制向封建制转化的重要变革时期。这个时期中国早期旧有的政治秩序、宗法关系和社会政治、经济关系等都发生了巨大变化。"贵和贱的对立逐渐向富和贫的对立关系上转移；族和族的界限，通过融合同化而逐渐消失。"[①] 整个社会动荡不安，百姓饱受疾苦，生活难以安定。墨子出生于手工业者家庭，他基于生活现实和自身庶人上层的阶级需求，渴望一个和平安定的生活世界。他认为"物亦事也，言天下之乱事毕尽于此。察此何自起？皆起不相爱。"[②] 社会上各种复杂多样的矛盾都是由"不相爱"引起的。"诸侯不相爱则必野战，家主不相爱则必相篡，人与人不相爱则必相贼，君臣不相爱则不惠忠，父子不相爱则不慈孝，兄弟不相爱则不和调。天下之人皆不相爱，强必执弱，众必劫寡，富必侮贫，贵必敖贱，诈必欺愚。凡天下祸篡怨恨，其所以起者，以不相爱生也。"[③] 人与人之间需要"兼爱"，每个人都需要具备"兼爱人格"才得以实现"天下之人皆相爱"的和谐画面。

"兼爱"反映了当时百姓生存的人格愿景，是人们对生活世界的现实呼唤。墨子将当时社会的一切问题归根于道德人格，认为实行"兼爱"可以化解社会矛盾和消弭战乱，也能提升人的人格境界和建构社会和谐。"兼爱"成为了墨子道德教育思想的核心内容，生成兼爱人格，成为"兼士"，就可以化解一切矛盾和消除复杂多样的社会弊端。"兼士"即具备兼爱人格之人，可以爱人犹己，这是墨子向往的理想人格。

"兼爱人格"具备了人在生活世界中的相互之爱，互利之爱，无

[①] 何兹全：《中国古代社会》，郑州：河南人民出版社1991年版，第143页。
[②] 孙怡让：《墨子间诂》，北京：中华书局2001年版，第98页。
[③] 孙怡让：《墨子间诂》，北京：中华书局2001年版，第100页。

差等之爱和自我牺牲的无畏大爱。它首先要求爱他人、爱所有人，"视人之国若视其国，视人之家若视其家，视人之身若视其身"①。把他人的国家、家庭和身体当作同自己的国家、家庭和身体一样爱护和对待，做到"为彼犹为己也"②，"爱人之亲若爱其亲"③。这种爱是相互之爱，更是无差等的爱，是不附加任何条件和限制的爱，不需要考虑国别、家别和人我等的无差别之爱。这样就会出现"国与国不相攻，家与家不相乱，盗贼无有，君臣父子皆能孝慈"④的和谐局面。当然"兼爱"并不是无条件的，在墨子看来，"兼之所生天下之大利也"，"别之所生天下之大害也"⑤。故曰："兼以易别。"⑥利是爱的基础和前提，需要"以兼相爱、交相利之法易之"⑦，这是生成兼爱人格和成就"兼士"的基本方法。"兼爱"与"相利"是一对统一体，"夫爱人者，人必从而爱之；利人者，人必从而利之；恶人者，人必从而恶之；害人者，人必从而害之。"⑧生活世界中人与人的爱是互利的，可以相互影响和作用的。而且在重要时刻，兼爱人格具备舍己利人的牺牲精神，是一种忘我无畏大爱。"杀一人以存天下，非杀一人以利天下也。杀己以存天下，是杀己以利天下。"⑨墨子反对杀一无罪人以存天下，但自我牺牲，杀己以存天下，是"兼爱"人格"兴天下之利"⑩的目的使然。

至此，我国古代传统道德教育以"化民成俗"培育人的君子人

---

① 孙怡让：《墨子间诂》，北京：中华书局2001年版，第102页。
② 孙怡让：《墨子间诂》，北京：中华书局2001年版，第114页。
③ 孙怡让：《墨子间诂》，北京：中华书局2001年版，第145页。
④ 孙怡让：《墨子间诂》，北京：中华书局2001年版，第100页。
⑤ 孙怡让：《墨子间诂》，北京：中华书局2001年版，第115页。
⑥ 孙怡让：《墨子间诂》，北京：中华书局2001年版，第114页。
⑦ 孙怡让：《墨子间诂》，北京：中华书局2001年版，第102页。
⑧ 孙怡让：《墨子间诂》，北京：中华书局2001年版，第103页。
⑨ 孙怡让：《墨子间诂》，北京：中华书局2001年版，第404页。
⑩ 孙怡让：《墨子间诂》，北京：中华书局2001年版，第81页。

格、成人人格和自然人格，将疏离生活世界的圣人人格目标在超自然性的社会存在中作了人性解读，回归到了生活世界的现实性之中。让个体人格同社会人格紧密地联系起来，让人的自然性和社会性统一起来，人们可以通过社会生活实践获取精神的超越和自我的突破，在具体的社会实践活动中实现"穷则独善其身，达则兼济天下"[①]的道德理想境界。古代传统道德教育的"化民成俗"目标，将个人道德理想与时代发展和社会要求相统一，塑造着人的君子人格、成人人格和自然人格，区别于圣人人格的最高追求，渗透着道德教育在生活世界中的经世致用。它在立足于人生活世界现实性基础上又超越于生活世界，并升华了生活世界的现实性，让道德教育目标既有现实目的性又有理想超越性，充分显示出我国古代传统道德教育理想人格目标的丰富多彩和生活旨趣。

2. "礼"：教育内容对生活世界的价值性回应

人作为生活世界的主体并不表示每个人的发展是不受限制的。每个人的生活过程往往都受着多方面的影响，始终无法摆脱自身存在的局限性，这也决定了人的存在是一种未完成的有限状态。可生活世界中的人从未停止过对自身存在价值的思考和追求，期望在有限的生活状态中获得无限的价值。这是生活世界中人的生活价值期许，是人在生活世界中对人与人、人与自然、人与社会等功能关系的需求。为满足这种需求，我国古代传统社会的人们在长期生活实践和习惯风俗中逐渐形成了"五礼"。"五礼"在《礼记·祭统》中记载"礼有五经，谓吉礼、凶礼、军礼、宾礼、嘉礼也"[②]。它包括古人在生活世界中的各种道德规范、文化制度和风俗习惯，而且经过长期的发展，"综合了宗教、政治、伦理、艺术、美学的价值"[③]，

[①] 计有功：《唐诗纪事校笺》，北京：中华书局2007年版，第1289页。

[②] 丘濬：《大学衍义補》，上海：上海书店出版社2012年版，第425页。

[③] 郭齐勇：《中国儒学之精神》，上海：复旦大学出版社2009年版，第312页。

建立起了非常全面且积淀丰厚的礼教制度。"礼"在后来的历史发展进程中虽然饱受波折和重创,但最终成为"中国封建传统思想文化的一个主轴"[①]和我国古代传统道德教育的核心和灵魂,对我国古代传统伦理社会产生了"不学礼,无以立"[②]"人而无礼,虽能言,不亦禽兽之心乎"[③]"以礼教代宗教"[④]的积极作用。"礼"是"中国古代社会为了巩固等级制度和宗法关系而制定的礼法条规和道德标准"[⑤],造就了中华文明。它积极回应了古人在生活世界中对生活世界的价值性要求,引领了人在生活世界中的品质需求。

(1)"礼"是伦理本位的生活规范

我国古代传统社会的根基是以血缘关系为纽带的家庭宗法制度,它是人们生活世界的最基本形式和载体,构建了生活世界中人的伦理关系。人从出生就同其相关的人产生了一定的关系,而且这种关系一直伴随其未来的人生生活,会在生活世界中产生彼此间的情谊关系和义务关系。"父义当慈,子义当孝,兄之义友,弟之义恭,夫妇、朋友乃至一切相关之人,随其亲疏、厚薄,莫不自然互有应尽之义。"[⑥]逐渐人们依赖这种关系,"由家庭集合组成家族,再集合组成宗族,组成社会,进而构成国家"[⑦],形成了"天下之本在国,国之本在家,家之本在身"[⑧]的伦理本位社会。在这样的社会中,人们注重处理包括家庭伦理在内的各种关系,以长期生活实践积淀下来

---

① 蔡尚思:《中国礼教思想之我见》,载《学术界》,2008年第4期,第43页。
② 阮元:《十三经注疏(清嘉庆刊本)》,北京:中华书局2009年版,第5401页。
③ 阮元:《十三经注疏(清嘉庆刊本)》,北京:中华书局2009年版,第2664页。
④ 蔡尚思:《中国礼教思想史》,上海:上海古籍出版社2006年版,第1页。
⑤ 高洪兴:《缠足史》,上海:上海文艺出版社1995年版,第89页。
⑥ 中国文化书院学术委员会编:《梁漱溟全集(第二卷)》,济南:山东人民出版社2005年版,第168页。
⑦ 袁钰、温晓霜、王雅梅:《中国文化的生成与整合》,北京:中国时代经济出版社2010年版,第72页。
⑧ 阮元:《十三经注疏(清嘉庆刊本)》,北京:中华书局2009年版,第5913页。

的"礼"作为自我修身的道德信条,规范自我生活,协调着生活世界中的种种情谊关系和义务关系。

孔子吸收西周礼制,集春秋礼说之大成,成为对我国古代传统伦理社会产生巨大影响力的儒家祖师。他将"礼"用于正心、修身、齐家、治国、平天下的伦理要求之中,将其视为一种教育思想、一种社会秩序和一种价值理念,渗透到人们生活世界的各个角落,推动着人的道德理想生成,让"礼"成为其"仁"的最高道德价值原则和境界的重要形式和载体,让"礼"与"仁"共同推进古代伦理社会的发展。

"仁"和"礼"在儒家思想中是两个相对的概念,更是其整个理论体系的基本范畴。"仁"虽然从其源流上是一种疏离生活世界的先验存在,但却包含着各种道德信条,有着"入则孝,出则悌,谨而信,泛爱众,而亲仁。行有馀力,则以学文"[①]的具体要求。它是我国古代传统伦理社会的人的理想人格,引领着人在生活世界中的生活规范。子曰:"人而不仁,如礼何?人而不仁,如乐何"[②]?"仁"与"礼"关系密切,"仁"是"礼"的前提,"礼"是传统伦理社会的核心,人心不"仁",就无以成就"礼",更无法构建有序的伦理社会。正所谓"克己复礼为仁,一日克己复礼,天下归仁焉。为仁由己,而由人乎哉"[③]。"克己"是对自己私欲的控制,这是一种本能欲求的控制。而这种控制是在追求本能欲求过程中对道德信条的遵从。换言之,"克己"是与修身完全同一的。"复礼"是遵循生活世界中人们普遍合适的生活方式。这种生活方式是人们长期的生产实践的总结,是不能随便选择和更改的,否则就是"无礼"。

---

① 张栻:《南轩先生论语解》,北京:中华书局2015年版,第97页。
② 张栻:《南轩先生论语解》,北京:中华书局2015年版,第113页。
③ 张栻:《南轩先生论语解》,北京:中华书局2015年版,第214页。

"若无礼则手足无所措，耳目无所加，进退揖让无所制。"① 这就无以成"仁"。"仁"是"礼"的成立之基，"礼"是"仁"的外显，"礼"依赖于"礼教"的推广、普及和传承，"礼教"是实现"仁"的重要途径，是我国古代传统道德教育的核心内容。在孔子看来，"仁"包括了人们在生活世界中的恭、慎、勇、直等所有个人修身的品德要求和伦理规范，只是"恭而无礼则劳，慎而无礼则葸，勇而无礼则乱，直而无礼则绞"，"君子笃于亲，则民兴于仁；故旧不遗，则民不偷"。② 恭、慎、勇、直等品德要求和伦理规范，只有依靠"礼"方可显现出其存在意义。接受"礼"可以帮助人们获得做事的准则和做人的尺度。脱离"礼"、丢弃"礼"，一切"仁"的要求就会失去意义。人在生活世界之中，只有将"仁"的要求践之于"礼"之中，以"礼"为生活的一部分，整个生活世界才能井然有序的运转，才能生活在浓浓真情的伦理社会之中，获得幸福生活。

（2）"礼"是群体本位的生活方式

"礼"有效地传播和承载了我国古代传统伦理社会的理想人格追求，让以"仁"为核心的道德信条深入到人的生活世界之中，规范了人的修身和生活，维系了以血缘宗法为纽带的群体本位社会。我国古代社会受传统小农经济的生产力影响，形成了以一家一户为主要生产单位的社会生产模式。这种生存模式工具单一，产业简单，无法抗拒自然的和非自然的灾祸。于是由个人—家庭—家族所组成的血缘群体结构成为了每个人可以抵御灾祸和得以生存的依靠体系。人们依赖于家族式的血缘群体而存在，而且"家族虽则包括生育功能，但不限于生育的功能。依人类学上的说法，氏族是一个事业组

---

① 陈士珂：《孔子家语疏证》，南京：中华书局2017年版，第193页。
② 张栻：《南轩先生论语解》，北京：中华书局2015年版，第170页。

织，再扩大就可以成为一个部落。氏族和部落赋有政治、经济、宗教等复杂的功能。我们的家也是这样"①。在发展过程中，我们重群体、轻个人。认为"善群者存，不善群者灭"，"不能爱则不能群，不能群则不胜物，不胜物则养不足。"②重视群体让人们在生活世界中更加依赖于家族，甚至是国家，逐渐产生了刚健有为、自强不息的爱国主义精神，形成了强大的民族凝聚力，维护着中华民族的统一和完整，保持了本民族特有的气质和顽强生命力。个人也产生了强烈的民族责任感、家族荣誉感，而且历史上也产生了无数的民族英雄和志士仁人。

可是，重群体、轻个人的思想往往会让人在生活世界中失去独立的生存权和经济权。在传统的血缘群体结构社会中，人的生活世界中产生了"政治群体、地缘群体、行业群体、身份群体、社交群体等等"③。每个人在不同的群体中都扮演着各自不同的角色，有着不同的分工。"由此，群体本位的外部特征得以形成。个体需要维系不同群体的利益，甚至经常会因为群体利益而牺牲个体利益，这种牺牲在传统的以血缘宗法为纽带的社会中，往往是个体生活的常态。而"当个体的权利遭受到群体的全面挤压而达到极限时，个体与群体的矛盾、个体与个体的矛盾、甚至群体与群体的矛盾将不可避免，而且这种矛盾随着社会的发展、社会财富的积累与丰富而透出浓烈的血腥味，会从内部导致家族的瓦解与毁灭"④。为缓解这种矛盾，让个体与群体之间、个体与个体之间及群体与群体之间的关系走向和谐成为了古代"礼"的重要内容。

---

① 费孝通：《乡土中国》，上海：上海人民出版社2006年版，第33页。
② 赫胥黎：《天演论》，北京：北京理工大学出版社2010年版，第33—34页。
③ 王和：《群体本位的中国人》，载《中华文化论坛》，2000年第2期，第15页。
④ 王克婴：《中国文化传统、社会变迁与人的全面发展》，天津：天津人民出版社2007年版，第129页。

具体来说,群体本位的古代传统伦理社会,让人们更加崇尚"天时不如地利,地利不如人和"①的和谐思想,更加重视生活世界中"和"的生活方式。于是,"礼"的逻辑起点就落在了个体修身上,逻辑终点则在于调节由血缘群体派生的复杂多样且层次多元的人际关系,维护好传统群体本位社会的和谐。个人修身方面,"礼"首先明确了"修己以敬"、"修己以安人",以及"修身、齐家、治国、平天下"和"内圣外王"之道。"礼"将自我修养的提升归结到立身治国的目的上,并且提出了仁、义、礼、智、信、宽、敬、惠、勇等具体道德信条,为实现"仁"的道德理想境界提供了具体的人格要求。"仁者爱人","仁"之信仰者不仅恪守礼法,而且可以有效维护人与人之间的道德关系。"夫仁者,己欲立而立人,己欲达而达人"②,"己所不欲,勿施于人"③。以"礼"释"仁",以"礼"助"和",缓解了古代群体本位中的人际冲突和对立,将"和"的理念融入到人们生活世界的各个层面,助推了人们由内而外、由点及面的"和"的追求和生活方式。

(3)"礼"是权力本位的生活导向

中国古代传统社会不仅是以血缘宗法为纽带的群体本位社会,也是一个以等级秩序为基础的权力本位社会。"中国的君主,被赋予了伦理的意义……皇帝凭借旧式的卡理斯玛权威进行统治。他必须证明自己是'天子',而只要人民在他统治下安居乐业,他就是上天认可的统治者。"④中国社会处于长期的封建集权社会之中,权力具有对财富的绝对支配,甚至影响着他人的生存。在这样的社会中,

---

① 阮元:《十三经注疏(清嘉庆刊本)》,北京:中华书局2009年版,第4267页。
② 张栻:《南轩先生论语解》,北京:中华书局2015年版,第154页。
③ 阮元:《十三经注疏(清嘉庆刊本)》,北京:中华书局2009年版,第6018页。
④ [美]莱因哈特·本迪克斯:《马克斯·韦伯思想肖像》,北城等译,上海:上海人民出版社2002年版,第109页。

权力有着压倒一切的强势，甚至"成为分割社会财富的工具，拥有权力的个人可以通过权力获得超收入的利益，权力成为个人占有物质、精神财富的手段，从而在社会价值观念体系中产生权力崇拜，权力至高无上，权力成为人们追求的最高目标"①。权力本位影响着人们的生活，甚至在长期的皇权社会中成为了人们的生活导向。在传统的小农经济生产力条件下，人们往往为了获取社会地位和财富，去竭力谋求官职。长久以来，"学而优则仕"的思想在人们的思想观念中根深蒂固，成为古代学人的重要生活目标。

然而，真正可以获得权力的人毕竟是少数，多数人仍然要面临着被当权者统治和压迫的现实。为了更好地巩固皇权地位，"溥天之下，莫非王土，率土之滨，莫非王臣"②的理念得以确立。一个"用血缘关系的网络，按'五服'、'九族'制度和亲亲、尊尊的原则，把家庭和家族的内部成员凝聚为一个个组织严密的宗法共同体"③被推崇。整个社会"自天子、诸侯、卿、大夫以下至于庶人，形成了金字塔的社会等级结构"④。君主的地位得到了似宗教式的支持，皇帝享有至高无上的权利，集社会财富于一身。人们需要无条件地向皇帝效忠，方可获取生存的资本。于是，"礼"思想成为了维护这种宗法关系得以存在的重要形式，尤其是忠孝之道的产生，不仅成为我国古代传统政治伦理的主干，而且有效维护了宗法政治的稳定，构建起我国古代传统社会超稳定机制的道德理想框架。

---

① 张勇缜：《权力本位：中国现代化的绊脚石》，载《理论导刊》，2001年第2期，第44页。

② 阮元：《十三经注疏（清嘉庆刊本）》，北京：中华书局2009年版，第994页。

③ 张传开、汪传发：《义利之间 中国传统文化中的义利观之演变》，南京：南京大学出版社1997年版，第38页。

④ 朱日耀：《中国政治思想史》，北京：高等教育出版社1992年版，第8页。

"忠，敬也，尽心曰忠。"① "忠"本义用于开展祭祀活动的肃穆恭敬，进而体现为人际关系中的厚道和实在。而后随着其在礼教中对封建伦理宗法的影响，逐渐被政治化和社会化，成为了对待君主皇权和皇权民族的忠心耿耿和矢志不渝，如"君使臣以礼，臣事君以忠"②，"忠能固君臣，安社稷，感天地，动神明，而况于人乎？夫忠兴于身，著于家，成于国，其行一焉"③等。而且随着封建专制主义的强大，"忠"也成为人们在生活世界中的普遍道德信条。在《论语·学而》中曾子云："吾日三省吾身，为人谋而不忠乎？与朋友交而不信乎？传不习乎？"④ "三省吾身"首当"为人谋而不忠乎"。"忠"成为人们日常生活中相互依存的价值依托，变成了重承诺、讲诚信的日常性道德品质和礼教准则。如"受人之拖，必当忠人之事"⑤；"公家之利，知无不为，忠也"等。

"孝，善事父母者。"⑥ "孝"的基本含义是指人对父母的报答。这种报答一方面是敬养，即对父母的恭敬和奉养。恭敬就是要顺从，要对父母尊重。所谓"父在观其志，父没观其行。三年无改于父之道，可谓孝矣"⑦。而且在具体行为上要谦恭有礼，"出必告，反必面，所游必有常，所习必有业"⑧；"见父之执，不谓之进不敢进，不谓之退不敢退，不问不敢对。此孝子之行也"⑨。特别对于父母在

---

① 阮元：《十三经注疏（清嘉庆刊本）》，北京：中华书局2009年版，第5567页。
② 张栻：《南轩先生论语解》，北京：中华书局2015年版，第119页。
③ 纪晓岚：《四库全书精华》，北京：中国工人出版社2002年版，第38页。
④ 张栻：《南轩先生论语解》，北京：中华书局2015年版，第96页。
⑤ 钱德苍：《缀白裘》，北京：中华书局2005年版，第158页。
⑥ 辛战军：《老子译注》，北京：中华书局2008年版，第72页。
⑦ 张栻：《南轩先生论语解》，北京：中华书局2015年版，第100页。
⑧ 皇侃：《论语義疏》，北京：中华书局2013年版，第94页。
⑨ 王文锦：《礼记译解》，北京：中华书局2016年版，第7页。

世时，主张"父母在，不远游，游必有方"①。同时，由于古时家庭子女较多，家中长兄往往起到了协助父母抚养弟妹的作用，因此有"理亦无所问，知己者阕耆。良驹识主，长兄若父"②之说，要求"父义、母慈、兄友、弟恭、子孝"③。"孝"的对象被扩展到对人有如父母之恩的人，而且有了更多方面的具体要求。有"不孝有三，无后为大"④的香火要求；有"身体发肤，受之父母，不敢毁伤，孝之始也"⑤的躯体之爱；有"听于无声，视于无形，不登高，不临深，不苟訾，不苟笑。孝子不服闇，不登危，惧辱亲也"⑥的不辱之为等。另外"奉养"在孔子看来，"今之孝者，是谓能养。至于犬马，皆能有养，不敬何以别乎"⑦？奉养不能局限于一日三餐的物质提供，更需要情感上的爱敬、态度上的毕敬。所谓"养可能也，敬为难"⑧。孔子从父母的生前生后都给予了为人子女明晰的要求，"生事之以礼，死葬之以礼，祭之以礼"⑨。"经过先秦儒家的扬弃，孝便逐渐成为具形而上意义又具社会道德规范意义的准则与价值理想"⑩，而且逐渐扩大和泛化为天子之孝、诸侯之孝的大孝，成为"忠"的基础。"孝"成为了礼教伦理的起点，更成为整个权利本位社会的生活价值依据，成为了人们一切生活行为的导向。"忠孝两

---

① 张栻：《南轩先生论语解》，北京：中华书局2015年版，第131页。
② 夏葳：《既见君子——诗经中的君子之道》，北京：北京工业大学出版社2015年版，第114页。
③ 阮元：《十三经注疏（清嘉庆刊本）》，北京：中华书局2009年版，第185页。
④ 胡平生：《孝经译注》，北京：中华书局2009年版，第37页。
⑤ 胡平生：《孝经译注》，北京：中华书局2009年版，第24页。
⑥ 王文锦：《礼记译解》，北京：中华书局2016年版，第9页。
⑦ 阮元：《十三经注疏（清嘉庆刊本）》，北京：中华书局2009年版，第5437页。
⑧ 王文锦：《礼记译解》，北京：中华书局2016年版，第717页。
⑨ 阮元：《十三经注疏（清嘉庆刊本）》，北京：中华书局2009年版，第4953页。
⑩ 余仕麟：《忠孝伦理：中国人的一种智慧生存方式》，载《西南民族大学学报（人文社会科学版）》，2011年第12期，第82页。

全"的人伦之至,始终成为古人在传统伦理社会的最高生活目标,是血缘宗法社会的根本伦理。它体现出传统礼教从家庭生活到社会共同体的全面性伦理约束,保证了古人在庞大的权力本位社会中的生存之道。

由此可见,"礼"作为"中国古代社会为了巩固等级制度和宗法关系而制定的礼法条规和道德标准"①,有效地回应了人们生活世界的价值性需求,展现了血缘宗法社会中纵横交错的伦理道德关系。从纵向看,以个人修身为核心的伦理本位成就了古人生活伦理之基;以家族为核心的群体本位成就了古人生活伦理的中间层;以国家为核心的权力本位成就了古人生活伦理的顶层。从横向看,"仁"的人格要求明确了人的生活规范;"和"的生活理念改变了人的生活方式;"忠孝之道"引领了人的生活导向。"礼"作为我国古代传统道德教育的核心内容,塑造了中华民族的文化自信、制度自信和生活自信,它凝聚了古人在生活世界中的生存智慧和生活旨趣。

3."明辨笃行":教育方法对生活世界的整体性把握

"内省"和"悟道"两种方法在我国古代传统道德教育中运用广泛,在一定程度上促进了人们对道德理想的自我审察、自我克制和自我生成。但由于这两种方法本身存在着对生活世界的疏离,只是将道德教育过程置于人的自我思想觉悟和内心感受之中,对个人的综合素养要求较高。它们往往会脱离生活世界的整体性,忽视生活世界中人的自然性和社会性的统一性存在,将人的肉体与灵魂分开,将道德信条与道德践履割裂,让人陷入道德理想生成过程中的痛苦和矛盾之中。接受道德教育的过程实际上是人们对道德理想从"学"到"习"的过程,人们需要"博学之,审问之,慎思之,明

---

① 高洪兴:《缠足史》,上海:上海文艺出版社1995年版,第89页。

辨之，笃行之"①。这是人们生成道德理想的几个重要步骤，它要求人们在接受道德教育过程中对具体的教育内容能够广泛涉猎，勇于深入探问和周密思索，最后可以在生活世界中明晰地分辨和坚定地践履道德信条，成为一个拥有道德理想之人。"明辨笃行"是人们生成道德理想的关键阶段，但这个阶段的完成需要更多的、更为合理的教育方法，才能让人们的道德理想在生活世界中整体展现。中国古代传统道德教育虽然存在着疏离生活世界的内省和悟道，但也积累了大量的宝贵教育经验，提出了言传身教，率先垂范；因材施教，关注个性；环境育人，建章立制；重知尚行，知行合一等很多更加紧密结合生活世界，富有教育规律的基本方法，推进了知行合一的教育效果实现。

（1）言传身教，率先垂范

在我国传统伦理社会中，人们接受来自教育者的道德教育往往有着"听其言，观其行，察其德，然后信其道"②的学习心理。人们对于教育者有着"学高为师，身正为范"的期待，认为"师者，人之模范也"③；"子师以正，孰敢不正"④，要求教育者能够"以身作则，为人师表"。所以，教育者历来重视言传身教的育人方式，且在长期的教育实践中总结出"身教重于言教"⑤的经验，认为率先垂范在道德教育过程中可以起到很好的表率作用，让受教育者心悦诚服地接受道德教育。正所谓："其身正，不令而行；其身不正，虽令不从"⑥，"苟正其身矣，于从政乎何有？不能正其身，如正人

---

① 王文锦：《礼记译解》，北京：中华书局2016年版，第814页。
② 周中之、王正平：《伦理学新论》，上海：文汇出版社1998年版，第219页。
③ 吴圣苓：《师典》，上海：上海人民出版社2004年版，第71页。
④ 阮元：《十三经注疏（清嘉庆刊本）》，北京：中华书局2009年版，第1792页。
⑤ 黄寿祺、张善文：《周易译注》，北京：中华书局2016年版，第275页。
⑥ 阮元：《十三经注疏（清嘉庆刊本）》，北京：中华书局2009年版，第439页。

何?"① 教育者自身的道德理想不够坚定是无法引领他人和社会的，"正人"需先"正己"。正如董仲舒说道："善为师者，既美其道，有慎其行。"② 合格的教育者自身理论素养不仅较佳，更能严格要求自我行为，为受教育者所示范和效仿。"上行下效，捷于影响"③，否则不合格的教育者对受教育者会很快产生不良影响。

所以，"师弟子者以道相交而为人伦。故言必正言，行必正行，教必正教，相扶以正"④。教育者必须以"身教重于言教"⑤，率先垂范，表里如一，方可在道德教育过程中发挥"以一身立教，而为师于百千万年"⑥的积极作用，这是我国古代传统道德教育的最基础方法。基于这种方法，"从周代到明清，从儒家到法家，从孔孟到程朱、王守仁等，这些道德教化的代表人物慎独自省、率先垂范，为帝王师、为弟子师、为百姓师，通过他们自身的言传身教，影响着身边每一个人，影响着当时社会的各个阶层乃至后世"⑦。

（2）因材施教，关注差异

据《论语·为政》记载："孟懿子问孝，子曰：'无违'。孟武伯问孝，子曰：'父母唯其疾之忧'。子游问孝，子曰：'今之孝者，是谓能养；至于犬马，皆能有养。不敬，何以别乎?'子夏问孝，子曰：'色难'。有事，弟子服其劳；有酒食，先生馔，曾是以为孝乎！"⑧ 孟懿子、孟武伯、子游、子夏四人都问了孔子同样

---

① 张栻：《南轩先生论语解》，北京：中华书局2015年版，第229页。
② 董仲舒：《春秋繁露》，上海：上海书店出版社2012年版，第122页。
③ 丘濬：《大学衍义補》，上海：上海书店出版社2012年版，第581页。
④ 孙德玉：《中国教育思想简史》，合肥：安徽教育出版社2011年版，第154页。
⑤ 黄寿祺、张善文：《周易译注》，北京：中华书局2016年版，第275页。
⑥ 韩愈：《韩愈文集彙校笺注》，北京：中华书局2010年版，第3150页。
⑦ 刘晓音、王琳：《我国传统思想道德教化方法再运用研究》，载《河北省社会主义学院学报》，2010年第2期，第72页。
⑧ 张栻：《南轩先生论语解》，北京：中华书局2015年版，第105—106页。

的关于"孝"的问题,但孔子的回答却是不一样的。原因在于他们四人在生活中都有着各自完全不同的不孝行为,孔子只是有针对性地对症下药、因材施教而已,让每个人从各自的生活行为中领悟孝的含义。

"所谓'因材施教',就是从受教育者的性格能力实际情况出发,有针对性地对之注入特定的教育内容"①,"从而使每个学生都能够扬长避短,获得最好的发展"②。孔子是我国历史上第一位将"因材施教"充分认识并成功实践的教育家。他常常会被弟子们"问仁""问礼""问孝""问政",但孔子都会针对弟子们的不同能力、不同性格、不同爱好和不同生活境遇给出不同的答案,而且没有一次同义反复,成就了因材施教的典范。如,"子路问:'闻斯行诸?'子曰:'有父兄在,如之何其闻斯行之?'冉有问:'闻斯行诸?'子曰:'闻斯行之!'公西华曰:'由也问闻斯行诸,子曰:有父兄在。求也问闻斯行诸,子曰:闻斯行之。赤也惑,敢问。'子曰:'求也退,故进之;由也兼人,故退之'。"③孔子了解子路的性格豪爽、好勇争胜,也知晓冉有胆小怕事、遇事退缩的性格。于是针对二人的同一问题,提供了不同的回答,旗帜鲜明地以对受教育者的差异性了解,采取了因材施教。

"因材施教"被孔子运用到整个儒家道德教育的全过程之中,被后世的教育家们效仿和广泛运用。孟子根据人的道德状态,提出"君子之所以教者五:有如时雨化之者,有成德者,有达材者,有答问者,有私淑艾者"④。他将育人分为五种,有给人以启迪的,有塑

---

① 姜婕、邓子纲:《中国传统德育思想的原则和方法》,载《湖湘论坛》,2003年第6期,第94页。
② 桑楚:《国学常识全知道》,昆明:云南人民出版社2013年版,第48页。
③ 张栻:《南轩先生论语解》,北京:中华书局2015年版,第209页。
④ 张栻:《南轩先生孟子说》,北京:中华书局2015年版,第616页。

造德行的，有培养才能的，有解答疑惑的，也有让人效仿的。所以，每个人道德理想的生成都是有阶段性的，不是同步的，更不是一蹴而就的。所以，张载和程颢、程颐提出了"教人至难，必尽人之材乃不误人"①和"各因其人材高下与其所失而教之"②。明代理学家王阳明也关注到人的差异性，当被问及"'中人以下，不可以语上'，愚的人，与之语上尚且不进，况不与之语，可乎？"③他答道"不是圣人终不与语。圣人的心，忧不得人人都做圣人。只是人的资质不同，施教不可躐等。中人以下的人，便与他说性、说命，他也不省得，也须慢慢琢磨他起来"。④"因材施教"被越来越多教育家效仿和传承，而且逐渐产生了很多可行的具体施教方式，对"因材施教"在我国古代传统道德教育中的具体应用作出了较大贡献，激发了人们追求道德理想的活力。

（3）环境育人，建章立制

"孟母三迁"的案例是我国古代传统社会在环境育人方面的经典。"环境是指围绕着人群空间，以及其中可以直接、间接影响人类生活和发展的各种自然因素和社会因素的总称。"⑤ 在人的生活世界中，有着各种各样的环境。人创造了环境，环境也会影响人和造就人，培养人的道德理想离不开良好的环境塑造。环境育人不仅仅是道德教育的现代理念，它在古代传统伦理社会中早已被我国古代众多教育家们所推崇。虽然古代教育家们未明确提及到如同现代道德

---

① 丘濬：《大学衍义补》，上海：上海书店出版社2012年版，第514页。
② 《二程集（卷九）》，北京：中华书局1981年版，第106页。
③ 《王阳明全集（壹）语录·文录》，陈恕编校，北京：中国书店，2014年版，第91页。
④ 《王阳明全集（壹）语录·文录》，陈恕编校，北京：中国书店，2014年版，第91页。
⑤ 林彬、罗广波：《中医药文化与学生管理》，北京：知识产权出版社2014年版，第16页。

教育中"环境育人"的具体内容。但已经渗透着丰富的环境育人理念，对我国古代传统道德教育起到了积极的促进作用。

孔子首先肯定了人与人之间先天资质的差异性，但也强调后天的重要性，认为"生而知之者上也；学而知之者次也；困而学之又其次也；困而不学，民斯为下矣"①。人需要通过后天的努力方可弥补先天资质的差异，这样才能生成道德理想，实现最高的"仁"，正所谓"仁远乎哉？我欲仁，斯仁至矣"②。后天的习得实际上就是在后天环境中的获得，否则无法"化性去伪"，也不会出现"干、越、夷、貉之子，生而同声，长而异俗，教使之然也"③。王夫之就孔孟二人对于环境育人的重要性理解进行了反思，而且提出了"人不幸而失教"的严重后果。他指出"孟子言性，孔子言习，性者天道，习者人道。……人不幸而失教，陷入于恶习，耳所闻者非人之言，目所见者非人之事，日渐月渍于里巷村落之中，而有志者欲挽回于成人之后，非洗髓伐毛，必不能胜"④。

当然，我国古代的教育家们针对人的道德教育更关注生活环境在其中的影响，一是强调居住环境，二是强调人际环境。正所谓"性相近也，习相远也"⑤。后天生活环境是人们生成道德理想的主要环境，而居住环境的不同往往会造成人与人之间道德理想的差异性。所以，子曰："里仁为美。择不处仁，焉得知？"⑥孔子要求人的居住环境需要是有仁德风尚的地方，否则住在缺乏仁德风尚的地方，是无法使人获得智慧道德的。荀子继承了孔子的居住环境理念，

---

① 张栻：《南轩先生论语解》，北京：中华书局2015年版，第166页。
② 张栻：《南轩先生论语解》，北京：中华书局2015年版，第166页。
③ 刘书：《刘子集证》，北京：中华书局2007年版，第19页。
④ 王夫之：《俟解》，北京：中华书局2009年版，第96—97页。
⑤ 张栻：《南轩先生论语解》，北京：中华书局2015年版，第275页。
⑥ 张栻：《南轩先生论语解》，北京：中华书局2015年版，第123页。

认为"君子居必择乡，游必就士，所以防邪辟而近中正也"①。他主张要有好邻居，有仁德风尚的邻里，方可避免不良的影响，这与孔子的择居理念如出一辙。此外，人际环境也是我国古代传统道德教育过程中所强调的。孔子非常重视人与人之间的互相影响，认为"益者三友，损者三友。友直、友谅、友多闻，益矣。友便辟、友善柔、友便佞，损矣"②。他认为人际交往中的朋友选择是人成就理想人格的重要因素，要选择见多识广且具备正直、诚实的德性之人交朋友。孟子同样认为人际之间是择友需以德性为要，推崇"友也者，友其德也，不可以有挟也"③。

  古代教育家的环境育人理念透显着勃勃的生活气息，而环境并不是无法改变的，而且它除了针对人们居住和人际的生活环境，还有社会大环境。社会大环境不是靠简单的搬迁和选择就能够改变的，而且它影响着道德教育的价值方向，也影响着人们的具体生活环境。我国古代教育家们在日常道德教育过程中也推崇"以法为教""以吏为师"，强调"法、术、势"在道德教育过程中的控制引导作用，积极地以建章立制的方法优化育人环境。在我国古代社会中，出现了汉朝的《新语》和《诏令》、晋朝的《晋礼》、隋朝的《隋礼》、唐朝的《唐礼》、宋朝的《白鹿洞书教条》、明朝的《南赣乡约》、清朝的《四库全书》，等等。每个朝代都有着自己的教化典籍，对优化社会大环境、塑造人的生活环境和推进道德教育工作有章可循起到了较好的促进作用。而且在移风易俗方面，汉朝就有举"孝廉"、崇"孝行"的制度建设活动，宋元时期的学规和明清时期的乡规民约、家规族训等，都为优化传统道德教育大环境提供了制度支持，提升了环境对人道德理想的正面影响。

---

① 杨柳桥：《荀子诂译》，济南：齐鲁书社2009年版，第3页。
② 张栻：《南轩先生论语解》，北京：中华书局2015年版，第268页。
③ 张栻：《南轩先生孟子说》，北京：中华书局2015年版，第524页。

(4) 重知尚行，知行合一

在我国古代传统伦理社会中，崇知尚道由来已久。人们需要"知道"，因为"道，理也。理乃道也。德无不容，仁也；和则无不容。道无不理，義也；因其自然之理"①，是万事万物运行轨道，是"中国传统文化最崇高的概念"②。它包含了人在生活世界中的人之道、商之道、孝之道、诡之道、君臣之道，甚至是天人之道和佛之道等，不尽言矣。"道"映射了人的生存之道，反映了人性整体性的生活之为。所以，孔子要求人们"盖有不知而作之者，我无是也。多闻，择其善者而从之；多见而识之；知之次也"③。他要求人们"多闻""多见""择善而从"，"知道"更多，以求"仁"我。荀子将"知道"的路径拓展到"行"，认为"知道"要从"行"开始，"行"是"知"的重要来源。他指出："不闻，不若闻之；闻之，不若见之；见之，不若知之。学至于行之，而止矣。行之，明也。明之，为圣人。……故，闻之而不见，虽博必谬；见之而不知，虽识必妄；知之而不行，虽敦必困。"④ 可见，"行"不仅是"知"的来源，更是目的。

"行"作为"知"的目的，是将人们学道、立道、弘道的宗旨落在了实践上，这样是把"知"和"行"之间划出了等级，分出了轻重。有人认为"非知之艰，行之惟艰"⑤。这种"行"难于"知"，"行"重于"知"的思想在我国古代传统道德教育中最早见于《中庸》："或生而知之，或学而知之，或困而知之，及其知之，一也。或安而行之，或利而行之，或勉强而行之，及其成功，一也。"⑥ 它

---

① 王夫之：《庄子解》，北京：中华书局2009年版，第209页。
② 金岳霖：《论道》，北京：商务印书馆1987年版，第16页。
③ 张栻：《南轩先生论语解》，北京：中华书局2015年版，第165页。
④ 杨柳桥：《荀子诂译》，济南：齐鲁书社2009年版，第128页。
⑤ 阮元：《十三经注疏（清嘉庆刊本）》，北京：中华书局2009年版，第371页。
⑥ 王文锦：《礼记译解》，北京：中华书局2016年版，第810页。

在强调了"知"和"行"的差异性同时,也将"行之"作为最后的目的。朱熹也有类似的观点,认为"知行常相须,如目无足不行,足无目不见。论先后,知为先;论轻重,行为重"①。

然而"知""行"本是一体,"知"不离"行","行"不离"知","知"和"行"之间的紧密结合才构成了我国古代传统道德教育活动的内在根据。"知行合一"的说法由明代大学者王守仁在其于贵阳文明书院讲学时首次提出。他作为心学集大成者,提出"知行之分,有从大段分界限者,则如讲求义理为知,应事接物为行是也。乃讲求之中,力其讲求之事,则亦有行矣;应接之际,不废审虑之功,则亦有知矣。是则知行始终不相离,存心亦有知行,致知亦有知行,而更不可分一事以为知而非行,行而非知"②。在王守仁看来,"知"与"行"之间是有差异,但不可以随意以先后划分。"知是行的主意,行是知的功夫;知是行之始,行是知之成。若会得时,只说一个知,已自有行在。只说一个行,已自有知在。"③也就是说,王守仁对人的道德理想行为是以道德理想内容为指导的,而要真正生成道德理想,成就理想人格,就要按照道德理想内容的要求去行动。它们二者是一个不断相互作用和影响的整体,不是割裂的,甚至有先后和轻重之分的。所谓"由知,而知所行;由行,而行则知之,亦可云并进而有功","知"与"行"是一个共同体,"它们是不能分离了"④。"君子之学,未尝离行以为知也必矣。"⑤

当然,"知行合一"的实现并不是简单的"知"和"行"的复制或重现。王守仁提出:"知之确切笃实处即为行,行的明觉精察处

---

① 黎靖德:《朱子语类》,北京:中华书局1986年版,第6页。
② 王夫之:《读四书大全说》,北京:中华书局1975年版,第172页。
③ 王阳明:《传习录全译》,于民雄注,顾久译,贵阳:贵州人民出版社1998年版,第12页。
④ 思履:《国学知识大全》,北京:中国华侨出版社2014年版,第364页。
⑤ 王夫之:《尚书引义》,北京:中华书局1962年版,第68页。

即为知"①。这是他知行合一思想达到成熟的完美表达。强调只有确切的"知"和明觉精察的"行"充分结合，达至统一才是真正的"知行合一"。王守仁的"知行合一"思想，推动了古代传统道德教育中的"知行合一"境界实现。它将人的道德理想行为寓于道德理想认知，道德理想认知寓于道德理想行为。道德理想认知与道德理想行为相互作用并统一起来，激发了受教育者在接受道德教育中的道德理想真诚，有利于人性的整体性在生活世界中的发挥和具体道德生活的改善。

总的来说，我国古代传统道德教育过程中积累了非常丰富的教育方法。这些方法都是我国古代教育家们在具体的道德教育过程中细致观察，充分发挥主观创造力和想象力而形成的。它们为传播优质的道德教育内容和构建受教育者的精神财富提供了切实可行的育人途径，更助推了人们对道德理想的明辨笃行，让教育者更加全面地把握生活世界的整体性，让受教育者在接受道德教育过程中更好地展现人性的完满。这些方法对我国古代传统道德教育实践产生了深远的影响，更为近代以来的道德教育积累了丰富的教育教学经验。

（二）近代以来的道德教育对生活世界的回归

鸦片战争的爆发，打开了中国半殖民地半封建的近代历史。中国人民的生活世界面临着反对帝国主义和封建主义及救亡图存的艰巨任务。五四运动把中国社会的革命事业推向了新高潮，更让革命道德理想充盈着人的生活世界。同时西方现代教育思潮大量涌入中国，对以儒家思想为核心的传统道德教育造成了冲击。新形势下，产生了对传统道德教育的改革要求，也有不同的教育思潮，掀起了

---

① 王守仁：《王文成公全书》，北京：中华书局2015年版，第7页。

一场波澜壮阔的教育改革运动。其中以陶行知为代表的生活教育理念对20世纪上半期的道德教育产生了较大影响,并在20世纪后半期和21世纪的教育政策和要求上有明显体现。

1. 1840年以来的救国主题教育与生活世界的回归

鸦片战争以来,中国社会饱受外敌侵略,清王朝封建统治也处在风雨飘摇之中。国民物质生活难以保障,精神生活更无从追求,整个人的生活世界面临着民族危机和社会危机错综交织,"民力已恭,民智已卑,民德已薄"①,人们生活世界中的道德理想步入了前所未有的空前危机之中。先进知识分子们看到了问题的存在,认为中国的当务之急是救亡图存,这关系到国家大业和民族危亡。但中国传统道德教育是以"仁"为主体的教育,在维护两千多年的封建统治中起到了重要的作用。可"夫今日中国之事,其可为太息流涕者,亦已多矣。而人心涣散,各顾己私,无护念同种忠君爱国之诚,最为哀痛"②。中国长期的封建统治,导致了人们安于现状,麻木独善的私德根深蒂固,缺乏国家和民族的公德意识,缺乏对生活世界的变革意识。为此,严复强调"鼓民力、开民智、新民德"③才是振兴中华的首要任务,"新民德"就是指以爱国主义为主体的公德意识。由此,开启了我国近代社会以公德意识为核心的道德教育新征程。

如何开展国民的公德教育呢?在饱受西方列强侵略的同时,先进知识分子们看到了中国在经济发展、科学技术和人文社会等方面的确比西方社会落后的现实。睁眼看世界的第一人——魏源,明确

---

① 严复:《原强》,http://eresource.lcu.edu.cn/resource/E_Course/zhongguojindaishi/content/v_07/html/4-5.html

② 严复:《严复集》(第一册),北京:中华书局1986年版,第73页。

③ 严复:《原强》,http://eresource.lcu.edu.cn/resource/E_Course/zhongguojindaishi/content/v_07/html/4-5.html

意识到这个问题，提出了"师夷长技以制夷"的口号。这个口号要求人们要将抵抗外敌侵略和学习西方的长处联系起来。学习西方的长处，是要全面地学习。在公德教育方面，他以高度的民族责任感和特有的观察力，批判了君主制度，呼唤民众爱国意识的觉醒，激起民主建立理想国家的热情，成为了中国近代爱国主义思想的先驱。严复传承了他的观点，认为"爱国之民之用心，所求在利国家而已"①，要向西方学习，培养公德心。当然学习西方只是一方面，还需要采取具体的操作方式。梁启超认为"欲求进化之迹，必于人群，使人人析而独立，则进化终不可期，而历史终不可起。盖人类进化云者，一群之进也，非一人之进也"②。梁启超提出"合群之德"，人是生活于社会中的人，需要将个人的利益与集体的利益结合起来，强调"利群""益群"的重要性，认同集体利益大于个人利益，集体是个人得以生存的基础。

近代进步思想家和教育家们，逐渐认识到以爱国主义为核心的公德是中华民族得以挽救民族危亡的精神信仰，必须走合群之路，开展公德教育，以求走出危难的生活世界。"有能群者，必有不能群者，有群之力甚大者，必有群之力甚轻者，则不能群者必为能群者所催坏，力轻者必为力大者所兼并。"③合群之德即爱国主义为核心的公德教育，是近代道德教育应对人们生活世界极度危机的重要转变，是对人的生活世界回归。

---

① 严复：《严复集（第四册）》，北京：中华书局1986年版，第970页。
② 梁启超：《梁启超哲学思想论文选》，北京：北京大学出版社1984年版，第106页。
③ 梁启超：《梁启超哲学思想论文选》，北京：北京大学出版社1984年版，第13页。

2. 陶行知生活教育理论的建立及其在道德教育中的运用

陶行知生活教育理论的建立是基于20世纪初国家特有的时代背景之下而产生的。当时的中国仍然处于半殖民地半封建的状态，传统教育虽历经改革，但未能从根本上改观，其主流趋势仍然是封建残留的"洋八股"和"老八股"教育。这种教育已经不能适应教育现代化的时代发展要求，脱离当时人们急需振奋民族精神的生活需求。针对当时教育中的种种问题，很多仁人志士，尤其是受过西方现代教育思潮影响的进步人士，纷纷参与到教育改革之中，也提出了很多新的教育思想。其中以蔡元培为主帅而兴起的"以养成健全的人格发展共和精神为教育宗旨"[①]的"新教育运动"，对当时人们的道德理想产生了很大的影响，引领了人的精神发展，更对陶行知的生活教育理论发展产生了深刻的影响。

陶行知师从杜威，1917年从美国留学归国。他目睹水深火热中的国家和处于道德理想迷茫状态的国人，坚定了以"开辟的精神"和"试验的精神"推进中国教育革新的信念。而且他深受五四爱国运动的直接影响，对反帝反封建的斗争坚决彻底。他力图以教育救国，从教育实际出发，寻觅中国教育的新出路和国人精神振奋之路。他积极拥护孙中山先生提出的联俄、联共、扶助农工政策，以平民教育开启了其生活教育的最初试验。他扶助农工，非常重视对乡村社会的改造，开启了以晓庄乡村师范为代表的乡村教育。他"在中国实际生活上面找问题，在此问题上，一面实行工作，一面极力谋改进和解决"[②]，通过不断探索，积极引导学生参与乡村社会的生产实践，并博采众家之长，创造性地提出了独具特色的生活教育理论主张，具体包括"生活即教育""社会即

---

① 陶行知：《陶行知教育名篇》，北京：教育科学出版社2013年版，第65页。
② 顾明远、边守正：《陶行知选集》第1卷，北京：教育科学出版社2011年版，第244页。

学校"和"教学做合一"三个方面的内容,为中国教育改革开出了一剂良方。

陶行知生活教育理论的核心是"生活即教育","是指生活含有对人的教育作用,教育促进生活之变化,教育随生活的变化而发展;生活是教育之本,生活是教育的途径,生活是教育的最终目的"①。陶行知从唯物主义角度将生活对教育的意义充分激发,认为"生活教育是生活所原有,生活所自营,生活所必需的教育。教育的根本意义是生活之变化,生活无时不变即生活无时不含有教育的意"②。生活为教育提供了载体基础,教育也只有通过生活才能成为真正合理的教育。"生活"对于陶行知而言,"到处是生活,即到处是教育;整个社会是生活的场所,亦即教育之场所。因此,我们又可以说:'社会即学校'"③。这样就可以将学校生活统筹到社会中去,加强学校和社会的沟通,把社会视为一所大学校,更大范围地为广大人民群众服务,让更多的人接受教育,提升自我的综合素养,扩大教育本身的民主。"马路、弄堂、乡村、工厂、店铺、监牢、战场,凡是生活的场所,都是我们教育自己的场所,那么,我们所失掉的是鸟笼,而得到的倒是伟大无比的森林了。为着要过有意义的生活,我们的生活力是必然的冲开校门、冲开村门、冲开城门、冲开国门,冲开无论是什么自私自利的人所造的铁门。所以,整个中华民国和整个世界,才是我们真正的学校咧。"④陶行知始终揣救国

---

① 刘建英:《陶行知与杜威生活教育思想之比较》,载《中国德育》,2011年第8期,第30页。

② 江苏省陶行知教育思想研究会、南京晓庄师范陶行知研究室:《陶行知文集》,南京:南京教育出版社1991年版,第424页。

③ 陶行知:《陶行知全集(第三卷)》,成都:四川教育出版社1991年版,第246页。

④ 陶行知:《陶行知全集(第三卷)》,成都:四川教育出版社1991年版,第716—717页。

救民的情怀，积极争取大众解放的生活教育，将教育与人民觉醒和民族解放紧密结合起来，以求教育大众团结起来联合救国的美好愿景。"教学做合一"是陶行知生活教育理论的方法论，也是其进一步就生活与教育之间关系的阐释。在陶行知看来，"真知识，是从经验里发芽抽条开花结果的真知灼见，是由思想与行动结合而产生的知识"①。人对真知的追求过程往往伴随着"教学做"的共同存在，而"教的方法根据学的方法；学的方法根据做的方法。事怎样做便怎样学，怎样学便怎样做。教与学都以做为中心。在做上教的是先生，在做上学的是学生"②。"做"成就了先生，也成就了学生，更成就了人的真知追求，它是人们获得真知的核心。

生活教育理论成为 20 世纪上半期中国教育历史上重要的教育思想，是在半殖民地半封建时期的中国争取民族独立和国家富强所产生的划时代教育理论。它关注广大人民群众的教育问题，以"社会的精神"为使命，引领着人们的道德理想。从根本上说，"生活教育理论是以生活实践为中心，以道德教育为主体，以创造精神为动力，以启发人的觉悟、培养具有生活力的'真人'为目标的全面教育学说"③。"全面教育"是包括德、智、体、美、劳等多方面的育人目标，是"心、脑、手并用。学政治、学经济、学文化相结合。健康、科学、劳动、艺术及民主将构成和谐的生活"④。"德"即"道德"，它是生活教育理论的根基。拥有道德理想之人，必定是拥有理想人格之人，它是人们获得和谐幸福生活的关键要素。生活教育理论中内在地包含着道德教育的重要内容，道德教育是生活教育理论的灵

---

① 谌安荣：《陶行知生活教育理论的内涵及其意义》，载《广西社会科学》，2004 年第 9 期，第 190 页。

② 陶行知：《中国教育改造》，北京：商务印书馆 2014 年版，第 171 页。

③ 李恒川：《陶行知生活德育思想研究》，南京师范大学硕士学位论文 2012 年，第 15 页。

④ 胡晓风等：《陶行知教育文集》，成都：四川教育出版社 2007 年版，第 539 页。

魂。没有道德教育，就无所谓生活教育。道德教育规定和影响着生活教育的根本方向和具体内容。

陶行知对生活教育有着系统地阐述，而对道德教育未有具体提及，更未曾有过任何定义和概括。可他却在生活教育理论中勇于把握时代脉搏和关注时代问题，就当时人们的道德理想问题，尤其针对国民精神问题作了陈述。他认为"教育之功能，就其大者而言，为立国之本；就其小者而言，亦为如何引导国民精神生活与实际生活臻于健全与畅遂之关键"①。"国民精神生活与实际生活"的平衡之处在于人们对"善恶、是非、曲直、公私、义利"②有着清晰的分辨力，这需要有道德理想之人方可实现。而且陶行知将这种平衡与国家和民族危亡紧密结合，帮助人们树立"抱着真理为民族、人类服务"③的道德观，成为一个"追求真理的人"，一个创造新生活的强者，一个建设新社会的能人，一个全心全意为人民服务的人。④陶行知的生活教育理论反映时代，具有较强的民族性和进步性，它内在地蕴含着丰富的道德教育内容。它关注国民的生活，也关注国民的精神，推动着道德教育的生活教育属性发展，构建了生活教育理论的灵魂和核心。

3. 陶行知生活教育理论的复兴及其在道德教育中的新跨越

1978 年，党的十一届三中全会的胜利召开，逐步完成了拨乱反正的重要历史任务，陶行知本人的名誉也得以恢复，更推动了陶行知生活教育理论发展的复兴及其在道德教育中的新跨越。

---

① 胡晓风等：《陶行知教育文集》，成都：四川教育出版社 2007 年版，第 265 页。
② 顾明远、边守正：《陶行知选集》第 1 卷，北京：教育科学出版社 2011 年版，第 156 页。
③ 陈善卿、张炳生、辛国俊：《生活德育论：陶行知德育理论的研究与实践》，长春：东北师范大学出版社 2005 年版，第 36 页。
④ 李恒川：《陶行知生活德育思想研究》，南京师范大学硕士学位论文 2012 年，第 20 页。

1979年安徽趁着改革开放春风，在全国率先成立了陶行知研究小组，开启了对陶行知生活教育理论的新关注，后于1980年成立了陶行知研究会，同年上海陶行知研究会也得以成立。陶行知的生活教育理论逐渐被世人再次重视起来，也很快得到了政府层面的认可。1981年10月18日，是陶行知先生诞辰90周年的日子，中国人民政治协商会议在这一天于北京纪念陶行知诞辰90周年，认为其是"人民教育家""进步的思想家""伟大的民主主义战士""伟大的爱国者"，等等。陶行知教育思想就此获得了政治上的保证，他的生活教育理论推广和发展逐渐"由民间的、群众性的教育活动变成了由政府、教育行政部门、教育工会等部门和组织倡导的行为"[①]。1985年中国陶行知研究会和中国陶行知基金会宣告成立，而后全国各地都掀起了学陶、师陶和传陶的热潮，各个层面的陶行知研究组织相继成立，而且走入了乡村，安徽黄山市山岔村成立了村级陶研会，成为"全国陶研第一村"[②]。陶行知先生的生活教育理论获得了前所未有的复兴和繁荣，而且范围逐渐扩大到教育的各个领域，被广泛地应用于改革开放之后的教育现代化建设，为我国教育尽快走出形式化、告别口号式和走向科学化作出了巨大贡献。

实践证明，陶行知生活理论思想具有强大的生命力和鲜活的时代感。它与人们的生活世界紧密相连，始终与人们的生活世界保持着必要的张力。它引领着改革开放之初的教育事业发展，也推动着人的成长和发展，帮助人们在生活世界中获得科学的世界观和人生观。道德教育作为一项培养人道德理想的活动，它关乎人的世界观和人生观，是人完善理想人格和追求幸福生活的必要教育形式，是

---

① 唐汉卫：《生活道德教育论》，北京：教育科学出版社2005年版，第121页。
② 中国陶行知研究会秘书处：《30年"陶花"灿烂 从头越再续辉煌——中国陶行知研究会发起纪念改革开放二十周年座谈会发言摘要》，载《生活教育》，2009年第1期，第9页。

与人的生活世界密切相关的活动。只是在很长一段时间里，道德教育一直是以政治教育的形式呈现，而且教育内容脱离学生生活世界，青年学生对于政治课没有兴趣。胡乔木说"学生不愿意上政治课，政治教育本身也要改革"[①]。"政治教育脱离实际，不联系学生将来的工作和现在的思想"[②]，道德教育成了空谈。

而随着全国范围内对陶行知生活教育理论的重视和运用，尤其是1985年中国陶行知研究会和中国陶行知基金会宣告成立，以政治教育为形式的道德教育逐渐与生活世界结合起来。政府通过多种政策支持推动政治课改革，使得道德教育走向了科学的现代发展轨道，获得了新的浓厚生活气息。同年，《关于改革学校思想品德和政治理论课程教学的通知》得以出台，对从小学到大学的思想品德和政治理论课程作出了具体内容规定。这些内容摆脱了"左"的思想束缚，均和不同阶段的学生生活世界紧密相关。小学要进行"五讲四美五爱"的教育，即讲文明、讲礼貌、讲卫生、讲秩序、讲道德；心灵美、语言美、行为美、环境美；爱祖国、爱人民、爱劳动、爱科学、爱社会主义。初、高中要进行职业道德、职业知识、社会生活常识和劳动纪律安全等教育。大学要培养学生对马克思主义理论的学习和运用，能够自主认识和分析社会现象。而且针对这些要求，于1988年的人大七届一次会议的政府工作报告中进一步强调"各级各类学校要努力使学生在德、智、体、美各方面得到发展，并适当加强劳动教育"[③]。生活世界是人一切活动的场域，强调劳动教育，就是强调对生活世界的回归，是对生活教育理论的继承和发展。通过

[①] 何东昌：《中华人民共和国重要教育文选（1976—1990）》，海口：海南出版社1998年版，第1815页。

[②] 何东昌：《中华人民共和国重要教育文选（1976—1990）》，海口：海南出版社1998年版，第1815页。

[③] 曹子建、李志平：《我国高校教师的权利义务》，成都：四川大学出版社2012年版，第129页。

在整个国家教育体系中，尤其是在学校道德教育工作中对生活教育理论的重视。我国大、中、小学随后都开展了各种有益的课外活动，"还建立了一批学生社会实践活动的基地，其中有革命传统教育基地、兴教助学基地、学工基地、学农基地、学军基地等"①。这些基地为开展学生的思想政治工作，尤其是道德教育起到了有效的催化作用，将枯燥的理论变成了生活劳动实践，从生活世界的现实性角度提升了学生的道德理想，取得了一定成效。而且就此，将劳动教育的积极作用写入了党和国家的教育方针中。在1991年的全国教育工作会议上提出"教育必须为社会主义现代化服务，必须同生产劳动相结合，培养德智体全面发展的建设者和接班人"②。

至此，经历过较大波折的陶行知生活教育理论逐渐在改革开放后的教育发展中得以复兴而且被运用到道德教育之中，推动了道德教育的新跨越，为全面恢复道德教育工作，构建适应新时期的道德教育新格局作了有效铺垫。

4. 十四大以后的道德教育改革新阶段

以1992年邓小平南方讲话和党的十四大为契机，我国迎来了改革开放和社会主义现代化建设的新阶段。在具体的工作实践中，出现了"一手硬，一手软"的问题，产生了对于道德教育的放松。"党的十四大明确提出在建立社会主义市场经济制度的同时要把精神文明建设提高到新的水平，要加强思想政治教育工作、加强德育建设。"③ 由此，道德教育建设被提升到了重要的地位。1992年《关于

---

① 何东昌:《中华人民共和国教育史》（下卷），海口：海南出版社2007年版，第733页。

② 曹子建、李志平:《我国高校教师的权利义务》，成都：四川大学出版社2012年版，第129页。

③ 沈壮海、余双好等:《学校德育问题研究》，郑州：大象出版社2010年版，第21页。

加强社会主义精神文明建设若干重大问题的决议》提出了"以科学的理论武装人,以正确的舆论引导人,以高尚的道德塑造人,以优秀的作品鼓舞人,培养有理想、有道德、有文化、有纪律的社会主义公民,提高全民族的思想道德素质和科学文化素质"[①]的教育目标。这个目标更贴近学生的生活世界,也反映了学生在生活世界中的现实需求。为将这一生活化的目标落实好,1994年8月中央出台了《中共中央关于进一步加强和改进学校德育工作的若干意见》,提出"教育与生活劳动相结合,是坚持社会主义教育方向的一项基本措施"[②],要求"学校教育、家庭教育、社会教育紧密配合。学校要主动同家长及社会各方面密切合作,使三方面的教育互为补充、形成合力"[③]。大、中、小学道德教育渐渐地走出了校园,走向了更加全面的生活世界,更具有了生活色彩,推进了道德教育向生活世界回归。而且针对21世纪,中央发布了《关于深化教育改革全面推进素质教育的决定》,"提出了培养适应21世纪现代化建设需要的社会主义新人的重要历史任务"和全面推进素质教育的重大决策。[④]这是适应21世纪的生活世界变化而提出的重大决定。它为道德教育确定了育人为本的思想,更为21世纪道德教育与生活世界的紧密融合和新发展开辟了新思路。

---

① 中共中央文献研究室:《十四大以来重要文献选编》(中),北京:人民出版社1997年版,第1887页。

② 全国人民代表大会常务委员会法制工作委员会:《中华人民共和国教育法律法规总览:1949—1999(下卷)》,北京:法律出版社2000年版,第1189页。

③ 全国人民代表大会常务委员会法制工作委员会:《中华人民共和国教育法律法规总览:1949—1999(下卷)》,北京:法律出版社2000年版,第1189页。

④ 周远清:《周远清教育文集》(二),北京:高等教育出版社2007年版,第621页。

5. 21世纪以来的道德教育回归生活世界新趋势

步入21世纪,我国进入了全面建设小康社会的关键时期,也进入了不断完善我国社会主义市场经济体制的重要时期。这个时期国家对外开放的政策进一步扩大,在取得更大范围的经济发展的同时,各种不良思想倾向也随之在人们的生活世界中蔓延开来。一部分人出现了"政治信仰迷茫,理想信念模糊,价值取向扭曲,诚实意识淡薄,社会责任感缺乏,艰苦奋斗精神淡化,团队协作观念较差,心理素质欠佳"①等各种道德理想失范的问题。为解决这一问题,学界进行了多范围的思考和实践,采用了各种理论和方法,力图建立和巩固人们的道德理想。新时期的道德教育问题成为学界和政府关注的重点,认为"通过道德理想的培养,可直达道德建设的核心,是道德建设的一条便捷桥梁"②。学界和政府都分别从各自的理论层面和政策层面为新时期的道德教育发展提供了支撑,旨在解决人们道德理想失范及其教育困境问题上发挥积极作用。

(1) 学界对于道德教育的新维度及其回归生活世界的探索

学界对21世纪以来人们的道德理想失范问题尤为关注,有针对性地提出道德教育的新维度,即道德信仰教育。认为道德信仰教育"是一种内在的精神力量教育"③,是道德教育的核心和灵魂。它可以提升人的道德境界,塑造人的道德人格,是人们获取道德行为动力的重要方式。它更能为人的生活提供价值方向,为社会凝聚起共同的道德力量。而"道德信仰教育的缺位是现当代德育所面临的一

---

① 沈壮海、佘双好等:《学校德育问题研究》,郑州:大象出版社2010年版,第54页。
② 任建东:《道德信仰:道德建设的本质与方法》,载《唐都学刊》,2006年第1期,第39页。
③ 杨琪源:《人学视野下的大学生道德信仰教育》,载《重庆交通大学学报(社科版)》,2013年第3期,第105页。

个突出问题。现代德育理念不仅在德育目标的定位上重心落点太浅,过于看重治标不治本的行为规范教育和理论知识教育,易流于形式主义和教条主义,忽视从更深层次入手的整个生活意义的教育和道德人格的培养,而且在教育模式上走向了过分强调主知主义的误区,忽视了情感培养、信仰教育在道德教育中的重要地位"[①]。道德信仰教育被推到了一个非常重要的位置,被视为新时期道德教育的有效方式之一。只是由于它在近些年才被从真正意义上提出,针对它的系统理论与实践问题仍然在不断推进中。为了能够获取道德信仰教育的切入口,学界从大学生群体道德信仰缺失入手,探索道德信仰教育的切入口和逻辑起点。

道德信仰是"以信仰的方式解决了道德中所谓动机与效果的统一"[②],它是对人性善良、道德因果律、德福统一的信仰。"大学生一旦形成道德信仰,就能够理解道德规范,进行正确的道德行为选择,为他们的人生指明有价值的生活方式和奋斗目标,对他们的道德原则的选择和认同起决定作用"[③]。而当前,"后现代主义的无中心意识和多元价值取向对大学生道德教育产生了很大冲击,特别是功利主义浸染、虚无主义盛行、主知主义滥觞,更是让大学生道德教育呈现'去信仰化'倾向"[④]。针对这些问题,长期以来依赖于高校思想政治教育工作,取得了较大的成绩。可针对"去信仰化"的问题更需要道德信仰教育方可更好地解决。而目前大学生道德信仰教育仍然处于较为弱势的地位,"形式上,抽掉了道德教育的知识与

[①] 秦红岭:《德育视野中的道德信仰教育》,载《山东省青年管理干部学院学报》,2005年第4期,第66页。

[②] 荆学民:《现代信仰学导引》,北京:中国传媒大学出版社2012年版,第187页。

[③] 尤明慧:《大学生道德信仰教育问题研究》,载《玉林师范学院学报(哲学社会科学)》,2011年第4期,第130页。

[④] 魏雷东:《大学生道德信仰教育基本方略探析》,载《国家教育行政学院学报》,2012年第7期,第53页。

智力基础，将其变成了机械的行为训练"①。而破解这些问题则需要从大学生道德理想缺失原因把握，才能够更好地寻找到道德信仰教育的切入口和逻辑起点，方可提升道德信仰教育。"因为大学生对道德生活、道德价值的不信任，原因在于他们的生活越来越陷入到一种价值空虚的境地，一切好像都摸不着、抓不住，转而追求一些看来是可以看得见、摸得着、抓得住的金钱、地位、名誉等，然而人越是把这些东西抓的紧，越是感觉到空虚，越是感觉到缺少的东西重要，生活中找不到依靠、缺少支撑。"②

所以，"道德信仰教育的切入口就在于'尽快去追求新的意义'"③，新意义的追求就是它的逻辑起点，是"对虚无的超越，对生活意义的追问"④，"是回归生活世界、注重人文关怀和精神塑造，以人和生命为双重坐标的新人本主义思想为指导，引导大学生敬畏道德信仰并努力完善自我"⑤。

道德信仰教育现已逐渐发展成为"高校思想政治教育的重要维度"⑥，成为了推进大学生思想政治教育的重要工作之一，更从"客观上对高校提出了以道德信仰教育为核心的德育要求"⑦。它要求开

---

① 易连云：《重建学校精神家园》，北京：教育科学出版社2003年版，第44页。
② 范光杰、杨汉国：《论大学生道德信仰教育之理念转变》，载《云南民族大学学报（哲学社会科学版）》，2014年第5期，第153页。
③ 范光杰、杨汉国：《论大学生道德信仰教育之理念转变》，载《云南民族大学学报（哲学社会科学版）》，2014年第5期，第153页。
④ 范光杰、杨汉国：《论大学生道德信仰教育之理念转变》，载《云南民族大学学报（哲学社会科学版）》，2014年第5期，第153页。
⑤ 魏雷东：《大学生道德信仰教育基本方略探析》，载《国家教育行政学院学报》，2012年第7期，第53页。
⑥ 张连：《道德信仰教育：高校思想政治教育的重要维度》，载《学校党建与思想教育》，2010年第2期，第44页。
⑦ 杨琪源：《人学视野下的大学生道德信仰教育》，载《重庆交通大学学报（社科版）》，2013年第3期，第105页。

展道德教育"必须诉诸对道德行为和道德规范的形而上的关切,转变道德教育的理念,从信仰的高度"① 给人以生活的方向。也就是说,道德信仰教育更具生活性,更有助于提升道德教育的实效性。而道德信仰教育本身又该回归怎样的生活世界呢?很多学者提出了各自的观点。第一,回归现存生活世界。在有些学者看来现存生活世界是人得以存在的最大现实,道德信仰教育疏离了它就会成为无本之木、无水之源,不能获得生活的动力和保障。然而"离开思想、观念、概念的基地,直接地面对生活世界中呈现的一切,真正地按照事物的事实面目及其产生情况来理解事物"②,就会让道德信仰教育失去了对新的意义追求的信仰高度,会陷入世俗化的歧途。第二,回归人的内心世界。有学者认为"道德信仰就给人们提供了这样一种价值选择。它是人们对客观必然性的超越,给人们提供了一个意义和价值的世界,使人们的道德人格和尊严得以充分体现。它对自由意志的弘扬,凸现了人的道德精神,鼓舞了人们对人生价值和尊严的追求"③。所以,道德信仰教育应该向人的内心世界回归,就是教育者对教育对象的生活意义、价值等方面进行关怀,"通过多样的形式和内容,引起内心世界质的改变,把外在的道德原则变为自觉的行动,才能最终达到道德的自律"④。从其内心深处挖掘对道德信仰的认同感,可这又往往虚化了道德信仰规范性的基本要求,置道德信仰教育于空中楼阁。第三,对网络世界的关注。这是从网络信

---

① 范光杰、杨汉国:《论大学生道德信仰教育之理念转变》,载《云南民族大学学报(哲学社会科学版)》,2014年第5期,第154页。

② 曹润生、张澍军:《生活世界:世界观教育的真实根基》,载《社会科学战线》,2005年第5期,第229—230页。

③ 魏筠:《学校道德信仰教育的缺失与重建》,山东师范大学硕士学位论文2007年,第19页。

④ 张雷:《回归生活世界:网络文化境遇下学校道德教育新取向》,载《教育导刊》,2012年第8期,第67页。

息化的社会环境中，探寻生活世界回归问题的时髦话题。虽未有对网络世界的回归之说，但很多学者已经意识到其虚拟性。认为人们长期的网络生活会容易走向虚无主义的精神空虚。特别对于大学生来说，"网络信息的超容量对大学生道德信仰带来了认知上的弱化，网络生活的虚拟性对大学生道德信仰带来了情感上的淡化，网络生活的便捷性对大学生道德信仰带来了意志上的退化，网络生活的自主性对大学生道德信仰带来了行为上的浊化"[1]。

由此可见，道德信仰教育为新时期道德教育回归生活世界的发展已经探索出了许多宝贵经验。可道德教育回归生活世界的主题仍是一个在不断发展的问题。通过道德信仰教育的探索，人们越来越认识到该问题需要以规范化、科学化的角度加以认知，"不能简单地用今天否定昨天，用昨天否定今天；用精神批判物质，用物质批判精神；用崇高抵御世俗，用世俗抵御崇高"[2]。道德教育回归生活世界从道德信仰教育对人生活世界意义和价值的期许中获得了新的发展方向，但仍需进一步地发掘其本身的深度根源，才能找到合理的回归路径。

（2）政府对于道德教育回归生活世界的政策支持

在政府政策方面，国家对于21世纪以来出现的道德理想失范问题非常重视，积极对应学界关于道德信仰教育的逻辑思路，对道德教育回归生活世界提供了政策支持。时任国家主席江泽民在2001年的全国宣传部长会议上强调"把依法治国与以德治国紧密结合起来"[3]。该战略的揭出，"不仅深刻阐明了法制建设与道德建设的辩

---

[1] 白江源：《网络环境下大学生道德信仰教育探究》，载《学校党建与思想教育》，2010年第31期，第58页。

[2] 范光杰、杨汉国：《论大学生道德信仰教育之理念转变》，载《云南民族大学学报（哲学社会科学版）》，2014年第5期，第151—152页。

[3] 江泽民：《论三个代表》，北京：人民出版社2002年版，第135页。

证关系、德治在建设有中国特色社会主义事业中的重要战略地位和功能，而且开辟了以德治国的新境界"①，道德教育受到了最大程度上的关注。国家首先针对党员干部的作风问题作出了要求。在2001年9月召开的十五届六中全会上通过了《中共中央关于加强和改进党的作风建设的决定》，江泽民并就此发表了《党的作风建设的核心问题是保持党同人民群众的血肉联系》，要求对党员干部通过制度约束和教育方式提升道德理想，杜绝不良作风。这关系到党员干部的无产阶级道德觉悟，是党性的品质要求，是党的事业不断发展的精神保障。而对于广大人民群众，中央同年也印发了《公民道德建设实施纲要》，明确了"爱国守法、明礼诚信、团结友善、勤俭自强、敬业奉献"②的二十字基本公民道德规范，为人们的道德理想生成提供了具体参考。

《公民道德建设实施纲要》中不仅明确了人们生活世界中的基本道德规范，而且提出了教育在其中的重要性，认为"提高公民道德素质，教育是基础"③，"高尚品德必须从小开始培养，从娃娃抓起"④。教育战线成为了宣传和推行《公民道德建设实施纲要》的重要对象，同年11月教育部党组发布了《关于教育战线学习贯彻〈公民道德建设实施纲要〉的通知》。《通知》要求："要在师生员工中广泛宣传20字的公民基本道德规范。"⑤如何更好地深化教育战线的

---

① 陈子舜：《中华民族伟大复兴的政治支撑：江泽民政治思想研究》，南昌：江西人民出版社2002年版，第171页。
② 中共中央文献研究室：《十五大以来重要文献选编》（下），北京：中央文献出版社2011年版，第221页。
③ 中共中央文献研究室：《十五大以来重要文献选编》（下），北京：中央文献出版社2011年版，第225页。
④ 中共中央文献研究室：《十五大以来重要文献选编》（下），北京：中央文献出版社2011年版，第225页。
⑤ 卓晴君：《改革开放30年学校德育政策回顾》（下），载《中国德育》，2008年第8期，第15页。

道德建设，提升受教育者的道德理想，成为了21世纪学校道德教育的重大使命。

首先从未成年人入手，在十六大报告精神的指引下，2004年中共中央、国务院发布了《关于进一步加强和改进未成年人思想道德建设的若干意见》，指出"针对未成年人身心成长的特点，积极探索21世纪新阶段未成年人思想道德建设的规律，坚持以人为本，教育和引导未成年人树立中国特色社会主义的理想信念和正确的世界观、人生观、价值观，养成高尚的思想品质和良好的道德情操"[①]。这表明道德教育逐渐走向了科学化的轨道，既有社会价值取向的重视，也更凸显了以人为本的个体价值认同。而且在随后的《关于进一步加强和改进大学生思想政治教育的意见》中进一步得到了体现，更加呈现出以人为本的生活关怀。《意见》要求"紧密结合全面建设小康社会的实际，以理想信念教育为核心，以爱国主义教育为重点，以思想道德建设为基础，以大学生全面发展为目标，解放思想、实事求是、与时俱进，坚持以人为本、贴近实际、贴近生活、贴近学生，努力提高思想政治教育的针对性、实效性和吸引力、感染力，培养德、智、体、美全面发展的社会主义合格建设者和可靠接班人"[②]，进一步明确了道德教育回归生活世界和贴近生活世界的发展方向。就此在2005年《关于进一步加强和改进高等学校思想政治理论课的意见》中除了对马克思主义的整体性和综合性的体现，更呈现出对大学生生活世界的关怀，尤其在《思想道德修养与法律基础》中涉及大学生生活世界的方方面面，给大学生的成长成才提供了价值指引。

---

① 中共中央文献研究室：《十六大以来重要文献选编》（上），北京：中央文献出版社2011年版，第793页。

② 中共中央文献研究室：《十六大以来重要文献选编》（中），北京：中央文献出版社2011年版，第179页。

道德教育对生活世界的疏离与回归

学校道德教育工作只是道德教育的一个方面，我党始终没有放松对于社会主义道德理想的建设。在2006年全国政协十届四次会议上，时任国家主席胡锦涛发表了关于树立社会主义荣辱观的重要讲话。他提出，"在我们的社会主义社会里，要引导广大干部群众特别是青少年树立社会主义荣辱观，坚持以热爱祖国为荣、以危害祖国为耻，以服务人民为荣、以背离人民为耻，以崇尚科学为荣、以愚昧无知为耻，以辛勤劳动为荣、以好逸恶劳为耻，以团结互助为荣、以损人利己为耻，以诚实守信为荣、以见利忘义为耻，以遵纪守法为荣、以违法乱纪为耻，以艰苦奋斗为荣、以骄奢淫逸为耻"[1]。社会主义荣辱观的提出，进一步深化了我党对于社会主义道德建设规律的认识，"体现了中华民族传统美德与时代精神的有机结合，反映了社会主义基本道德规范和社会风尚的本质要求，明确了社会主义价值观的鲜明导向，对推动形成良好社会风气"[2]，对提高整个民族的社会主义道德理想有着重要意义。

社会主义荣辱观让人们在生活世界中更加褒荣贬耻，传承了"知耻"的文化传统，更丰富了社会主义道德理想的内容，让人们在日常生活中获得了作出道德评价的基本准则。同时，它又作为人们生活的价值取向，让"社会主义价值观"走入了人的生活世界。在2006年党的十六届六中全会上，社会主义道德理想第一次明确地以"建设社会主义核心价值体系"的重大命题被提出，而且社会主义荣辱观也被纳入到社会主义核心价值体系之中。会上详细地阐述"马克思主义指导思想，中国特色社会主义共同理想，以爱国主义为核心的民族精神和以改革创新为核心的时代精神，社会主义荣辱观，

---

[1] 复旦大学马克思主义研究院：《当代中国马克思主义研究报告（2011—2012）》，北京：人民出版社2013年版，第236页。

[2] 柳建辉：《中华人民共和国史（2002—2009）》，北京：人民出版社2010年版，第73页。

构成了社会主义核心价值体系的基本内容"①。"社会主义核心价值体系是社会主义意识形态的本质体现"②,"是中国特色社会主义实践的精神支撑和理念引导"③。

"然而,在培育和践行社会主义核心价值体系的过程中,人们也发现社会主义核心价值体系固然内容丰富、理论性强、涉及面广,但是也过于抽象、繁复,从而制约和影响了社会主义核心价值的传播和内化"④,尤其是在广大人民群众中更难以传播和内化。从这个意义上来说,"应当在社会主义核心价值体系基础上作进一步提炼、概括,鲜明提出简明扼要、便于传播践行的社会主义核心价值观"⑤,"既是深入推进核心价值体系建设的迫切需求,也是核心价值观为广大人民群众所接受的内在要求"⑥。由此,社会主义核心价值体系开启了由抽象到具体、由思想到行动,向通俗化、大众化的社会主义核心价值观不断凝练和提升的重要阶段。

党的十八大审时度势,提出"三个倡导",即"倡导富强、民主、文明、和谐,倡导自由、平等、公正、法治,倡导爱国、敬业、诚信、友善,积极培育社会主义核心价值观"⑦。这是对社会主义核

---

① 中共中央文献研究室:《十六大以来重要文献选编》(下),北京:中央文献出版社2008年版,第661页。

② 胡锦涛:《高举中国特色社会主义伟大旗帜,为夺取全面建设小康社会新胜利而奋斗》,北京:人民出版社2007年版,第34页。

③ 王燕文:《社会主义核心价值观研究丛书(总论)》,南京:江苏人民出版社2015年版,第28页。

④ 王燕文:《社会主义核心价值观研究丛书(总论)》,南京:江苏人民出版社2015年版,第33页。

⑤ 十八大报告文件起草组:《十八大报告辅导读本》,北京:人民出版社2012年版,第251页。

⑥ 黄蓉生、白显良:《提炼社会主义核心价值观若干问题的思考》,载《思想理论教育》,2011年第2期,第25页。

⑦ 胡锦涛:《坚定不移沿着中国特色社会主义道路前进,为全面建成小康社会而奋斗》,《人民日报》,2012年11月9日,第3版。

心价值体系整体内容的高度凝练和集中表达,揭示出了社会主义核心价值体系的内核,"体现了社会主义核心价值体系的根本性质和基本特征,反映了社会主义核心价值体系的丰富内涵和实践要求"[①]。"三个倡导"实际上就是中国人民近代以来在实现中华民族伟大复兴的中国梦的征程中,所寻求的国家价值内核、社会共同理想和国民精神家园。实现中华民族伟大复兴的中国梦不仅需要社会物质财富的极大丰富,更需要人们精神财富的极大提升。缺乏精神引领无以成就中国梦,无以给民众以生活幸福。人们的生活幸福需要道德的滋养,需要信仰的驱动,需要精神的引领。

"三个倡导"涉及了人们在生活世界中的国家政治生活、社会生产生活和个体日常生活中的品质需求。"富强、民主、文明、和谐"让人们感触到了国家蓬勃发展的脉搏;"自由、平等、公正、法治"让人们意识到了社会生产生活的价值取向;"爱国、敬业、诚信、友善"让人们明确了日常生活中的道德准则。社会主义核心价值观"倾向于根本价值理念的建构"[②],清晰地阐述了国家政治生活追求、社会生产生活目标和个人日常生活的理想信念。失去它,人的人生奋斗将失去梦想之舵,人的社会生产生活将失去精神之钙,人的国家政治生活将失去灵魂支撑。对于社会主义核心价值观,我们要"更加强化实践导向"[③],实践是社会主义核心价值观的生命力所在。它要求我们能够积极地培育和践行社会主义核心价值观,这"既是促进社会全面进步的需要,也是实现人的全面发展的需要"[④]。

---

① 郭建宁:《社会主义核心价值观基本内容释义》,北京:人民出版社2014年版,第22页。

② 钟明华、黄荟:《社会主义核心价值观内核解析》,载《山东社会科学》,2009年第12期,第16页。

③ 中共中央宣传部:《习近平总书记系列重要讲话读本》,北京:学习出版社2014年版,第93页。

④ 十八大报告文件起草组:《十八大报告辅导读本》,北京:人民出版社2012年版,第257页。

"人民有信仰，民族有希望，国家有力量。"① 自社会主义核心价值观提出以来，培育和践行社会主义核心价值观就成为了"一项基础工程、灵魂工程"②，成为了新时期道德教育的核心任务。党的十八大要求"培育和践行社会主义核心价值观必须立足当前、着眼长远，从现在做起、从点滴做起"③，要强化实践导向，"要利用各种时机和场合"④，"让'三个倡导在全社会普遍深入人心、进入生活、化为行动'"⑤。可见，作为当前道德教育的核心任务，培育和践行社会主义核心价值观影响到人们对理想人格的完善和幸福生活的追求。它不能流于形式，而是与人们生活世界紧密结合的。回归生活世界，就是要让培育和践行社会主义核心价值观成为人们生活世界中不可分割的一部分，"融入人们生产生活和精神世界"⑥，才能够"让人们在实践中感知它、领悟它、接受它，达到潜移默化、润物无声的效果"⑦，生成道德理想，积极参与到实现中华民族伟大复兴中国梦的伟大实践中去。

至此，21世纪以来的道德教育以培育和践行社会主义核心价值观为纽带，"继承和发扬中华民族的优秀文化传统和民族精神，提高

---

① 习近平：《人民有信仰 民族有希望 国家有力量 锲而不舍抓好社会主义精神文明建设》，载《党建》，2015年第3期，第4页。

② 十八大报告文件起草组：《十八大报告辅导读本》，北京：人民出版社2012年版，第256页。

③ 十八大报告文件起草组：《十八大报告辅导读本》，北京：人民出版社2012年版，第256页。

④ 十八大报告文件起草组：《十八大报告辅导读本》，北京：人民出版社2012年版，第257页。

⑤ 《培育和践行社会主义核心价值观党员干部读本》，北京：红旗出版社2014年版，第34页。

⑥ 《培育和践行社会主义核心价值观》，北京：人民出版社2014年版，第23页。

⑦ 郭建宁：《社会主义核心价值观基本内容释义》，北京：人民出版社2014年版，第150页。

鉴别真伪、善恶、美丑的能力"①，积极"走向大众、走进生活"②，探索"社会主义核心价值观日常化、具体化、形象化、生活化"③的新路径，使得培育和践行社会主义核心价值观的过程充满了浓厚的生活气息，强化了社会主义核心价值观"'入耳'、'入眼'、'入脑'和'入心'"④的理解力和践行力，为新时期道德教育回归生活世界提供了实践参考。

第二节　道德教育对生活世界的回归可能

　　道德教育回归生活世界的历史必然性不是偶然存在的，它体现在人的对象性活动中。道德教育培养着人的道德理想，生活世界是人一切活动的场域。它们之间具有同构性，具有相同的结构和性质，都是为人的。正是二者在人的本质上有着内在相关性，才呈现出中西方道德教育回归生活世界的历史趋向。当然这个过程是波折的，可总体上体现着向生活世界回归的可能。生活世界发展人、教育人，道德教育也发展人、教育人。道德教育以人为对象，以塑造人的理想人格为目标，帮助人幸福生活追求，破解着人在生活世界中"如何做人和如何生活"的基本问题，满足人的发展需求。道德教育引领着人的生活世界发展，生活世界也存在着教育禀赋，为道德教育

---

① 陈潮光、刁振强：《大学生党建工作教程》，北京：人民出版社2009年版，第199页。
② 高地：《中国共产党社会主义核心价值观教育研究》，北京：人民出版社2013年版，第260页。
③ 《修身律己，校准价值航向——论树立弘扬社会主义核心价值观的公共标杆》，载《人民日报》，2014年8月29日，第4版。
④ 高地：《中国共产党社会主义核心价值观教育研究》，北京：人民出版社2013年版，第224页。

提供发展的动力源。道德教育与生活世界存在着视域的融合，有着契合之处。

一、生活世界与道德教育的同构

"所谓同构，就是一种保持信息的交换。"① 生活世界是属人的世界，人通过实践创造了生活世界，从而区别于动物的生存世界，形成了人物质生活与精神生活共存的世界。生活世界是人为的，也是为人的。道德教育以人为对象，是一项培养人道德理想的活动，体现在对人理想人格的养成和对人幸福生活的引领上。简单来说，就是"如何做人和如何生活"的问题。道德教育需要以生活世界为动力源，以人的生活为根基，不断满足人们对自我理想人格完善和幸福生活追求的美好期许。生活世界与道德教育的同构性，不是完全意义上的等同或可置换，它们之间各有内涵且不能相互归结和还原。它们之间的同构性体现在二者人的对象性活动中，在本质上它们具有相同的结构和性质，都是为人的，具有人本质上的内在相关性。而且它们无时无刻、自始至终都在人的存在和发展问题上保持着信息的交换和共享，促使各方均有各自属性，但又具有相互归属的特征。

人的生活世界好似一面镜子，"人的生存状态、生活方式、生活质量，都是有意识反思的对象"②，"过什么生活便受什么教育：过健康的生活便受健康的教育……我们可以说，好生活是好教育；坏生活是坏教育；高尚的生活是高尚的教育；下流的生活是下流的教育；合理的生活是合理的教育；不合理的生活是不合理的教育；有

---

① 李燕：《文化释义》，北京：人民出版社1996年版，第74页。
② 毕红梅：《生活世界：道德教育的生成之域》，载《教育评论》，2007年第4期，第44页。

目的的生活是有目的的教育；无目的的生活是无目的教育"①。生活世界与道德教育相互映射，它们之间相互影响和说明。生活世界中人人都是教育者和受教育者，处处都是教育场所。它反映着道德教育的效果，也为道德教育提供生活性教育资源，更让人的道德教育诉求在生活世界中得到保障和传播。道德教育发展人，同时也教育人。生活世界也发展人和教育人，它们都是人为的，更是为人的。通过生活世界的把握，可以从更广泛意义上把握人的道德理想生成过程，以及人本身。同时通过道德教育过程的把握，也可以更深刻地认识和理解人生活世界的形成与发展以及生活世界中人之为人的缘由所在。

二、道德教育的生活引领

道德教育是指向社会，还是个人呢？从人的社会性来说，它是指向社会的，可是社会仅仅是人的存在形式，任何形式的社会对于人类的历史长河来说都是暂时的，唯有独具人类个性的生活是永恒的。人存在于特定的社会中，社会成为了人生活的一种承载方式。可以说，"社会只是生活的必要条件，而生活本身的意义和质量才是生活的目的"②。社会不是由单个人的生活组成的，单个人的生活也不可能产生道德理想要求。道德教育最基础的功能就在于调节人与人之间的关系，目的是为了生活世界中的人们都能拥有更好的生活。"所谓更好的生活也即是较之现存生活更具人性的生活，是使人得以更好生成和发展的生活。只有在这种更好生活的建构活动中，人才

---

① 陶行知：《陶行知全集》第2卷，成都：四川教育出版社1991年版，第288—289页。

② 赵汀阳：《论可能生活》，北京：中国人民大学出版社2010年版，第9页。

有可能变得更好,人性的可能性才得以充分展现。"① 更好生活需要人性的张扬,只有人性的凸显,才能获取更好的生活。

当前道德教育遭受科学主义的宰制,教育过程中受享乐主义、功利主义的影响,更多的是技术的、制度的和规则的要求和阐释,人性的整体性被肢解和片面化,人性与人生活的本真被遗忘在现代化发展的僭越之中。人是物质与精神的合体,物质的满足是人的生物本性。当下的人们不断寻求物性的满足,理所当然也有其积极的意义。"但物性不能构成人性的全部,不能使物性支撑整个人生,物欲的任意扩张只会使人不成其为人。人性的根本在于精神性。"② 人的精神性向来与道德理想密切相关,人的精神源于道德理想,并需要道德理想加以超越。道德教育是培养人道德理想的活动,它引领人的精神发展,走向一种崇高,唤醒人对精神幸福的关注,从而走向人性的光辉,实现更好的生活。更好的生活追求多种多样,但终极追求只有一个,就是幸福。

"生活和幸福原来就是一个东西。一切的追求,至少一切健全的追求都是对于幸福的追求。"③ 人是为了最终的幸福生活而存在,幸福生活是人生具有重大意义的需要和目的实现的持久型愉悦体验。幸福是一个完整的概念,它有物质幸福,也有精神幸福。其中物质幸福是幸福建立的基础,精神幸福是幸福实现的根本。"人的幸福离不开精神的充实。即便是对于动物同样具有的物性,人的精神性也

---

① 鲁洁:《道德教育的根本作为:引导生活的建构》,载《教育研究》,2010 年第 6 期,第 6 页。
② 冯建军:《道德教育:引导幸福生活的建构》,载《高等教育研究》,2011 年第 5 期,第 17 页。
③ [德] 路德维希·费尔巴哈:《费尔巴哈哲学著作选集》,荣震华译. 北京:商务印书馆,1984 年版,第 543 页。

具有引导功能。"① 所以,道德教育对人道德理想的塑造,本质上也是对人精神幸福的引领,精神幸福是人幸福生活的灵魂。幸福生活是人的天性追求,它"不是来自神,而是通过德性或某种学习或训练而获得的"②。幸福生活需要道德教育,道德教育是幸福生活的源泉,幸福生活是道德教育的人性使然。

三、生活世界的教育禀赋

生活世界是以现实人的劳动实践活动为基础,通过主体与自然界、社会以及主体自身的关系和交往实践活动,构建起物质生活和精神生活相统一且可以促进每个人生成理想人格,以求幸福生活实现和个体自由全面发展的场域。在这个场域中现实的人是主体,何为现实的人?即为生活着的人,要生活的人。他们有对"如何做人和如何生活"的根本追问,即个体自我理想人格完善和幸福生活追求的美好愿景。为了达到这个目标,人在生活世界之中寻求着同他人、自然和社会的共在,使生活世界充满意义和价值。"人在生活中会对世界万物、对人的生活或思、或想、或看、或理解、或欣赏、或照料、或享受、或创造,在如此这般的生活过程中,人会积极主动地发挥和创造出生活中的真善美,并使之成为自己生命的一部分,进而成为自己进一步生活扩展的基础。"③ 所以从这个意义上来说,人的生活世界本身就蕴含着教育价值,尤其是对于道德教育的价值,它普遍地存在于生活世界的每个角落。因为教育本身就意味着传递,

---

① 冯建军:《道德教育:引导幸福生活的建构》,载《高等教育研究》,2011年第5期,第17页。

② [古希腊]亚里士多德:《尼各马可伦理学》,廖申白译,北京:商务印书馆2003年版,第25页。

③ 和学新:《现实生活与学生主体性的建构》,载《现代教育丛论》,2001年第2期,第6页。

意味着对人生美好的事物、理念和技能的传递。

  道德教育所传递的是人类长期以来形成的某种道德价值原则及其精神基础，它蕴含着人类精神世界的美好追求，是人类道德理想对道德现实的超越，以求自我理想人格的完善和幸福生活的追求。自我理想人格的完善和幸福生活的追求并不是不可能，它是基于道德现实的充分把握，才成为了人们接受道德教育的追求。生活世界本身并不是抽象不可见的，它千姿百态，并蕴含着世间的万事万物，是道德教育的资料来源。生活于其中的人，都追求生活的意义，人不可能忍受无意义的生活存在。生活的意义发生并展现于人的生活世界之中，生活世界以外无所谓生活意义。

  生活世界充满着人追寻生活的气息，"到处是生活，即到处是教育；整个的社会是生活的场所，亦即教育之场所"①。人的生活历程同时也是人对道德理想的塑造过程，人在生活世界中对自我理想人格的完善和幸福生活追求的行为方式成为了道德教育最具人性、最具生活气息的教育方法。人生来就对"如何做人和如何生活"的基本问题探讨成为了道德教育与生活世界发展的共同目标所在。生活世界生成人，同时也教育人，塑造人之为人的道德理想，它充满着道德教育的价值。人存在于生活世界中谋求生活的过程，实际上也是接受道德教育和获得道德理想的过程。这是生活世界存在和发展的理由，是生活世界的教育禀赋。

---

① 胡晓风等：《陶行知教育文集》，成都：四川教育出版社2005年版，第464页。

第三节 生活世界对道德教育的现实需求

"教育是极其严肃的伟大事业,通过培养不断地将新的一代人带入人类优秀文化精神之中,让他们在完整的精神中生活、工作和交往。……教育,不能没有虔敬之心,否则最多只是一种劝学的态度,对终极价值和绝对真理的虔敬是一切教育的本质,缺少对'绝对'的热情,人就不能生存,或者人就活得不像一个人,一切就变得没有意义。"[①] 生活世界不仅仅包含着人的物质生活和精神生活,它还蕴含着对人生存境遇的自觉和对幸福生活的美好期许。道德教育回归生活世界,不是简单地在生活世界中开展教育实践活动,而是一种新的思维方式再创,每一次的回归都蕴藏着新的教育思维革新,这是道德教育的现实要求。而且回归生活世界的道德教育可以更注重人的动态生成,讲究人们生成道德理想的过程性和阶段性,让道德教育过程更具合理性、规律性和科学性。道德教育回归生活世界会更突出人性的自由和解放,让人们可以自由自觉地享受类生命活动,并进而使得道德教育成为自我获得诗意生活的特殊生活方式,获得精神的自由感和满足感。

一、提供一种新的思维方式

道德教育从根本上说是研究"如何做人和如何生活"的活动,是人们学会"如何做人和如何生活"的基础教育形式。人的理想人格塑造是道德教育的重要目标,是对如何做人的完成。而人是一个复杂的多面体,既有自然属性,又有社会属性。在生活世界中,人

---

① [德] 雅斯贝尔斯:《什么是教育》,邹进译,北京:生活·读书·新知三联书店 1991 年版,第 44 页。

们的道德理想状态与一定社会的期望总有一定的差距。这就形成了一定社会的道德理想需求和人们实际的道德理想状态之间的矛盾。这个矛盾的解决最基础的工作就需要把握人的道德理想生成和发展规律，并依此进行合理的教育，这是道德教育顺利进行的关键。如何去把握呢？在人类漫长的道德教育回归生活世界的路途中可以发现，人类通过不断地实践改变着生活世界，沉淀着人类道德理想文化，也超越着有限的自我。当然也会产生冲突，尤其是思维和现实世界的冲突，但"当思维与现实发生冲突的时候，出毛病的总是思维这一方"[①]。长期以来，在道德教育的历史发展过程中，存在着普遍运用概念思维方式来推动道德教育发展的现象。从历史的角度来看，概念思维的确对人类道德教育的发展起到了非常积极的作用。但人的生活是一个生生不息、不断涌动的过程。在人的生活世界中，更没有任何事物是一成不变、始终如一的存在。

道德教育回归生活世界让我们看到了一种新的思维方式，即实践思维。实践思维"就是以实践的观点回答思维和存在的关系问题，坚持实践是检验真理的唯一标准，坚持理论与实践的具体的历史的统一"[②]。道德教育回归生活世界是要求走出传统思维定式，将道德教育纳入到实践的轨道中，以增强教育的针对性、实效性和创造性。实践思维要求首先从主体角度开展道德教育，从过去更多关注社会需求转到对人本身的关注上。只有将生活世界中主体人的实践积极性激发起来，关注和承认他们的主体性存在，其主体性思维才有可能增强，这是一个必然的过程。其次是要从关系角度开展道德教育，将人在生活世界中的生命存在和主体性存在的本质落实到教育过程

---

① 李德顺：《21世纪人类思维方式的变革趋势》，载《社会科学辑刊》，2003年第1期，第4页。

② 中国社会科学院文献中心：《新世纪 党政干部理论学习文集 从严治党卷（上）》，北京：红旗出版社2004年版，第26页。

中人与人、人与自然、人与社会的关系交往之中。这样在教育过程中就不会存在地位不平等、受教无话语的情况，它是主客体关系的运动过程，是一种和谐的教育状态。最后就是要求从整体性角度开展道德教育，因为人的发展总是趋向于一个完整的人，一个自由全面发展的人。他不可能以一种孤立的状态存在于多彩的生活世界之中，道德教育需要充分尊重和理解人的需要，重视人的自由全面发展需求，在实践中创造理想自我。实践是人们理想人格完善和幸福生活追求的根本路径，这是一种生存实践论的思维方式。它有助于在道德教育中获得更深刻的意义感受，是新时期道德教育发展的思维趋势。

二、注重人的动态性生成过程

"人是一个没有完成而且不可能完成的东西，他永远向未来敞开大门。"① 自然界赋予人的生命本质，人通过不断创造和生成的过程构建了生活世界。"生活世界不是一个一成不变的世界，而是一个不断发展、不断生成的世界。"② 人在生活世界中获得了区别于动物的特质，不断创造自我独立性、丰富性和超越性。道德教育作为塑造人道德理想的活动，它以塑造人的道德理想为根本任务。它关注人的道德现实，又在现实基础上给人以超越力量，引领人的道德理想。道德教育注重人的思想、灵魂和心灵的关怀，唤醒人的本质力量和超越活力。道德教育回归生活世界是以一种生成的眼光审视人和人的道德理想，将生活世界中的人视为教育过程中的主体。道德教育关照的是人的整个生命过程，将道德理想纳入到人的生命成长之中，促进人的理想人格完善和幸福生活追求。

---

① 徐崇温：《存在主义哲学》，北京：中国社会科学出版社1986年版，第233页。
② 龙双喜：《回归生活世界：思想政治教育思维方式的置换》，载《企业家天地（理论版）》，2008年第10期，第170页。

道德理想对于人来说是自身获得灵魂寄托和心灵完善的重要载体。但生活世界中人的道德理想完成不是一蹴而就的，需要经过对道德本身的认知敬仰、选择感验、超越创造、自觉践履的活动过程。道德理想首先是人对道德理想内容的认知，并由道德理想认识产生道德理想敬仰。没有对道德本身的敬仰，就不可能生成道德理想。认知敬仰是人生成道德理想的第一步，是一个由感性认知上升为理性认知的由浅入深、由模糊到明晰的过程。第二步是选择感验，是人们在生活世界中获取道德理想资源，并从中获得切身认同并有效选择的稳定心理状态。在选择感验的过程中人们可以对道德现实进行超越创造，冲破原本的带有狭隘的阶级偏私性，以人格超越显示人性的神圣和尊严，完善自我理想人格，实现道德理想超越创造的第三部完成。道德理想的最后一步是自觉践履，它是人们道德境界的现实性完成，是对道德理想的自我觉解后的自主道德行为在生活世界之中展现。自觉践履道德信条是道德教育实效性的体现，是人们道德理想能力的最终获得。道德教育回归生活世界就是要求在教育过程中掌握人的主体性，把握人们道德理想的生成性，将人的道德理想最终自觉地践履在生活行为之中，否则就背离了人和生活世界的生成性要求，是不合理的。

三、建构一种特殊的生活形式

生活是人区别于动物生存性存在的本质活动，"是人们的自然属性，为了生存和发展而进行的活动"①。生活对于人来说，是满足自身生存和发展的手段，是满足自我需要和发展的重要方式。它有

---

① 林夕宝、王传明：《大学生就业指导》，北京：北京理工大学出版社2006年版，第79页。

"以个体的衣食住行、婚丧嫁娶、饮食男女为主要内涵的"①日常生活和以"政治、经济、技术操作、经营管理、公共事务等"②及"科学、艺术、哲学等非日常的自觉的精神生产和人类知识领域"③为内容的非日常生活。道德教育属于非日常生活，是一种人们在生活世界中有组织、有计划、有目的的非日常生活形式。而且它有别于一般的非日常生活形式，是一种特殊的生活形式，它具有价值导向的作用，在每个阶段和细节上都是经过精细安排和设计。它超越日常生活的常态，将意识形态和非意识形态相互统一在教育过程中。意识形态因素为道德教育主导内容，非意识形态因素为辅助内容，二者有机统一，反映着生活世界并超越生活世界，将人的超越本性体现在道德理想的生成之中，深埋在人的道德理想实现之中。

此外，道德教育作为一种特殊的生活形式，也反映着人们对于科学化、审美化、艺术化的生活追求。道德教育不是靠主观臆断的方式开展教育活动的，它受科学规律支配，是按照科学规律运行的生活。任何事物的发展运行只要顺应科学规律的发展，就会走向繁荣，走向美好。对美好的期许实际上是人对美感需求的一种满足，是一种创造力的满足和愉悦，是人对自身创造力的认可而产生的一种精神上的慰藉。人的生活世界多彩且复杂，而且随着社会的发展会越来越多元化，复杂的程度也会越来越高。而且道德教育作为一种人类活动，其本身也会越来越复杂，人们对它的要求也会越来越高。人们希望通过道德教育可以获得心灵的安

---

① 衣俊卿：《回归生活世界的文化哲学》，哈尔滨：黑龙江人民出版社2000年版，第306页。

② 衣俊卿：《回归生活世界的文化哲学》，哈尔滨：黑龙江人民出版社2000年版，第306—307页。

③ 衣俊卿：《回归生活世界的文化哲学》，哈尔滨：黑龙江人民出版社2000年版，第306—307页。

慰和灵魂的寄托,因为在道德教育过程中人们可以认识自我、反思自我并创造自我。人生不断创造自我的过程就是不断追求理想人格和幸福生活的过程,这正是道德教育所能给予人们的预期世界。"人的存在方式是有意义地'生活'而不是生物学的'活着',人的存在场域远远溢出在身体之外"[①],在不断追求自我理想人格完善和幸福生活追求的过程中,寻求生活的美感,积极融入到道德教育过程之中。这是人们对更加充实、更加有意义的生活期许,有着追求艺术化生活的自由表达,促进人的自由自觉的类生活实现,享受诗意的生活,成就理想人格。

---

① 罗豪才、董云虎:《中国人权年鉴(2006—2010)》,长沙:湖南大学出版社2012年版,第1186页。

第四章 道德教育何以回归生活世界

生活世界是人道德理想的基石，将其引入道德教育领域，既是生活世界的变化使然，也是对道德教育反思的必然。道德教育是一项关乎人精神发展的活动，它端正人的道德动机，引领人的人格超越。它需要抽象的反思、情感的体验和心灵的沟通，更需要以更科学的方式表现整个教育过程。生活世界及其中的人恰恰是道德教育中容易被忽视的重要内容，回归生活世界为道德教育提供了一种新的思维方式和改革路径。人接受道德教育的过程就是人对生活世界本身的意义感悟过程，道德教育回归生活世界是人发展的呼唤。生活世界赋予道德教育创设美好人生和实践自我超越的价值追求。回归生活世界是其归宿性的回归，是道德教育的本质要求。

第一节 本体论层面：坚定人本立场

生活世界是属人的世界，它是由现实的人通过多种丰富多彩的活动而创造出来的世界。人在这个世界中展现着自我鲜活的生命力和美好的人生期许。由此，生活世界包含着异常丰富人的气息，没有了人的存在和发展也就无所谓生活世界，更无所谓道德理想的追求。道德教育回归生活世界从根本上为道德教育强调了以人为本的重要性。"本"即根本，它与"末"相对，它是强调人在社会活动中的主体地位。当然世界的真正本源是物质，然后它只是世界统一性的基础，人才是主导者。所以，"本"有三重含义：第一，人为世界之本，是本体论意义上创造世界的力量源泉；第二，人为人之本，人的本质不是存在于人之外，而是内化于人自身之中；第三，人为价值之本。① 道德教育回归生活世界的以人为本首先就体现为受教育者的主体地位和教育者的主导作用，它需要尊重受教育者在接受教育中的主体性存在，探寻教育主体的主体间性存在，提升教育主体的意义性存在，紧密地贴近和联系生活世界，以道德理想引领人的生活世界。

一、尊重受教育者的主体性存在

生活世界的主体是人，人是自由的人，也是渴望发展的人。只有人的主体性得到充分的尊重，人对生活世界才会有归属感，在生活世界中的价值性才能得到提升。回归生活世界，首先是对人的回归，人才是道德教育的主体。而在道德教育中有教育者和受教育者两种身份的存在，他们同样占据着主体地位。但长期以来在道德教育中教育者是主动者，受教育者是受动者，他们之间的地位是不平等的。道德理想本身是一种精神教化，是意识形态的塑造，它存有阶级性，但相对于其本身而言，人与人之间是平等的，并不存在差异性。教育者只是其信息资源的先得者，他在教育过程中应该是发挥主导作用的引领者和示范者。受教育者是道德教育中的受教者，是接受道德教育的主体性存在。任何一个教育过程，都是需要教育者的主导性和受教育者的主体性的共同推动，才能真正实现教育目标。他们共为道德教育的主体，"任何理性教育，形象的感染，都是

---

① 张奎良：《从民到人的历史切换——深刻理解"以人为本"的新视角》，载《求是学刊》，2006年第1期，第25页。

外部的客体，都只有通过主体的心理过程才能起到这样或那样的作用。如果没有主体内心的心理过程的发生，任何教育都等于零"①。

传统道德教育中教育者的主导性充分发挥，但受教育者的主体性并没有得到合理尊重和有效张扬。"主体性作为活动主体内在质的规定性是有层次性的，它包括主体由发展需要所期望、激发的目的性和对活动进行控制、调节的自主性以及追求更高价值目标的创造性。"② 受教育者在道德教育中其主体性不仅仅体现在地位上，更体现在其自身的能动性、创造性和自主性上。能动性是其自觉主动地认识和感知道德价值原则及其精神基础。创造性是其对道德教育内容本质和规律的把握基础上，加以改造和创新，升华为自身精神灵魂的能力表现。自主性是对道德教育有自身的调节、控制和完善能力，不盲目、不被动，能发现自我信仰缺陷和激发自我信仰潜能，完善自我。能动性、创造性和自主性是受教育者在道德教育中主体性发展的重要元素，更是道德教育顺利进行的关键因素和根本环节，需要得到充分的尊重和激发，变被动强制为主动自我教育，充分张扬受教育者的人格个性。

二、探寻教育主体的主体间性存在

随着社会主义市场经济的繁荣发展，人们逐渐摆脱了对狭隘群体的依赖，人与人之间的交往范围越来越大，改造自然世界的能力越来越强，人作为独立的个人主体性得到了更大范围的发展。但人并没有摆脱对物的依赖，现代社会人的独立性有被客体化、物化的异化形态可能，并不是真正意义上的人性独立。"人是彼此分离、对立的，人与人之间不存在任何内在联系，他们只能凭借外在的契约

---

① 王礼湛：《思想政治教育学》，杭州：浙江大学出版社1989年版，第264页。
② 张彦：《论思想理论教育的主体性》，载《思想理论教育导刊》，2002年第1期，第54页。

而生存在一起。人的关系既是如此（或既被如此肯定），道德在一个现代性的社会中必然被驱逐出社会的中心而边缘化，而法律和各种规章制度当然就走向了前台，成为维系人与人关系的主要手段和工具。"[①] 然而人生的价值不是工具理性所能完全赋予的，人的本质是一切社会关系的总和，是一种生成性和意义性的存在。而且这种存在是一个无法被否定的事实性既成，即离不开与他人的共在，离开了他人，自我的生活和生成便无以存在。人需要道德本身获取价值理性的反思，去寻求人生的价值所在。生活世界才是道德的基本形态，它是共生的，是人与人之间的共同性存在。生活世界是由人与人之间的交往构成的，没有人与人之间的交往发展，也就无所谓生活世界，也就无所谓社会的产生，也就无所谓道德。道德需要人与人之间的交往，才能获取其真谛。

当前道德教育的主体面临着被异化的困境，教育者与受教育者之间的关系未能得到有效的协调，主体危机问题严重。而实际上，教育者和受教育者都是共同存在于生活世界的平等交往个体，都应该保持个体化基础上的社会化和社会化基础上的个体化。道德教育回归生活世界，有助于主体间以一种自由平等的方式，形成动态的、富有活力的"思想场域"，让生活世界中人与人之间的关系交往在道德教育中得到充分的运用，摆脱不必要的、非合理的教育。这样就可以将道德教育与生活世界紧密结合，引导人们正确处理与他人、与自然、与社会的价值取向，探寻生活世界中道德理想的教育规律，以主体间性提升人们的道德个性。

---

① 鲁洁：《关系中的人：当代道德教育的一种人学探寻》，载《教育研究》，2002年第1期，第5页。

三、提升教育主体的意义性存在

意义是人得以存在于生活世界的价值依托，是每个人心灵的庇护所和精神家园。它有着人们对生活世界现实不完美的超越，是浩瀚人生海洋中的灯塔。道德理想就是人对现实不完美的理想性超越，给人以终极价值关怀。人如果仅仅从生活世界的物质性基础去生活，必然会走向世俗化。人的生活世界更需要精神性的升华，它是人对生命和世界意义的追寻，体现了人类文化生活的本质。道德教育是人探索生活世界、认识生活世界，并寻求人生终极意义和获取精神性归属的积极手段。道德理想是人类生活世界的重要构成部分，没有道德理想，人的生活就无法进行。生活世界是事实与意义公共连接的世界，人的意义无法离开生活世界，生活世界与道德理想相伴而生。道德教育中，主体的意义获取只有在生活世界中进行才有可能。这里的主体由教育者和受教育者共同组成，他们在道德教育上的意义性存在有共同之处，也有不同之处。共同之处在于他们共为人的类属性美好追求。"生产生活就是类生活，这是产生生命的生活。一个种的整体特性、种的类特性就在于生命活动的性质，而自由的有意识的活动恰恰就是人的类特性。"[①] 无论教育者，还是受教育者，他们都是自由的、有意识的人。而且他们作为人，"人的独特之处就在于，他具有善与恶、公正与不公正以及诸如此类的感觉"[②]。

道德教育是人的类生活，是人自觉为人的生活方式。为人就是追寻精神的意义，是求得美德的自我生成，这是教育者和受教育者的共同追求。然而，教育者在道德教育中是起主导作用的内容传播者，他有其自身特有的职业要求和社会意义。受教育者作为

---

① 中共中央马克思恩格斯列宁斯大林著作编译局：《马克思1844年经济学哲学手稿》，北京：人民出版社2000年版，第57页。

② [德]黑格尔：《法哲学原理》，范扬译，北京：商务印书馆1982年版，第4页。

接受道德教育的获得者,学习道德教育的内容只是其中的一部分,更多的是在教育者的引导下从中获得人性的认识和脱离物质主义的自我超越。道德教育回归生活世界实质是要人回归生活世界。人作为生活世界的主体,其自身有着物质性、历史性、精神性的发展需要。基于这种需要,回归生活世界可为自我成长发展提供源源不断的生活动力,提升生生不息的生命能力,使人在生活世界中获得心怡的惬意与无限的幸福,并使生命自身得到意义的升华,实现自由全面的发展。

第二节 价值论层面:赋予意义追寻

道德理想是道德教育的主要内容,具有形而上学的性质,是道德自身形而上学的基础。它"不仅是对最高道德价值目标的设定,而且是人类对自身的起源、本性最高追求和生命归宿等问题的反思、承诺和确认"[①]。人们对于道德理想的追求,寄托着自身精神上的最高渴望和关怀。这种关怀是终极的,是针对人本身有限性的无限价值关怀。道德教育就是引导人们正确认识当下生命的实然状态,启发人们实现自由全面发展的应然要求,激励人们积极地实现由实然性存在转化成为应然性存在,以最大限度实现自我价值,完成自我人生使命。所以,道德教育最终所能达到的终极关怀是完全不同于宗教神学的终极关怀,它是伴随人一生进程的关怀指向,强调人的现实存在,而不是去世后的"极乐世界"或"天堂"。它首先强调人的生存关怀,其次是生活关怀,最后才是历史的终极目的即对人生命价值的正确感悟。它是一个不间断的、以人为本的关怀过程。

---

① 魏长岭:《道德信仰与自我超越》,郑州:河南人民出版社2004年版,第46页。

它具有现实性，又具有长远性，是基于生活世界中人的有限生物性生命和无限价值性追求的考量。在生活世界的土壤上，道德教育可以更好地夯实人的生存基础、激活生活意义、体验生命价值，这是生活世界赋予道德教育过程的意义追寻。

一、夯实生存条件

生活世界是属人的世界，人是生活世界的主体。生活世界的形成与繁荣同人的生存发展紧密联系，生存问题伴随着人类的起源和生命始终。当前人们有源于生态恶化、资源枯竭、科技离殇的物质危机，也有道德失范、信仰缺乏、人情冷漠的精神危机。当然，物质条件是现代人们在生活世界中衣食住行的最基本生存条件，可是市场经济繁荣所带来的物欲纵横的社会状态，把人们的物质需求推向了无止境的奢求上。人们的道德理想陷入了躁动、精神虚无、意义失落的状态，人与人之间不再是实践交往的和谐，而是利益、权力与物质的交易，生活中充斥着虚荣玩乐、奢侈享受、富贵攀比的物化追捧。

实际上"一旦人们开始生产自己的生活资料，即迈出由他们的肉体组织所决定的这一步的时候，人本身就开始把自己和动物区别开来"①。动物的存在仅仅是为了维持自身肉体的欲求，而人不仅有肉体的欲求，更有作为人所特有的存在方式，即对"善"的道德伦理追求。"人之所以需要道德，根本上是使人成为人，使类的自由本性得以高扬，使每个人的独立人格得以确立，使自主、自觉、自尊等成为自我肯定的人格属性得以涌现。"② 道德使人成为人，道德理想使人的有限性得以有效认知，在有限的生命中去寻求无限的价值

---

① 官敬才：《马克思经济哲学研究》，北京：人民出版社 2014 年版，第 421 页。
② 鲁洁：《转型时期中国道德教育面临的选择》，载《高等教育研究》，2000 年第 5 期，第 8 页。

意义。生活世界是人的物质世界和精神世界的整合体,"人不仅像在意识中那样理智地复现自己,而且能动地、现实地复现自己,从而在他所创造的世界中直观自身"①。正所谓,"君子爱财,取之有道"。"道"是可以习得的,道德教育回归生活世界就是要传播正确的物质观和生存理念,使人更清晰地认识人的生存不仅仅是无止境的物质追求。人有自身独特的类本质,更需要道德理想作为安身立命的重要条件,缺乏这一条件,就无以成为真正的人,成为逐渐突破个体有限性的人。

二、激活生活意义

"生活的意义是人们基于对自己生活的理解和体验而产生的一种追求。"② 人作为感性和理性合体,既关注于物质生存的需要,也更需要道德精神的支持。道德是人类满足自身生存与生活需要的伟大创造物。长期以来,道德教育中往往强调"善"的实现,它是对道德理想的一种现实要求。"至善既包含着最完满的幸福,又是人们所努力追求的目的。"③ 可是"善"是怎样的要求呢?又怎样实现"善"呢?实际上"快乐是最高的善",但快乐并不意味着放任自流、肆无忌惮。"'我们并不是指放荡者的快乐或肉体享乐的快乐','我们所谓的快乐,是指身体的无痛苦和灵魂的无纷扰。"④ 也就是说,"善"就是快乐,是问心无愧的快乐,是肉体和精神和谐发展的快乐。"善"在人的生活世界中扮演着协调人际关系,促进人际和谐的重要作用。

---

① 艾福成:《马克思主义哲学著作研究》,长春:吉林大学出版社2004年版,第19页。
② 杨魁森:《当代哲学与社会发展》,北京:中国文联出版社2004年版,第129页。
③ 戴景平:《至善:生活意义的最高追求》,载《长白学刊》,2008年第2期,第13页。
④ 侯均生:《西方社会思想史》,天津:南开大学出版社2007年版,第71页。

"善"的最终目的是要落实到生活世界之中,落实到人的幸福中,从而激活生活意义。幸福是人的现实生活和理想目的相一致的一种状态。不同的人有着不同的幸福理解,但人都有共性,对于幸福的理解自然有共同之处。"人生意义的源泉在于人生目的或价值的寻找。而人生目的或价值的寻找的重要性乃是其设计了判断人生质量高低的最根本和最终极的标准。当个体感觉到他找到了人之为人的目的,并且他觉得自己的行为是在践行这一目的时,他就会有一种主观上的践行天命的愉悦,这就是幸福感。"① 幸福感不是抽象的,更不是虚幻的;它是具体的,是与人的生活世界紧密联系的。道德教育激活了人在生活世界中"善"的意义追求,给人的幸福感实现提出了价值根据。人的"善"的程度越高,在生活世界中的幸福感就越强。反之,就渐行渐远,失去自我在生活世界中的价值,更不可能有幸福感的产生。所以,道德教育在生活世界中传播"善",传递快乐,是人在生活世界中幸福感的最现实需要。

三、体验生命活力

道德教育本是对道德教育的圣化和补遗,以便道德本身的价值原则及其精神基础可以更好地体现在人的生命价值之中,成为人生活世界中的行为指南,以统摄一切其他意识形态。然而,当前道德教育遭受科学世界的僭越,工具理性凌驾于道德教育的生命价值之上。对于人们生命的价值理解,往往"从机理上理解生命,从工具的图像来考察器官,把活的生命体看成一架'机器';生命'组织'被视为一批有用的机件"②。生命的塑造没有了本源性的理解,只是

---

① 檀传宝:《教师伦理学专题》,北京:北京师范大学出版社2003年版,第31页。
② [德] 马克斯·舍勒:《价值的颠覆》,罗梯伦等译,北京:生活·读书·新知三联书店出版1997年版,第141页。

机理性的生成。道德教育以期待通过"标准化"的教育产生"标准化"的"道德人"。人被等同于机器，失去了生命活力，道德教育失去了真义，背弃了人性的生活基础。

实际上"生命本身就是一种科学永远难以穷尽其奥秘的神奇的合目的性存在，人的有意识的生命更是自觉自为地表现和体验其生命潜能的自成目的的存在"①。生命是一个体验的过程，它的价值实现需要每个生命个体在现实的生活世界中去自我寻找和发现价值，它是一个让人不断发现自我和感觉生命的过程。离开了体验，人的一生就显得黯淡无光，失去了朝气，缺乏了灵魂。只有在体验中，人才能充分认识到道德理想在生活世界中的重要性和意义感，人在生活世界中的生命活力才会不断地被发现和丰富起来。道德教育回归生活世界是受教育者的人性使然，这是道德教育的使命追求。它追求道德理想对人的生命价值影响，追求生活世界的本源意义和生命超越。

"21世纪最激动人心的突破之所以将发生，不是因为科技的进步，而是因为人性论的发展。"② 人性的体现在于道德，"道德是人类对善的一种向往和追求，正是道德使人的生物性的生命开始超越，使生命由自在走向自为、由有限走向无限，使生命得以徜徉于一个蕴含无穷生机与活力的意义世界当中，从而使得人在这种生生不息的活力中实现着自己的尊严和价值，生活在一个'属人'的世界当中"③。道德教育不在于造就如何完美的"道德人"和"道德信教徒"，而是帮助人们在生活世界中接受生命活力体验的过程，让人自

---

① 张曙光：《生存哲学——走向本真的存在》，昆明：云南人民出版社2001年版，第9页。

② [美]约翰·奈斯比特：《2000大趋势》，尹萍译，北京：中共中央党校出版社1990年版，第7页。

③ 赵联：《生命体验：道德教育的返璞归真》，载《教育学术月刊》，2009年第3期，第46页。

主地去成人，成为自身精神灵魂的守护者和生命价值的享有者，摆脱物欲的生命支配，回归到生活世界的返璞归真。

第三节　方法论层面：依据实践基础

生活世界的基础在实践，生活世界的发展依赖于实践。实践是人有意识、有目的、有计划的活动，使"人可以按照任何物种的尺度作用于物，从而把物作为类，并通过对类本性的认识再造物"①。实践"是人的自我发展和自我完善的创造性活动，是自然向人生成和人向自然生成的双向运动"②。通过实践，人得以成为人，不同时期产生了不同的道德理想，并形成了自己独有的伦理社会。道德教育似一根永不断裂的纽带，传播着时代的道德价值原则及其精神基础，维系着生活世界中人与人、人与自然、人与社会的伦理关系。实践不仅建构了生活世界，也催生了道德教育，它是道德教育之源。缺乏实践的道德教育不是真正的教育实现，实践是道德教育的出发点和归宿。实践为道德教育提供了一种方法论的指导，强调道德教育要从实践出发，从实践中获取教育经验和动力源泉，并最终服务于生活世界，经得住生活世界的检验。道德教育回归生活世界，是实践的路径使然。它依赖于实践、发展于实践。

---

①　邵汉明、祖国华等：《马克思主义中国化新探》（上），长春：长春出版社2013年版，第340页。

②　刘建新：《马克思现实生活世界理论的实践根基》，载《理论月刊》，2007年第9期，第28页。

一、从实践中吸纳生活经验

"经验"从一般意义上来看,是相对于理性分析而言的,充满着非理性的玄思。它常常被认为是变动不居的、是不可靠的。相对于形而上的具体事物而言它是形而下的、个体的实践。然而长期以来,"生活在经验世界中又以经验应对经验世界,这是人类生存与不断走向文明进步的基本方式"①。而且人们形成了物质性生活经验和以道德理想为主体的精神性生活经验,这些生活经验都是人们在长期的生产生活实践中,在各种利益关系中逐渐形成的认识。"经验,经历与体验之谓,基础是'社会存在',是因循'社会存在决定社会意识'规律之所得,而非康德批判哲学所言的'先验'(transzendenta)所决定。"②生活经验不是经验主义,它是具体的、动态的、实践的,生活世界中凝聚了人类文明和具体的实践经验,是人们生活意识的凝聚,道德教育可以从中吸纳丰富的生活经验。

我国已经形成了"在无产阶级自发形成的朴素的道德基础上,以马克思主义的世界观为指导,由无产阶级自觉培养起来的道德"③,即社会主义道德。它是"以为人民服务为核心,以集体主义为原则,代表无产阶级和广大劳动人民根本利益和长远利益的先进道德体系"④,对我国社会主义经济社会发展起到了重大的推动作用,是我国社会主义伟大事业发展的重大成果。这一成果的取得不是一蹴而就的,是自中国共产党创立以来,领导中国人民进行了艰苦卓绝的社会主义革命和建设而实现的。毛泽东在其《为人民服务》一文中

---

① 钱光荣:《道德经验刍议》,载《伦理学研究》,2008年第2期,第59页。
② 钱光荣:《道德经验刍议》,载《伦理学研究》,2008年第2期,第59页。
③ 胡光伟、刘景山:《党风廉政建设》,北京:人民日报出版社2007年版,第490页。
④ 胡光伟、刘景山:《党风廉政建设》,北京:人民日报出版社2007年版,第490页。

指出:"我们的共产党和共产党所领导的八路军、新四军,是革命的队伍。我们这个队伍完全是为着解放人民的,是彻底地为人民的利益工作的。"① 中国共产党始终"紧紧地和中国人民站在一起,全心全意为中国人民服务"②,为"解决群众的一切问题"③ 而努力奋斗。这种对人民群众高度负责的精神,被中国共产党贯彻到了社会主义革命和建设之中,成为了其成立和发展的唯一宗旨,奠定了社会主义道德的内核所在。而在社会主义制度确立以后为集体主义道德原则的实现提供了条件,其中涌现出雷锋、王进喜、焦裕禄等先进代表,为处理社会主义建设中社会或国家、集体、个人三者之间的利益关系树立了榜样。而且经过长期的积累,通过对传统文化的传承和革命精神的弘扬,以爱祖国、爱人民、爱劳动、爱科学、爱社会主义为内容的"五爱"也成为了社会主义道德的基本要求,有效弘扬了民族精神和时代精神。中国共产党领导广大人民群众经过长期的社会主义革命和建设实践为社会主义道德的形成积累了宝贵生活经验,是当前我国道德教育的生活经验所在。我国的道德教育就是社会主义道德教育,它不能脱离长期的社会主义革命和建设实践。这是历史的、科学的,是由我国社会社会主义经济基础和生产方式所决定的,是适应我国社会主义伟大事业发展的伦理要求。

二、从实践中获取动力支撑

动力是事物得以发展的根本原因所在,没有动力,任何事物都无法正常发展。道德教育作为一项培养人道德理想的活动,它是一个长期的动态发展过程。它会随着人类生活世界的不断变化,产生新的教育内容和教育需要。它长期处于人们道德现实与一定社会或

---

① 《毛泽东选集》第3卷,北京:人民出版社1991年版,第1004页。
② 《毛泽东选集》第3卷,北京:人民出版社1991年版,第1039页。
③ 《毛泽东选集》第1卷,北京:人民出版社1991年版,第138页。

阶级对人们道德理想要求之间的矛盾发展过程。这种矛盾就是道德教育不断推进的动力所在，把握了道德教育的矛盾就掌握了道德教育的动力，就可以获得促进人们生成道德理想，实现理想自我完善和幸福生活追求的突破口。矛盾是推动事物发展的动力所在，"动力产生于活动、实践之中，统一于活动、实践之中，并实现于活动、实践之中"①。

矛盾是事物的发展动力，随着我国社会主义事业的不断推进，社会主义市场经济制度在21世纪以来得到了更好地完善和发展。社会主义市场经济的建立，就意味着当前我国社会已经由"人的依赖关系"转向了"以物的依赖性为基础的人的独立性"社会形态。这个时期个人利益和权利会受到人们更大范围的关注，可由于多方面的影响，个人的正当利益和权利往往不能被足够重视，人们的道德信心受到重创。于是教育者们尝试用传统的道德教育来教化民众，而"我们实际上倡导的是革命型或政治型而非生活型的道德，把最高层次的最高境界的善，从而也只有少数人能够践行的道德作为大多数人普遍性的要求；把最终要实现的道德理想当做过程中应当实现的目标。最终导致道德理想性有余而现实性不足，先进性有余而广泛性不足"②。当前的道德教育已经无法满足人们在生活世界中的多重要求，传统道德教育开始失真和贬值，甚至还造就了人的双重人格，产生了消极的社会影响。当前我国道德教育正处于传统道德教育同适应社会主义市场经济的新时期道德教育之间的矛盾运动之中。这个矛盾推动着新时期道德教育的新发展。而大量的历史事实证明，对于这个矛盾的化解仍然需要依赖于人在生活世界中的道德建设。当前我国社会所出现的道德危机现象，实际上是"由权利与

---

① 林崇德：《品德发展心理学》，上海：上海教育出版社1989年版，第108页。
② 黄明理：《社会主义道德信仰研究》，北京：人民出版社2006年版，第249页。

义务相统一的生活型道德代替单一的义务性的政治革命道德过程中"① 而产生的。传统的道德需要向生活型道德转变，走出一条与当前社会主义市场经济发展相适应，与中华优秀传统文化相承接，与社会主义法律法规相协调的社会主义道德建设之路，让适应新时期的社会主义道德推动着我国当前道德教育的矛盾演变，实现社会主义道德教育的新发展。

三、从实践中寻找评价标准

道德教育的评价标准是衡量整个道德教育过程和价值的客观尺度，是道德教育合理实现的关键，关系到道德教育的成败。长期以来，"人们自觉地或不自觉地，归根到底总是从他们阶级地位所依据的实际关系中——从他们进行生产和交换的经济关系中，吸取自己的道德观念"②。人们对于道德理想的追求因各自的阶级地位、能力水平、利益诉求等方面具有较大差异，所以也会有很大区别。在阶级社会中，每个阶级、每个集团、每个群体都有各自的道德要求和道德理想追求。凡是从属于自身所属利益集团和符合自身利益要求的，它们就是合理的，反之就是不合理的，是不道德的。于是人们为了各自的利益和社会生存开展不同的道德教育工作，旨在推进自身的利益最大化。而此时会出现不同的道德教育活动之间的相互摩擦和价值冲突，甚至会产生对立及危害。这时就需要一个合理的评价标准对不同阶级、不同集团、不同群体的道德教育进行客观的价值衡量。道德教育作为塑造人道德理想的实践活动，它必然会随着人的生活世界变化而变化。这个评价标准不能是先验的，更不可能是永恒的，否则就会陷入评价标准的绝对独立性和纯粹化之中。这

---

① 黄明理：《社会主义道德信仰研究》，北京：人民出版社2006年版，第248页。
② 朱传榮：《〈反杜林论〉哲学编学习纲要》，武汉：武汉大学出版社1995年版，第81页。

个评价标准必然是不同的道德教育实践和道德教育的整体性发展相互作用的产物。它不是形式的，更不是中立的。它反映着人们共同的道德理想追求，是现实人们共同道德实践的产物和结果。

不断创新和发展社会主义道德教育是适应当前社会主义市场经济发展要求的道德教育要求，它反映着当前人们的共同利益诉求和价值方向。而作为一项精神实践活动，它所传播的道德价值原则及其精神基础还要具体地体现在道德实践之中。实践才是道德教育的最高评价标准。只有依赖于实践，道德教育的理论价值才能得以体现，脱离了实践，再好的教育形式都会成为"空中楼阁"，失去其应有的价值。"实践作为人的一种存在方式，是主体按照自己的内在尺度把自己的本质力量作用于客体，从而使主体和客体之间进行物质、能量、信息的变换这样一种社会历史活动过程。"[①] 进行社会主义道德教育首先需要通过对人们道德观念的合理化影响进而改善其从阶级的、利益的、群体的个别性道德实践。正如恩格斯所说"当我们按照我们所感知的事物的特性来利用这些事物的时候，我们的感性知觉是否正确便受到准确无误的检验"[②]。社会主义道德教育是一项富有社会主义特色的精神实践活动。人在这个实践活动过程中，自身的自主性、能动性和创造性需要得到应有的重视和挖掘，从而产生对社会主义道德的价值原则及其精神基础的笃信，丰富着自我灵魂，产生道德实践，并将之展示在生活世界中的道德行为之中。同时，人的本质体现在社会性上。人的道德实践必须要冲破从阶级的、利益的、群体的个别性的束缚，才能体现出作为社会人的社会性和共在性进步，让最后的道德行为能落实到推动社会主义市场经济繁荣上，维护中国特色社会主义制度发展上。也就是说，道德实践作

---

① 贾英健：《价值论视域中的"实践标准"》，载《理论学刊》，2008年第4期，第12页。

② 《马克思恩格斯选集》第4卷，北京：人民出版社1995年版，第702页。

为道德评价的标准，它不是单一的、抽象的、简单化的尺度。它具有丰富的内在性，有物化的外在尺度，也有主体的个性尺度。社会主义道德教育需要满足个体人的道德发展需要，也需要满足社会主义社会的发展需要，这是任何一种道德实践都必然存在的个体性和社会性的必然要求。只有有效地将道德实践落实到个体和社会发展上，才能有效处理好个体与社会的价值关系，真正地为社会主义道德教育创造出更多的空间，为人的理想人格完善和幸福生活追求提供行为支持。

综上所述，道德教育回归生活世界是当前社会转型和教育发展的必然结果，实现道德教育回归生活世界，就确定了道德教育的实践基础。"生活世界不是一个单向度的世界，而是一个多向度的世界；不是由抽象符合所建构的封闭世界，而是一种基于人的真实生存状态的开放的、主体间的共同拥有的生动鲜活的意义世界。"[①] 生活世界为道德教育提供了本体论、价值论和方法论的指导，道德教育回归生活世界是可能的，它需要人本立场的本体关照、意义世界的引领和以实践为依据的方法论指导。道德教育回归生活世界就是要坚持以人为本，采用实践教学的办法，去探寻道德教育的内容源泉、动力支撑和评价标准，给受教育者更好的道德体验。人通过体验可以更好地在充满意义的生活世界中，在精神陶冶的环境中，寻求人与人、人与自然、人与社会的和谐发展，超越自身的狭隘和片面性发展，追求道德人格上的自我超越，以实现自我生命的价值追寻。

---

① 刘淑娜：《论道德教育的生命理念》，东北师范大学博士学位论文2007年，第109页。

第五章　道德教育如何回归生活世界

　　道德教育该如何回归生活世界？又该回归怎样的生活世界？这是长期以来针对道德教育与生活世界的难题。生活世界并不是一个抽象的世界，而是一个具体的现实世界，是道德教育的产生之源和意义之所在。道德教育回归生活世界首先要明确道德教育回归生活世界的实质就是为人的。离开"人"这个前提，空谈道德教育回归生活世界没有意义。道德教育与生活世界都是为人的，且为人的生活。完善理想人格和追求幸福生活是人在生活世界中生存和发展的重要方向，也是道德教育的目标指向。无论是理想人格，还是幸福生活，对人来说，都是可能的。没有这种可能，道德教育就失去了存在的意义；没有这种可能，生活世界对人来说就没有了价值。人作为道德教育与生活世界的同构体，一直在追求着"可能自我和可能生活"的实现。道德教育回归生活世界就是要在生活世界中给人以实现这种可能的希望。所以，道德教育需要回归可能生活世界，可能生活世界寄托着人对"可能自我和可能生活"的美好期许。这是人得以获得生活真谛，实现生存意义，创设生命价值的理想路径。

第一节　回归怎样的生活世界

目前学界围绕着道德教育回归生活世界已经提出了很多的建设性意见，但也始终未形成统一的系统结论。这主要是因为学者们对生活世界本身的理解存在着差异，因而提出的回归路径也必然不一样，甚至其中有些是缺乏理性思考的感性发挥，只是为了流行的话语表达而已。通过探索，笔者发现生活世界实际上是人一切活动的场域，它是以实践为基础实现着文化传统、社会秩序和个性自由均衡发展的场域。所以，回归生活世界实质上是对人的回归，是对人实现"可能自我和可能生活"的肯定。道德教育需要回归可能生活世界，这是人得以实现"可能自我和可能生活"的能及场域。它是合目的性的一种生活领域，是对当前道德教育内部焦虑和躁动不安的有效回应。

一、回归生活世界的实质

生活世界与道德教育具有同构性，它们都是人为的，也是为人的。它们的存在和发展都是为了人的理想人格完善和幸福生活追求。现实的人成为生活世界的主体，成为道德教育的逻辑起点。道德教育全过程贯穿着人的活动，离不开人的现实活动。人是道德教育的立足点、出发点和最终的归宿。我国道德教育目前出现了疏离生活世界的情况，导致了现实的人成为了抽象的人、分裂的人，人从自在状态中无法自拔。而道德教育回归生活世界实质上是使人从抽象的人走向生成的人、从分裂的人走向完整的人、从自在的人走向自为的人。从而对道德教育产生理念上的革新，为个人的理想人格完善和幸福生活追求找回应然的土壤。

(一) 从抽象的人走向具体的人

人是生活世界中的人，一种世界观即代表着一种行为方式和思维方式。西方的科学世界意味着科学主义、技术主义、工具主义的世界观，对待事物的认知往往采取抽象的行为方式，使原本具体的内容变得符号化和概念化。"抽象是科学认识的起点，它从生动具体的完整表象中分析出最简单的概念和规定，舍弃其他偶然因素和非本质关系。"① 当前我国道德教育也存在着以定量实证的抽象方式把某种道德的价值原则及其精神基础知性化、符号化，以求人的道德理想塑造可以通过抽象的表达来完成。殊不知它只把握了道德理想所蕴含的表面，却忽视活生生的、全面的人，且将受教育者的个性弃之一旁。现代的人被工具理性所束缚，成为了抽象教育的牺牲品，同时也塑造成了抽象的人。抽象的人是缺乏个性的，个性体现在人对自由全面发展的期许上，这是人之为人的重要表征。

人是活生生全面的人，"是处在各种环境中的人，是担负着各种社会责任的人，简言之，是具体的人"②，是有"作为一种物质的、理智的、有感情的、有性别的、社会的精神的存在的各个方面和各种范围。这些成分都不能也不应当孤立起来，他们之间是相互依靠的"③。人与人之间通过实践相互交往构成了生活世界的真实场域，人在这个真实的场域中成就着真实的具体人。道德教育回归生活世界需要将人从抽象中走出来，走向具体的人，具体的人才能在生活世界中成就理想人格，获得幸福生活，进而成为自由全面发展的人。

---

① 王代月：《抽象具体关系视野中的马克思市民社会理论》，载《现代哲学》，2011年第6期，第29页。
② 王道俊、郭文安：《主体教育论》，北京：人民教育出版社2005年版，第450页。
③ [美] 保尔·郎格郎：《终身教育引论》，周南照、陈树清译，北京：中国对外翻译出版公司1985年版，第88页。

(二) 从分裂的人走向完整的人

进入 21 世纪以来，我国社会主义市场经济制度不断完善，经济社会取得了较好的发展状态。人们对于物质生活的欲望愈加强烈，追求利益最大化成为了某些人在生活世界中存在的根本动力。出现了所谓"宁可坐在宝马车里哭，也不愿坐在自行车上笑"的典型道德理想缺失情况。道德教育在这种环境下遭遇了困境，一方面面临着自利的、理性的、追求利益最大化的经济人，一方面又面临着社会主义道德理想尚未完全确立的道德人发展矛盾。市场经济将原本完整人分裂成为了经济人和道德人，二者对于个人利益和社会利益、物质生活和精神生活、理性追求和感性追求都处于完全分离的状态，人成为了被异化的分裂的人，难以成就自我的自由全面发展。

人本身是具有七情六欲的完整社会人，当人成为分裂的人，也就失去了自己社会人的本质要求。道德教育回归生活世界实际上是把处于生活世界中人的完整性激发出来，将人在生活世界中的完整性化作成为人的完整性塑造之基。完整人的提出是对于"异化劳动"而产生的异化的人这一重大问题而提出的概念。市场经济的繁荣使人的活动不属于自己，而是属于他人，属于劳动，属于机器，属于科学技术。人们"异化于自己，异化于同类，异化于自然；人变成了商品，其生命变成了投资，以便获得在现存市场条件下可能得到的最大利益"[①]。人与人之间的关系异化为利益、物质和权利的关系，异化为人与科技的关系。原本在生活世界中统一的道德人和经济人被劳动异化分裂开来，仅仅成为了维持生存和物质利益的手段。人更多地从经济人的角度去谋求生活存在，忽视了理性的、情感的、自由的道德人存在。人作为经济人和道德人的完整性被异化局面成

---

① [美] 弗洛姆：《爱的艺术》，赵正国译，成都：四川人民出版社 1986 年版，第 96 页。

为了当前生活世界中人的发展非常重要的问题。

经济人与道德人的分裂和异质性是目前生活世界中人的发展现实，但他们不是完全不相关的，他们之间仍然存在着统一的可能。首先，经济人是道德人得以发展和完善的物质基础和现实支撑。"每个人行动的出发点总是他自己，这是历史性的事实。"① "各个人过去和现在始终是从自己出发的。"② 人为了生存需要，追逐个人利益是本性使然，但人在一定社会关系中，也有道德理想的需要。可仅仅依赖道德人，失去经济人的利益追求，人的存在就失去经济性，社会经济发展就失去了动力。其次，道德人是经济人实现利益最大化的伦理保障和价值支撑。市场经济并不是无序经济，它需要各项规章制度和市场道德来维持。缺失道德理想的支撑，就缺乏了合理的价值引导，必然导致市场秩序的混乱，不会有公平竞争的市场氛围，更不要说共同富裕目标的实现。所以，道德教育回归生活世界需要从经济人与道德人的分裂中走向二者统一的完整人。只有完整人实现，才能够更好地推进社会主义市场经济的繁荣。

（三）从自在的人走向自为的人

"人是一个特殊的个体，并且正是他的特殊性使他成为一个个体，成为一个现实的、单个的社会存在物，同样地他也是总体、观念的总体，被思考和被感知的社会的主体自为存在，正如他在现实中既作为社会存在的直观和现实享受而存在，又作为人的生命表现的总体而存在一样。"③ 人的存在是自在和自为的统一，同时也与人的本质、与类、与社会关系紧密。

---

① 王秀华、程瑞山：《为政治立"法"——毛泽东政治伦理思想研究》，北京：人民出版社 2008 年版，第 84 页。
② 《马克思恩格斯选集》第 1 卷，北京：人民出版社 1995 年版，第 135 页。
③ 徐春：《人的发展论》，北京：中国人民公安大学出版社 2007 年版，第 103 页。

自在与自为是人自身存在和发展的两个必经阶段。自在阶段的人容易盲目性地融入，会受必然性的支配和奴役。人在自在阶段主观能动性缺乏，容易走向虚无状态，消极被动地适应生活世界。疏离生活世界的道德教育容易对道德理想产生虚幻设想，不能通过实践能动地认知道德理想和生成道德理想，因此道德理想状态容易走向虚无。自为阶段的人能够主动地认知和探索事物存在和发展的客观规律，从中主动地寻求合理的发展方向。"自为存在是人的本质力量的确证——主体性。"① 道德教育回归生活世界有助于人在受教育中认识到作为自己的主体性存在，让独立的自主性、积极的主动性和开拓的创新性成为人生成道德理想的重要引力。自在和自为两个阶段直接反映着人在生活世界中的道德精神和道德生活的状态，标志着人们在生活世界中道德实践活动的具体实现。"生活要求人不仅要认识外部世界，而且要认识自己。人把自己从周围世界中抽出来，就可以看清楚自己和世界的关系，看清楚自己在感觉什么、想什么和做什么。"② 人在道德教育中需要从自在走向自为，自在是人道德理想存在和发展的低级阶段，自为是人真正产生道德理想的高级状态。只有人的道德理想通过自为实现，人在生活世界中才能不断完善理想人格和追求幸福生活。

二、回归生活世界的定位

"教育的价值就在于把陌生于人的外在世界转换成人的生活世界，建构起人与世界的活泼生动、富于意义的关系，改善人的生活品质、充实生活与人生，把教育与人的生活统一起来，在教育与人

---

① 张海国：《自在与自为：思想政治教育学的重要范畴》，载《襄樊职业技术学院学报》，2009年第4期，第83页。

② 袁贵仁：《人的哲学》，北京：中国工人出版社1988年版，第59页。

的生活的整合中建构人的主体性品质。"① 道德教育回归生活世界，是在人的生活世界中，在人与生活世界的关系中塑造人的道德理想。这成为当前道德教育发展的必然趋势，是引领人生成道德理想的必然选择。可生活世界是一个包罗万象的世界，从不同角度理解，就产生不同生活世界。针对"道德教育应该回归怎样的生活世界"的问题，已经产生了多种观念，有日常生活世界、非日常生活世界、统一的生活世界等。但总体来看，并没有将回归的生活世界阐释清楚，呈现出简单化、形式化、世俗化、实用化等现象。而实际上，对于道德教育回归生活世界的定位问题不应局限在回归怎样的生活世界上。它是一个时代的问题，是教育理念的问题，有必要对其加以批判性地认识，从而更好地、更合理全面地认知道德教育所回归的生活世界问题。

（一）不是日常生活世界

对于道德教育回归生活世界，当前很多学者都倾向于对日常生活世界的回归。何为日常生活世界？简单来说，日常生活世界就是人的现实生活世界，是"以个体的衣食住行、婚丧嫁娶、饮食男女为主要内涵的"② 生活领域。它是"经验意义上的我们每天生活于其中的现实的生活，是一种处于自在状态的世界……具有直观性、自在性、重复性、经验性、朴实性、实用性六大特征"③。

---

① 和学新.《主体性教育研究：2001 年的进展述评》，载《教育科学》，2002 年第 6 期，第 12 页。
② 衣俊卿：《回归生活世界的文化哲学》，哈尔滨：黑龙江人民出版社 2000 年版，第 306 页。
③ 熊川武、江玲：《论教学世界与生活世界的基本差异》，载《湖南师范大学教育科学学报》，2004 年第 5 期，第 20 页。

直观性是指它可以被人们的感官所触及，是"唯一实在的，通过知觉实际地被给予的、被经验到并能经验到的世界"[①]。"自在性体现出生活世界以给定的规则和归类模式自然而然地展开活动。"[②]人在其中是没有自主性的，只有被决定、被安排的必然选择。重复性是说生活其中的人们日复一日、年复一年，无论经历过多少朝代变迁和历史发展，人们都无休止地重复着单一的生活模式，没有任何新意。经验性是说日常生活世界是由人的经验构成的，人类长期在生活世界中繁衍生息，获得了不少生存发展的想法、技能和理念等。日常生活世界就是人们获得经验，传播共识之所。朴实性强调人生活的原生状态，没有过高的精神索求和价值探索，只有最真实的为人面貌和特质。实用性是说日常生活世界的真实性，人在这个世界中求得现实利益和实用价值，没有超越于物质，超越理性的思索。

可见，日常生活世界是与人的生存发展紧密相关的生活领域，它充满了人们各种朴素的诉求，但难道道德教育就需要回归这样的生活世界吗？道德教育是培养人道德理想的活动，它可以激发人的人格超越动力，促进人的理想人格完善和幸福生活的追求。回归日常生活世界往往会走向庸俗的、世俗的、堕落的，甚至是丑恶的人性之善的反面，这不是道德教育的目标所在，更不是人性追求的道德理想所在。而且只针对日常生活世界开展道德教育，势必将人的培养停留在一般的、基本的、无意义的生活琐事上，并不能对人的道德理想起到超越性的引领作用，消解了道德教育的存在意义和发展方向，是不合理的教育场域。

---

① ［德］埃德蒙德·胡塞尔：《欧洲科学危机和超验现象学》，张庆熊译，上海：上海译文出版社2005年版，第64页。
② 熊川武、江玲：《论教学世界与生活世界的基本差异》，载《湖南师范大学教育科学学报》，2004年第5期，第20页。

(二) 不是非日常生活世界

日益丰富的物质生活，使得现代人比以往任何时候都可以享受着更加富裕的生活。"以个体的衣食住行、婚丧嫁娶、饮食男女为主要内涵的"① 日常生活世界占据了人们生活世界的全部，个人主义、享乐主义和功利主义让人们的精神世界比任何时候都要空虚。物质生活的富足和无止境的奢求欲求已经笼罩着人的非日常生活世界。非日常生活世界中的可以维持社会再生产或类的再生产的各项活动被淹没在日常生活世界的世俗之中，它的生活价值和意义被泛化于日常生活世界之中。人们呼吁道德教育对非日常生活世界的回归，要求回归到以"政治、经济、技术操作、经营管理、公共事务等非日常生活的社会活动领域"② 及"科学、艺术、哲学等非日常的自觉的精神生产和人类知识领域"③ 为内容的非日常生活世界。道德教育回归非日常生活世界被认为是可以找寻到已经失落的意义世界的有效途径，可以获得充满生活气息的教育效果。

"非日常生活世界的活动是由科学思维和技术理性、主体意识和人本意识、规则、制度和法规等因素构成的。"④ 回归非日常生活世界的道德教育所展现出的最明显特征是自觉性、创造性和同质性。首先，作为主体的人在非日常生活世界中进行类本质的对象化道德教育活动本身就是一种自觉性的体现。从人的生存发展来说，劳动

---

① 衣俊卿：《回归生活世界的文化哲学》，哈尔滨：黑龙江人民出版社2000年版，第306页。
② 衣俊卿：《回归生活世界的文化哲学》，哈尔滨：黑龙江人民出版社2000年版，第306—307页。
③ 衣俊卿：《回归生活世界的文化哲学》，哈尔滨：黑龙江人民出版社2000年版，第306—307页。
④ 衣俊卿：《回归生活世界的文化哲学》，哈尔滨：黑龙江人民出版社2000年版，第333页。

一直是人获得生存资料的必要手段，通过劳动人可以不断地提升能力，求得更好地实现自我的生存需要和生活满足。然而人也具有超越日常性类本质劳动的需求，劳动人类进入阶级社会以后就不仅仅是生存生活的自觉，而是超越类本质活动的自觉。对于道德理想，是人们超越性劳动自觉的追求，可由于这种超越，作为人类本质的劳动根本，被排斥在人的日常意识之外，道德理想成为了人的虚幻。其次，在非日常生活世界中，人的创造性会更容易地被激发。人们类本质的对象化活动，可以让人更好地创造自身，以完善作为社会人的道德理想。非日常生活世界充满着科学、艺术和哲学等人类异常丰富的精神领域，它让人对道德理想的追求极具变革性，时常会出现各种新思潮和新理念，让整个道德教育活动更具挑战性。最后，一般来说，个人在日常生活世界中往往会受到个体能力和环境等因素的限制，在道德理想方面会表现出异质性。可一旦进入非日常生活世界，每个个人就成为了具体化了的类，他需要从属于一个领域的人，一个总体的人。他需要"把自己所有的力量和能力，都集中于在一个同质的对象化领域中履行一个任务的个体"[1]。这样所形成的道德理想必然是愈加同质的，失去了道德个性的发展可能，只有复制状态的自我。因此，道德教育回归非日常生活世界会陷入自觉状态下的创造和同质，使得整个教育过程理想化、功利化和表面化。它抛弃了道德理想的自然性，脱离了道德理想的现实基础，忽视了人对道德本身价值原则及其精神基础的真谛领悟，未能激发人对生活和生命的意义思考。在非日常生活世界中道德教育走向了狭隘，严重降低了实效性的产生。

---

[1] 项贤明：《泛教育论》，太原：山西教育出版社2002年版，第310页。

(三) 不是人为统一的生活世界

"世界是普遍联系的,表面上看起来互不关联的两类事物,它们之间经过多次的过渡和转化就可以连接起来,并组成一个客观的普遍联系之网,整个世界就是通过诸多联系而形成的普遍联系的统一整体。"① 时代的发展表面上使得人的生活世界越来越丰富多彩,越来越多样,但它始终是一个普遍联系的统一世界。当前道德教育依赖简单普适的量化发展,迎合了当前道德教育工作追求立竿见影的速效心态和可考可量的考核要求。可道德教育终归是培养人道德理想的精神塑造活动,它重在心灵的感验和灵魂的洗礼。道德教育仅仅依赖科学主义的符号化表达不足以深入到受教育者的内心中去。于是,针对道德教育回归科学世界与生活世界的统一世界理念浮出水面。认为"生活世界不是一个单向度的世界,而是一个自然与文化、肉体与灵魂浑然一体的丰富世界;生活世界不是由抽象符号所构建的封闭世界,而是开放的、主体间共同拥有的生动鲜活的人文世界"②。科学世界只是从生活世界中抽离出来的一部分,生活世界是科学世界之基。不能够以生活世界为基础的科学世界,必然会陷入无声无息的苍白世界。"是一个上足了发条便自行运转、也驱迫着人按其节奏运转的冷漠无情的世界,是一个没有亲情、温暖、祛除了巫魅和魔力但也失去了神秘和魅力的、没有了生机和活力的世界"③。而且"科学世界从生活世界中分离出来原本就是为了提升生

---

① 候才、王伟光:《社会主义通史》第3卷,北京:人民出版社2011年版,第262页。

② 王声平:《教育回归生活世界研究述评》,载《重庆文理学院学报(社会科学版)》,2010年第1期,第130页。

③ 李文阁:《回归现实生活世界》,北京:中国社会科学出版社2002年版,第66页。

活世界的意义，只是当科学世界日益与生活世界割裂开来以后，便丧失了其意义的源泉，反过来导致生活世界的异化"①。

至此，道德教育回归到科学世界与生活世界的统一世界之中似乎非常合理。但生活世界本是一个统一的整体世界，它内容丰富、形式多样，科学世界也是其一部分，但并不是全部。它还有"以个体的衣食住行、婚丧嫁娶、饮食男女为主要内涵的"②日常生活世界和以"政治、经济、技术操作、经营管理、公共事务等非日常生活的社会活动领域"③及以"科学、艺术、哲学等非日常的自觉的精神生产和人类知识领域"④为内容的非日常生活世界（具体见下图）。但日常生活世界与非日常生活世界只是从不同角度对生活世界的理解，正如人们不能人为地把它们割离一样，人们也不能人为地把它们统一起来。它们只是生活世界的部分构成，统一并不能成就生活世界的真正整体性。即便统一，生活世界的统一性也是建立在人与世界的和谐统一关系之中，不是对某种单一生活世界的概念性叠加。所以，道德教育回归的生活世界并非是人为统一的生活世界，人为统一的生活世界不等于人的生活世界。

---

① 杨莉君：《科学世界与生活世界的统一——兼论新课程的取向》，载《中国教育学刊》，2002年第6期，第19页。

② 衣俊卿：《回归生活世界的文化哲学》，哈尔滨：黑龙江人民出版社2000年版，第306页。

③ 衣俊卿：《回归生活世界的文化哲学》，哈尔滨：黑龙江人民出版社2000年版，第306—307页。

④ 衣俊卿：《回归生活世界的文化哲学》，哈尔滨：黑龙江人民出版社2000年版，第306—307页。

第五章 道德教育如何回归生活世界

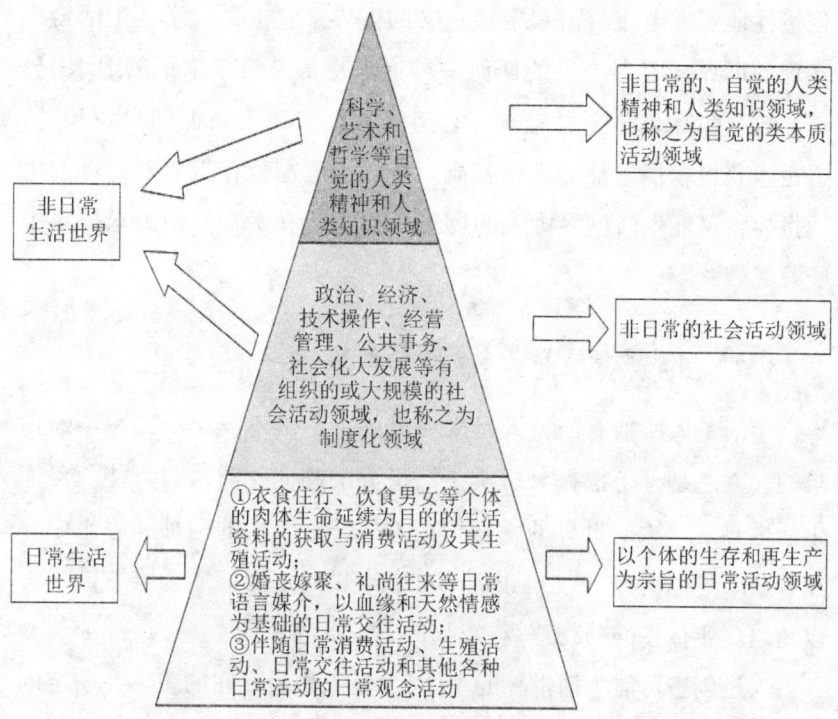

三、回归生活世界的构想

"生活为人所独有,生活的特质就在于意义,而意义来自于人的不断追求。"① 追求是不满足于现在状态,对"实存"自我的超越,这由人的未完成性所决定。它使得"人始终拥有永无止境地向前追求的冲动"②,为自身创造一种新的可能领域,即可能生活世界。可能生活世界不是无法达到的世界,是每个人都需要、都追求且可能通过努力完全可以进入的世界。它是人生存意义展现的世界,是人

---

① 冯建军:《道德教育:引导幸福生活的建构》,载《高等教育研究》,2011年第5期,第18页。
② [德] 雅斯贝斯:《生存哲学》,王玖兴译,上海:上海译文出版社2005年版,第58页。

199

创造性地实现生命价值和生活意义的世界。它也是人幸福生活得以实现的世界，因为"人的任何一种追求也都是对于幸福的追求"①。道德教育实际也是一种追求，它追求人在道德人格上的自我超越，这是人获得幸福生活的人格基础。所以，道德教育需要回归可能生活世界，可能生活世界为人的理想人格完善和幸福生活追求提供了能及场域。

（一）可能生活世界是人创造的世界

生活是人所独有的，人是未完成的，是永不满足的，是不断追求的。人总是善于把握对现实生活世界的趋向、前景与可能。可能生活世界是"人对世界的一种把握方式"②，"人的精神和思想中存在着这个可能世界"③。也正因为如此，"人才能够成为唯一的、得以超越现实存在的动物"④。

人是创造可能生活世界的主体，"是人作为存在的主体在一定的生活价值理念的支配和驱使下，基于现实的生活情境和自身的兴趣、特长、爱好、能力及相关条件而主动追求的一种生活状态"⑤。而科学世界对生活世界的征服，使得道德教育中只寻求对事物的客观本质认识。"本质主义先在设定人的本质，它是在人的存在之先，在人的生活之先，人的本质早已存在，既然本质早已经存在，命运早于过程，那么存在和过程便无足轻重。人只剩下一个或一些抽象的规

---

① 杜志清：《西方哲学史》，北京：高等教育出版社2001年版，第407页。
② 鲁洁：《当代德育基本理论探讨》，南京：江苏教育出版社2003年版，第17页。
③ 鲁洁：《道德教育的当代论域》，北京：人民出版社2005年版，第10页。
④ 鲁洁：《道德教育的当代论域》，北京：人民出版社2005年版，第10页。
⑤ 姚林群：《教育："应然生活"向"可能生活"的转向》，载《教育学术月刊》，2009年第6期，第17页。

定……活生生的人成为一堆静止物。"① 人在科学主义僭越下的道德教育中被抽象化，被异化成为一个抽象物的存在，失去了在接受教育过程中的主体地位和在生活世界中应有的价值存在。没有人的存在，也就没有道德教育的存在，更没有可能生活世界的存在。因为可能生活世界是人立足于日常生活世界并着眼于非日常生活世界，然后对日常生活世界进行的提升与超越。

人是开放的人，不应被科学主义封闭在本质主义之中。所以，人必然会选择对科学世界的突破，在可能生活世界中寻求自我圆满和可能生活。

（二）可能生活世界是可能生活的世界

对于有意识、有理想、有追求的人而言，生活需要更有价值，更有意义。它寄托着存在于现实生活世界的人对理想生活的一种憧憬，一种可能的期盼。"可能"给人以希望，希望"即永远不满足于现存状态，总想克服眼前的局限性而迈向新的境地，并将这种希望付诸能动地改变环境和自身的行动之中"②。

"可能"给人生活的动力，预示着人前进的方向，使人在能力范围内去追求可能的生活。"如果不去实现所指定的可能生活，就等于废弃了自己的某种能力或能量，而一种能力得不到发挥就是自己剥夺了自己的一种自由。"③ 人的自由全面发展需要人的可能生活作为铺垫，因为它预示着人性自由的实现，预示着人不仅是生活着的人，而且也引导着自身的生活。

---

① 李文阁：《回归现实生活世界：哲学视野的根本置换》，北京：中国社会科学出版社2004年版，第69页。

② 朱宝信：《希望本体论与实践本体论：一种比较性的研究——评布洛赫对马克思哲学本体论的重建》，载《南京社会科学》，2001年第12期，第11页。

③ 赵汀阳：《论可能生活》，北京：中国人民大学出版社2010年版，第142页。

人在日常生活世界中往往会遭遇各种让人苦恼，甚至是让人绝望的问题和困境。可能生活的存在可以使人摆脱这些问题，冲破现实的障碍，为人所极力追求的美好生活图景，即可能生活世界的完成而不懈努力才有价值。可能生活世界是由人的可能生活所构成，它不是"乌托邦"，它寄托着人们对于人生意义和生活价值的期许，是人实现自我价值和生活意义的自由空间和实践场域。当然在可能生活实践中，"尽可能去实现各种可能生活就是人的目的论的行动原则，就是目的论意义上的道德原则，是幸福生活的一个最基本条件"①。

幸福生活是对于可能生活的终极价值和追求。人们对于可能生活的追求形式多样，但是终极追求只有一个，就是幸福的实现。人们是为了幸福而生活，幸福生活的获取是每个人创造可能生活的价值目标，是可能生活世界所能给予人的目的性的理想生活完成。而道德教育作为培养人道德理想的精神塑造活动，它本身存在着人对自身可能理想人格的要求，是人们在可能生活实践中获得幸福生活的德性基础。由此可见，道德教育与可能生活世界是相通的，可能生活世界意味着人生存意义和幸福生活的完成，是道德教育实现的根基。

（三）可能生活世界是超越性的世界

可能生活世界是人以幸福生活获得为终极追求，是实现生存意义，创造生命价值，实现可能生活，完善理想人格的实践场域。它不是对日常生活世界的复制，也不是对非日常生活世界的借鉴。它具有质的规定性，是人本质上向上、向善和向往美好可能生活的实践结果。可能生活更不是既定的，它是源于现实生活，又超越现实

---

① 赵汀阳：《论可能生活》，北京：中国人民大学出版社2010年版，第140页。

生活的一种创造性生活。可能生活世界充满着人创造性的可能生活，创造性地去生活并且超越现实生活是人在可能生活世界的意义所在。超越性已成为可能生活世界的重要特性，因为它体现着人性的本质，同时又承载着日常生活世界的再创造。所以，可能生活世界的超越性不仅仅是超越，它是继承着的创造。

"继承是社会成员个体不同阶段和代际之间的教授学习和培训仿效已有社会生活的过程，在继承中人类创造的社会生活知识、技能和经验传递给新生代，造就出参与、创造和享受社会生活的新主体，选择保留下来那些更具有环境适应性和生活情趣与价值的生活内容和形式，从而使人类社会生活得以再现、积累、丰化和优化，显示出顽强的生命力，同时也为社会生活的创造提供坚实的基础和丰富的材料。"[1] 可能生活世界的继承是要把人在日常生活世界和非日常生活世界等各种人的道德理想发展所需要的场域紧密结合，逐渐为了可能生活的完成而放弃不利于可能生活的社会生活资料，为创造可能生活世界作准备。这也迎合了道德教育培养人超越道德现实，实现道德理想的教育目标。道德教育需要在可能生活世界中解决人的道德现实的生存问题，面向人的未来存在问题，引导人不断超越道德现实，以人的社会之我超越个体之我，以人的精神之我超越肉体之我，以人的理想之我超越现实之我，以人的无限之我超越有限之我，实现追求理想人格的完善和幸福生活的完成，从而获得自由全面发展的德性基础，达到人生意义的更高境界。

---

[1] 傅松涛：《回归和超越现实社会生活 关注和实现人的全面发展》，载《河北大学学报（哲学社会科学版）》，2003年第2期，第9页。

第二节 回归生活世界的要求

可能生活世界的提出，化解了长期以来人们对于道德教育回归怎样的生活世界问题的长期争论。就可能生活世界与道德教育的关系而言，二者都是为了人的理想人格和幸福生活。只是一个是教育手段，一个是教育场域，二者必然要走向一体，不可相互疏离。它们都是为了人不断追求生命意义的生活热情，帮助人们更好地生活在生活世界之中，享受可能的生活。"伦理和道德原则的意义，唯有在生活过程中才能真正把握。"[①] 生活世界给人们提供了寻求生活终极价值的基础，人追求的终极意义在于幸福生活。幸福生活是可能的，但也是需要付出努力的。道德教育回归可能生活世界仍然需要以生活世界本身为基点，面对时代问题、立足生活实践、遵循生活规律、超越现实世界和追求幸福生活。道德教育只有在对生活世界的具体问题上加以探索，才能更有效地回归可能的生活世界，引领人的可能生活，塑造人的可能自我。

一、面对时代问题——道德教育的动力源泉

社会发展总是在矛盾运动中的一个连续持久过程，发展始终是人类永恒的主题，这是由人类本身的未完成性所决定的。发展需要动力支持，"动力是事物发展的根本原因"[②]。动力源于生活世界，更源于新时代环境下的新问题。道德教育作为一项培养人道德理想

[①] 杨国荣：《伦理与存在——道德哲学研究》，上海：上海人民出版社2002年版，第33页。

[②] 林海亮、董标：《学生道德发展动力新论》，载《教育科学研究》，2013年第12期，第61页。

的精神塑造活动，它注重人的主体道德觉醒和自为发展。长期以来，道德教育只有借助实践才能在道德价值原则及精神基础之间寻求到平衡，获得最佳的教育实效。实践推动着社会的矛盾发展，承载着道德教育的动力支撑。实践是基于生活世界的活动，它的发展必然会有新的问题，时代环境下的问题就是其新的动力源。当前社会呈现出文化多元化、市场经济繁荣、网络信息发展等新时代的问题。道德教育只有直面这些时代新问题，才能够寻求到更有力的动力源泉，为人的可能生活世界实现创造可能。

(一) 面对文化多元的现实

文化的人类生活世界的重要内容，"是人类创造的一切文明现象与产品"①，是人类所创造的物质和精神的世界。随着社会主义市场经济的发展，世界多极化、经济全球化发展迅速，各种文化相互影响、相互碰撞，文化多元成为了现时代的文化现象。文化多元带来了世界不同文化之间的交流与融合，也带来了价值冲突。在文化多元的时代背景下，人们的价值取向受到了影响，尤其在西方个体文化的影响下，中华优秀传统道德发展受到了威胁。这既给人们谋求全球化发展带来了机遇，也给道德教育提出了新的挑战。我们得承认文化多元使人们的生活世界变得更加丰富，可以拥有更全面的、更广阔的文化视野。可是，它也伴随着消极的价值观念，影响着人们合理道德理想的形成。所以，在文化多元的环境下，无论是道德本身，还是社会人的本身都更需要先进文化的引领，走进积极的生活世界。社会主义核心价值观是当前先进文化的重要内容，是科学的、历史的，且符合国家发展、社会建设和个人成长需要的主流文化。培育和践行社会主义核心价值观可以帮助人们在多元文化中学

---

① 朱力等：《社会学原理》，北京：社会科学文献出版社2003年版，第4页。

会抉择，学会吸收先进文化，摆脱消极文化影响，在多元文化中生成具有先进性、时代性的社会主义道德理想。

(二) 面对市场经济的现实

"改革开放是我国的基本国策，建立社会主义市场经济是我国经济体制改革的坚定目标，正是改革开放与市场经济推动了我国经济社会的快速发展，引起了整个社会结构、社会关系、利益观念、价值取向等领域的深刻变化。"① 社会主义市场经济是以公有制为主体的经济形式，它需要以公有制为基础的经济所决定的道德规范作为支撑。可维系数千年的传统道德在现实中并没有得到有效的继承和发展，传统道德与社会主义市场经济条件下的利益最大化产生了价值冲突。市场经济的发展激起了人们的利益欲望，人们在学习、生活和工作等方面更加从自身的生存及发展的需要去审视问题，容易形成利己主义和功利主义。社会主义市场经济需要继续发展和繁荣才能更好地带动国家的发展。所以在道德教育过程中，教育者要尊重个体的合理利益诉求，帮助受教育者正确处理好个人、集体和国家三者的利益关系，形成适应时代、适应社会主义市场经济发展需要的道德理想。这样人们就可以在可能生活世界中创造可能自我和可能生活，完善个体理想人格，追求幸福生活。

(三) 面对网络时代的现实

网络时代的到来使网络生活成为了现代人生活的主要方式之一，网络世界已经成为现代生活世界的重要组成部分。它是人们"学习知识、交流思想、宣泄情绪、休闲娱乐、情感表达、探索和尝试新

---

① 刘卓红、钟明华：《开放德育论——大学生思想政治教育继承借鉴与批评创新研究》，北京：人民出版社2008年版，第81—82页。

生活、满足自我实现的重要平台"①。在网络世界中,人们接触到了主流文化与非主流文化、东方文化与西方文化、文化精华与文化糟粕。人们在网络世界中获得了快感和遭遇了迷茫。网络世界最大的特征就是它的虚拟性,虚拟的网络互动在感知方式和情感要求上与现实生活存在有很大的差异性。部分人沉溺于虚拟的网络世界,与符号化的对象进行交往且不能自拔,容易产生孤独感和抑郁情绪,形成自我封闭,逐渐疏离了现实生活,将对可能自我和可能生活的追求寄托于网络世界。而道德理想是以交往为基础的坚信过程,是知、情、意、信、行综合的精神状态。人们缺失现实生活的交往,必然会导致道德理想的虚拟化,丧失社会能力,走向网络道德虚无主义。道德教育回归可能生活世界让人恢复追求可能自我和可能生活的欲望,走出网络世界,在可能生活世界中获得道德理想,丰富生活意义。

二、立足生活实践——道德教育的创新内驱

当前道德教育疏离生活世界的生活性,需要以创新实现新的发展。"创新是一个民族进步的灵魂,是一个国家兴旺发达的不竭动力,也是一个政党永葆生机的源泉。"② 创新依赖于实践,"人的认识一点也不能离开实践"③。没有实践就不可能有创新,人的生活实践是道德教育的创新内驱。实践源于生活世界,并推动着可能生活世界的完成。根据人劳动实践的具体特征,我们可以将实践分为主体实践、生活实践和精神实践,这三方面共同推进着道德教育的创新可能。

---

① 柏文涌:《论网络文化语境中的高校思想政治教育创新》,载《教育探索》,2011年第10期,第148页。
② 江泽民:《论"三个代表"》,北京:中央文献出版社2001年版,第46页。
③ 杨信礼:《重读〈实践论〉〈矛盾论〉》,北京:人民出版社2014年版,第3页。

(一) 立足于主体实践的原则创新

人也是实践的主体,"实践是人的有目的、有意识、体现着人的价值的创造性的活动"①。道德教育中的受教育者在教育过程中有着主体地位,他们的主体性应当得到充分的发挥。长期以来,教育者被要求"用崇高的理想激励自己,用高尚的道德规范自己,用坚实的知识武装自己,用严明的纪律约束自己"②。教育对象也要在接受教育过程中对教育者"言听计从"。整个道德教育过程中缺乏较多的互动,忽略了受教育者的主动性发挥。受教育者在接受道德教育过程中不能发挥主观能动性,不能主动地参与道德实践,道德主体意识不能得到有效提升。道德主体意识是受教育者对于自身在接受道德教育过程中的主体地位、主体能力和主体价值的自觉意识。这种意识不是靠道德权威的驯化,而是靠教育者的组织引导、指导和疏导,让受教育者参与到教育实践过程中。受教育者和教育者在道德教育过程中的地位是平等的,是相互尊重、相互理解、相互学习的,这是人本主义原则的开创,符合可能生活世界的发展需要,也符合道德教育的应有之义。

(二) 立足于生活实践的理念创新

道德教育回归可能生活世界是以人的生活实践为中心,强调教育过程的生活性。它是一项关注人可能生活世界,提升人们生活旨趣和引导人们生活价值的教育实践活动。在教育过程中,教育者需要吸收生活的直观性,维护生活的本真性,强化生活的体验性,提

---

① 白雪晖:《生活世界视域内的社会实践》,载《长白学刊》,2009年第6期,第21页。

② 王成文、王秉琦:《培养德育主体:德育创新之本》,载《合肥工业大学学报(社会科学版)》,2002年第4期,第51页。

升人们对道德的认知能力、感悟能力和践行能力。生活实践是人们道德理想生成的第一手资源，也能"在一定程度上检验认识的真伪和驳斥唯心主义的谎言"①。生活实践是人们道德理想生成的根本实践活动，是道德教育实现的根本基础。当前道德教育过程中，受教育者被物化，成为了无条件的接受者。生活实践在道德教育中成为了理念化的传播内容，无法让人的道德理想与可能生活世界有效对接，道德教育始终无法走出传统教育的窠臼。道德教育并不是一项理念化的教育活动，它是一项实操性非常强的教育实践，它与生活实践紧密相连。道德教育需要树立"可能生活"教育理念，以生活实践为基础，探索出一条适合贴近当前生活世界和引领未来生活的教育新路径，让道德理想更容易融入人的可能生活期许之中，以生活实践推进教育实效。

（三）立足于精神实践的手段创新

就生活世界含义的形式而言，它是多样且丰富的。一般可以将其分为日常生活世界和非日常生活世界。日常生活世界是以个体的生存和再生产为宗旨的日常活动领域，也是生活世界的最基本领域，主要是"以个体的衣食住行、婚丧嫁娶、饮食男女为主要内涵"②。日常生活世界是道德教育创新的基础，失去这个基础道德教育过程创新就无从谈及，没有了基本动力支持。可是仅仅从日常生活世界中获取实践材料，为道德教育提供创新支撑显然是不充分的、甚至是肤浅的，容易走向世俗化、功利化。"实践既是人的生命活动的基

---

① 张永声：《谈谈实践感念和实践层次——学习毛泽东哲学思想的体会》，载《江苏师院学报》，1982年第1期，第13页。

② 衣俊卿：《回归生活世界的文化哲学》，哈尔滨：黑龙江人民出版社2000年版，第306—307页。

本形式，也构成了人类社会生活的全部内容。"① 主体实践和生活实践仅仅是从日常生活世界中把握了实践的主体性和现实性，道德理想是人类的高级精神形态，道德教育中的实践只有走向精神实践，将人的道德理想引向非日常生活世界中的价值世界和可能世界生活的终极幸福追求上，才真正地完成了实践任务。非日常生活世界分为两个部分，一部分"是政治、经济、技术操作、经营管理、公共事务等非日常生活的社会活动领域"②，一部分"由科学、艺术、哲学等非日常的、自觉的人类精神和知识领域"③组成。精神实践需要在以社会活动领域和自觉的精神生产及人类知识领域构成的非日常生活世界中寻求教育手段的创新，可以提升教育手段的感染力和吸引力，让人道德理想的心理机制、思维意念和行为践履在更生活化、意义化的过程中得以提升，获得可能生活的期许动力。

三、遵循生成规律——道德教育的合理呼唤

道德教育中存在着教育者所施加的道德价值原则及其精神基础与受教育者道德现实状态之间的差异性矛盾，也存在着教育者的综合能力和道德素养不合乎受教育者要求的矛盾。道德教育中的这些矛盾是由教育者与受教育者共同形成的，要解决这些矛盾，就是从现实与可能中寻求解决问题的张力，找到解决矛盾的合理方式。实践是检验真理的唯一标准，但它不是无条件的实践。任何客观事物

---

① 吴倬：《论科学世界价值观教育在当代德育中的地位和作用》，载《思想理论教育导刊》，2002年第12期，第52页。

② 衣俊卿：《回归生活世界的文化哲学》，哈尔滨：黑龙江人民出版社2000年版，第64页。

③ 衣俊卿：《回归生活世界的文化哲学》，哈尔滨：黑龙江人民出版社2000年版，第64页。

的存在都有其规律,它是"客观事物内部或事物之间内在的、本质的联系和事物发展趋势"①。可能生活世界和道德教育都有其各自的生成规律,遵循了它们的生成规律就可以使道德教育活动步入合理发展的轨道,可以更加有效地、有针对性地以更为合理科学的方法开展教育工作,起到事半功倍的作用。

(一) 遵循可能生活世界的形成规律

可能生活世界的主体也是人,人是一切社会关系的总和。人是实践的动物,实践推进了人的物质生活,也影响到人的精神生活。人在可能生活世界中,有对可能物质生活的期许,也有对可能精神生活的期许。可能精神生活包含着对法律的和政治的,以及相应的道德意识形态的期许,它受着可能物质生活发展状态的制约。可能生活世界是在可能物质生活和可能精神生活的共同期许中发展,它需要以人为主体,以实践为基础。在可能精神生活不断适应可能物质生活发展的矛盾规律中形成可能生活世界。对人进行道德教育,是新时期实现人与人、人与自然、人与社会和谐发展的需要,是人们对可能生活世界的美好需要。在教育过程中,教育者需要遵从可能生活世界的形成规律,维护道德教育内容的合理性和合法性,适时关注受教育者对生活世界中可能物质生活的期许变化,适时作出积极调整和完善。只有可能物质生活与可能精神生活的共同协调发展,才能更好地构建和谐的可能生活世界,提升人在可能生活世界中的生活质量和生活品位。

---

① 陈文旭:《思想政治教育规律体系研究》,载《学校党建与思想教育》,2009年第13期,第26页。

(二) 遵循道德理想的生成规律

道德教育是要培养人的道德理想，它体现为对道德本身价值原则及其精神基础的笃信，是道德实践的前提。道德只有上升为理想，才能实现善的美好价值追求，实现人的自我人格超越，也才能有效推进人与人之间的价值实现。人与人之间的关系形成了人之为人的一切社会关系总和的一部分。道德理想不可能脱离人的社会而单独生成，是由与其相伴的社会结构所决定。社会作为人们共同存在的各种社会关系的集合，它是外生的，需要发展。但它不是无限制的发展，它需要规范化的发展，是可塑的。道德理想规范着人们的道德行为，也给人的生活世界提供了价值支撑。人自身的存在是有限的，有生命的有限，也有能力的有限。所以，人往往只能认识事物的现象而不能认识事物自体。发展是人类永恒的话题，它是未完成的，且具有创造性的。人生活的价值性需要通过对道德的认知、情感、意志、信念和行动等环节，并在具体的可能生活世界的期许和超越之中，通过他律与自律的统一而实现道德理想。道德教育需要认识到道德理想与人及社会的紧密联系，将其落实到可能生活世界之中，给人的自由全面发展留出更多可能空间。

(三) 遵循人的身心成长规律

"一个有远见的民族，总是把目光的关注投向青年；一个有远见的政党，总是把青年看作是推动社会前进的最活跃力量。"[①] 当前强调培育和践行社会主义核心价值观是人们道德理想生成的需要，它不仅仅是个体德性发展的需要，更是国家建设和民族振兴的需要。可是，"人的发展不是一个单一的过程，而是一个由人的内在矛盾运

---

① 《赢得青年，就是赢得未来和希望——七论学习贯彻胡锦涛同志"七一"重要讲话》，载《人民日报》，2011年7月11日，第1版。

动和外在影响因素相互制约的过程"①。人的身心成长规律也是其内在矛盾运动和外在影响因素相互制约的过程。现代人日益增长的发展需要同本身知识、能力、素质等多方面的有限性之间存在着诸多内在矛盾，这些矛盾同时也推动着人的身心成长。人的生活环境包含有自然环境、社会环境等，它们对个体的身心成长起着综合性的影响作用。人的身心成长总是朝着圆满成熟的方向发展，且受着诸多方面的因素影响，它不是一蹴而就的。毛泽东在《实践论》中说："马克思主义者认为人类社会的生产活动，是一步又一步地由低级向高级发展，因此，人们的认识，不论对于自然界方面，对于社会方面，也都是一步又一步地由低级向高级发展，即由浅入深，由片面到更多的方面。"② 所以，我们要在道德教育中关注人身心成长的内在矛盾和外在因素，认识到其道德理想生成的必要性、阶段性和必然性，帮助人们塑造完美的道德人格。

四、超越现实世界——道德教育的本质彰显

道德教育与生活世界是统一的、融合的。长期以来凡是同生活世界紧密融合的道德教育都获得了良好的发展，而疏离生活世界的道德教育就必然会面临着一定的教育困境，甚至是厄运。道德教育回归生活世界已成为其必然需要，但道德教育到底应该回归怎样的生活世界？难道是现存流俗的日常生活世界吗？答案当然是否定的。道德理想的本质在于培养人的道德理想，这是对人的人格上的自我超越性统领。这种超越"赋予人自我内在超越的形而上意义，以人格的超越来证明或显示人性的神圣和尊严，显示人的自由和价值"③。这种超越要求超越个体性生活世界，走向社会性生活世界；超越现

---

① 杨晓慧：《当代大学生成长规律研究》，北京：人民出版社2010年版，第29页。
② 乌杰：《马列主义的系统思想》，北京：人民出版社1997年版，第96页。
③ 魏长岭：《道德信仰与自我超越》，郑州：河南人民出版社2004年版，第19页。

实性生活世界，走向理想性生活世界；超越有限性生活世界，走向无限性生活世界。实现这种超越是道德教育的本质彰显，是可能生活世界的必然走向，更是道德教育和可能生活世界的共同目标追求。回归可能生活世界就是回归超越性的生活世界，它可以走出世俗的生活羁绊，塑造和培养人的道德理想，促进人理想人格的完善和幸福生活的追求。

(一) 超越个体性生活世界

人作为生活世界的主体，人的最真实、最根本的存在形式就是个体性的存在。个体性生活世界中的人更体现出人本初的生物性，是以食色性本能的需要为主导存在于生活世界之中，这种人并没有成为一个真正的社会人，一个文明的人。"越是文明的人，就是离本能越远的人。"① 人"生活在一定的社会环境中，与别人、与家庭、与社会、与自然等发生各式各样的联系，离开了与多方面的社会联系，人很难存在和发展"②。"人的本质并不是单个人所固有的抽象物。在其现实性上，它是一切社会关系的总和。"③ "意识一开始就是社会的产物。"④ 道德理想只会存在并发展于社会关系中，个体性生活世界的人是不可能脱离社会性生活世界而单独存在，也必然要走向社会性生活世界。道德理想的生成是人存在于社会的态度，是处理社会关系的自觉意识，是超越本能、走向文明的必然选择。道德教育回归生活世界既要帮助人们认识个体性生活世界的我，也要

---

① 冯建军：《人的超越性及其教育意蕴》，载《教育研究与实验》，2005年第1期，第17页。

② 魏长岭：《道德信仰与自我超越》，郑州：河南人民出版社2004年版，第19页。

③ 王孝哲：《历史唯物主义新论》，合肥：合肥工业大学出版社2011年版，第149页。

④ 汪胤：《本质与劳动：马克思哲学思想的现象学解读》，北京：人民出版社2014年版，第217页。

帮助人们认识社会性生活世界的我,让他们将个体之我和社会之我和谐发展,并融入到社会发展之中,实现自我与超我的完成。

(二) 超越世俗性生活世界

道德理想寄托是人对道德本身的信仰。而作为一种信仰,它就"不只是一种知识和观念,而且还是一种实践的精神。它在提供给人们一种关于周围世界的解释的同时,也向人们提供一种向往和追求的理想目标。信仰之所以能为人们指明奋斗的方向,就是因为信仰中有一种理想目标"[①]。道德理想信奉的是道德所形成的美好世界,世俗性生活世界是这个美好世界的基础。可生活于世俗性生活世界的人们,由于自身的未完成性和有限性,对道德生活状态往往不会特别满意。于是人们渴望超越世俗性生活世界的道德要求,需要更加美好的道德世界信奉。人的存在不仅仅是当下的世俗性存在,也是对不断运转前进的未来进行理性思考。"思考着未来,生活在未来,这乃是人的本性的一个必要成分。"[②] 对未来理想性生活世界的向往,是生活于世俗性生活世界人的向往,是构建人们理想道德社会的前进动力。在道德教育过程中,如果仅仅向世俗性生活世界回归,势必失去这种动力,走向流俗的教育,不能从精神上引领人的道德理想。

(三) 超越有限性生活世界

人的生命是有限的,有限的生命也限制和约束了人的生产生活和发展,这就使得人的发展始终处于未完成状态的有限生活之中,有限的生活使得人们所形成的生活世界也是有限的。处在有限性生

---

① 刘建军:《追问信仰》,石家庄:河北人民出版社1998年版,第157页。
② [德] 恩斯特·卡西尔:《人论》,甘阳译,上海:上海译文出版社1985年版,第68页。

活世界中的人们只是遵从了人作为生物本能的性质而生存着，必然会被自然所淘汰。可从人类的发展史上，可以看出人类不仅没有被自然所淘汰，反而在无限地超越自我，开创着无限性生活世界，实践着无限的生命价值追求。创造生命无限成为了人类独有的应对生活世界变化的能力，"人类总是力图站在他所能达到的社会历史高度去塑造自己"①。人类在创造生命无限的过程中，必然要对自身的有限状态进行合理性的思考，道德理想就有了其存在的合理性。道德理想源于人类创造无限的劳动实践之中，与人的生活世界紧密联系。虽然个人生命是有限的，但"人生的过程就是一个阶段性目标的达到，又追求新的目标的无限的过程"②，人生命的终结，伴随着遗憾，也伴随着希望。希望是一种寄托，也是一种伦理价值信念，是对生活世界无限性的开创。道德教育超越有限性生活世界，开创无限性生活世界的价值创造，是道德教育回归可能生活世界的合理方向。

五、追求幸福生活——道德教育的党性使然

自中国共产党创立以来，就努力实践和发展马克思主义的教育主张。马克思主义已经成为包括道德教育在内的整个教育体系的思想理论基础，广大教育者也被要求忠诚于党的教育事业。社会主义制度建立使得我国道德教育有着特有的党性原则。"党性是一个政党所固有的本质属性，它是一定阶级的阶级性最高而集中的表现。"③不同阶级的政党，有着不同的党性。"共产党员的党性，就是无产阶级阶级性最高而集中的表现，就是无产者本质的最高表现，就是无

---

① 任建东：《道德信仰论》，北京：宗教文化出版社2004年版，第91页。
② 冯建军：《生命与教育》，北京：教育科学出版社2004年版，第295页。
③ 蔡长水：《中央党校大讲堂 蔡长水讲稿》，北京：中共中央党校出版社2013年版，第274页。

产阶级利益最高而集中的表现。"① 共产党党性要求涉及组织纪律、革命精神、政治立场等多方面，但"全心全意为人民服务是党的根本宗旨，是党性的集中体现，是党性的最高原则"②。中国共产党党员始终是中国最广大人民群众利益的忠实代表，始终维护着最广大人民群众的利益。"共产党员的一切言论行动，必须以合乎最广大人民群众的最大利益，为最广大人民群众所拥护为最高标准。"③ 概言之，中国共产党的党性原则就是全心全意为人民服务。全心全意为人民服务的党性原则"追求的是一种展示人性光辉的不图名利回报的精神价值"④。社会主义道德是共产党领导广大人民群众进行社会主义革命和建设的经验所得，我国的道德教育的党性原则体现为中国共产党的领导下，以马克思主义为指导，以全心全意为人民服务为宗旨的活动。它代表着当前社会道德的发展方向，引领着广大人民群众追求快乐、愉悦和自由的幸福生活。人们可以在社会主义道德教育中感受快乐的生活意境，分享愉悦的生活乐趣和实践自由的生活方式。

（一）感受快乐的生活意境

快乐是人情感体验的一种，是人对自身存在状态的体验。从广义上来说，有感官之乐和精神之乐两方面。无论是感官之乐还是精神之乐，"快乐不能是凭空的快乐，必是某人的或某些人的快乐"⑤。

---

① 赵生晖等：《党的建设教程》，北京：人民出版社1995年版，第353页。
② 中共中央文献研究室：《十二大以来重要文献选编》（中），北京：人民出版社1986年版，第712页。
③ 李锦坤等：《毛泽东战略思想研究》，天津：天津社会科学院出版社2003年版，第141页。
④ 布青沪：《党性原则和市场经济道德的区分与联系》，载《宁夏党校学报》，2001年第3期，第17页。
⑤ 冯友兰：《冯友兰选集》（下卷），北京：北京大学出版社2000年版，第328页。

快乐是有基础的，是某人或某些人的行为合乎道德价值，从中获取了自身存在的满足所感受的快乐体验。快乐的行为，必然是道德的行为。道德的行为就要合乎一定阶级或社会的道德要求，满足社会人的品质规范。否则，就是非道德的行为，非快乐的行为，无法有效调节个人利益与集体利益的关系。我国道德教育的党性原则要求全心全意为人民服务，实际是要为最广大人民群众的利益服务。当人们在生活世界中的个人利益与集体利益发生矛盾时，社会主义道德要求坚持集体主义的基本原则，这是适应我国以公有制为主体的经济发展状况的必然要求，更是有效体现人们在生活世界中公正关系和人道关系的必然要求。缺乏集体主义，就会将人的自然欲望激起，人的快乐就只能被感官的刺激所替代，无以感受真正的快乐生活意境。社会主义的集体主义原则不是忽视个人利益的正当性，它是我国社会主义道德理想使然。它要求集体利益与个人利益的统一，集体利益高于个人利益，并且在特定条件下，个人利益需要对集体利益作出必要的牺牲。因为只有这样，才能维护好最广大人民群众的普遍利益，让最广大人民群体充分感受到快乐的生活意境。

（二）享受愉悦的生活乐趣

愉悦较快乐更具理性，它涉及人自身人格的完整性。在社会主义市场经济发展进程中，人们常常无法摆脱对原初自然欲望的依赖性，无法摆脱对外界事物的纯粹自然性的追求，更无法摆脱因为短暂的世俗压力而呈现出的臣服。有些人始终处于各种矛盾冲突之中，缺乏对自身存在于生活世界的合理价值认识，无法以完整人格意识享受愉悦的生活乐趣，致自身于无尽的生活痛苦之中无法自拔。我国道德教育的党性原则是无产阶级阶级性最高而集中的表现，它所进行的社会主义道德教育代表的是无产阶级和广大劳动人民的根本利益和长远利益，是一项先进的道德教育活动。它的先进性体现为对人们无法在生活世界中享受愉悦的生活乐趣的关注，因为这是人们无法以完整人格解决矛盾冲突的必然结果。人自身完善人格的塑造需要崇高的价值理想引导，方可获得方向指引和作出理性选择。社会主义道德教育培养为无产阶级服务、关注广大劳动人民根本利益和长远利益的社会主义建设者和接班人。它所塑造的是针对社会主义建设和发展过程中，能够摆脱不必要的影响，可以在矛盾冲突中以无产阶级和广大劳动人民根本利益和长远利益为根本要求，最后形成一种相对稳定且完整人格的理想图式。这个理想图式就是人的社会主义道德理想，是人明确自身存在于生活世界的合理价值所在。一个拥有社会主义道德理想的人，必定是内心和谐的人。而一个人只有"内心和谐，他才可以是健康的人，才可以是善人，也才可以是幸福的人"①。这样他就能以完整人格化解自身存在状态中的矛盾冲突，实现对人生价值理性肯定基础上的愉悦体验，充分享受生活的乐趣。

（三）实践自由的生活方式

"'自由'是指主体自觉解放观念，拒斥思想守旧，适应时代发展要求，以合理方式完善自我，以科学态度积极改变世界。"② 长期以来，人们一直在为一种宽松惬意的生活方式而不断努力着。人们通过对科学规律的把握，不断打破了自然的、社会的和历史的局限性，实现了不同程度上的自由生活。拥有自由，实践自由，已经成为人在生活世界的理想生活方式。可自由毕竟是属人的，它受制于人的局限性存在。正如荀子所说："心者，形之君也，而神明之主也，出令而无所受令，自禁也，自使也，自夺也，自取也，自行也，

---

① 朱光潜：《朱光潜学术文化随笔》，北京：中国青年出版社1998年版，第109页。
② 杨竞业：《文化现代化——从"自由的文化"到"文化的自由"》，武汉：武汉大学出版社2012年版，第2页。

自止也。"① "心"即为人身体的主宰，它决定着人在生活世界中的一切外部活动。"心"所代表的不仅仅是人的一种精神性存在，更是人的一种道德性的存在。可见，绝对的自由并不存在，自由是有限度的，它的限度在于人存在的有限性。同时，自由也是有规范性要求的，它是一种合乎道德的存在。毕竟自由是"人们克服外在的必然性和内在的局限性的理想化过程"②，它受制于人的道德意识、道德观念和道德行为的影响。所以说，"'真正的自由'既内涵道德存在和自由边界，又澄明人的局限和幸福边界"③。我国是社会主义社会，它彻底地消灭了人剥削人的社会经济关系，让广大人民群众可以在政治、经济等领域的根本利益得到保障。广大人民群众是国家的主人，是社会主义社会的主体，也是社会主义道德实践的主体。我国人民正享有从原始社会到资本主义社会中任何一个社会形态都无法比拟的自由，因为他们自己就是道德实践的主体。我国道德教育的党性原则是让广大人民群众能够认识到自己的道德主体地位，可以在生活世界中深化自己的道德意识，使社会主义道德成为自我实践自由生活方式的重要内容和必要手段。

第三节　回归生活世界的路径

"本真的教育是一种既授人以生存的手段与技能，使人把握物质世界，又导人以生存的意义与价值，使人建构自己意义世界的教育，

---

① 《荀子·解蔽》
② 杨竞业：《文化现代化——从"自由的文化"到"文化的自由"》，武汉：武汉大学出版社2012年版，第2页。
③ 杨竞业：《文化现代化——从"自由的文化"到"文化的自由"》，武汉：武汉大学出版社2012年版，第3页。

是这两种教育的协调与统一。"① 道德教育需要回归可能生活世界，可能生活世界是合目的性的一种生活场域。它为人的理想人格完善和幸福生活追求提供了一种憧憬和期盼。可能生活世界为人的"可能自我和可能生活"提供了可能。可能生活世界是道德教育发展的时代载体，可能生活世界的发展就是道德教育的发展。道德教育回归可能生活世界，就是要更好地为维系生活世界中文化传统、社会秩序和个性自由的均衡发展提供可能，这样方可推进道德教育的实效性产生。

一、传承文化传统

文化是人类漫长历史长河积淀的产物，是人们在生活世界中生产实践、互动交流而产生的。在中西方社会长期的历史实践中，逐渐产生了各自的传统文化，它包括思维方式、价值观念、生活方式、礼仪风尚、宗教信仰等多方面的丰富内容。中西方传统文化引领着各自的社会发展。可人的生活世界是不断发展的，传统文化作为人们在生活世界的实践产物，它必然要随着历史的进程而不断发展变化。"早期的文化将成一堆瓦砾，最后变成一堆灰土，但精神将萦绕着灰土。"② 传统文化作为"一个民族在历史上存在过的一切观念体系、价值体系和知识体系"③，很多会随着历史的前进只集中在了书籍文本之中，而真正可以保留在人们心理和行为中且有切肤之痛的则是由传统文化高度概括、升华和体量的文化传统。

---

① 鲁洁：《当代德育基本理论探讨》，南京：江苏教育出版社2003年版，第163页。
② 王询：《文化传统与经济组织》，沈阳：东北财经大学出版社1999年版，第20页。
③ 李申申等：《中华优秀文化传统教育问题研究》，北京：人民出版社2011年版，第11页。

道德教育对生活世界的疏离与回归

文化传统"是'传统文化'中最具有根本性和稳定性的精神意识,是思想观念、价值体系、思维方式、心理结构等形而上的东西"①。"它不仅以学术文本的形式传世,而且内化为社会行动主体的活的精神,以此塑造着民族的独特历史,沟通着该民族的过去、现在和未来。"② 文化传统如血液和基因一般深入到中西方社会的机体之中,渗入到生活世界中的每个生命体之中。我国有着博大精深的中华文化传统,它支撑着饱受苦难的中华民族从历史洪荒中走出来,并能更好地走下去。可是,中华文化传统"绝不全是精华而无糟粕,文化传统中的精华不仅限于民主性,糟粕也不仅止于封建性,凡在历史上起过积极作用,并对现代又有借鉴作用的,都应视为精华"③。而且文化传统既有中华文化传统,也有来自西方的文化传统。中华文化传统历来具有较强的包容性,需要吸收来自西方社会的优秀文化传统,才能更好地促进中华文化传统的传承和发展。只有中华文化传统得到了有效传承和发展,道德教育才有了最可靠的价值依据。中华文化传统是道德教育的主要资源,传承中华文化传统是道德教育回归生活世界的首要任务。没有中华文化传统的传承,就无法获得可能生活世界的灵魂基石;没有中华文化传统的传承,生活世界中的人们就失去了精神引领,无法产生可能自我和可能生活的美好期许,无法实现个体理想人格完善和幸福生活的追求。

---

① 李申申等:《中华优秀文化传统教育问题研究》,北京:人民出版社 2011 年版,第 11 页。
② 张磊:《文化传统的价值》,载《科学·经济·社会》,1999 年第 4 期,第 67 页。
③ 李申申等:《中华优秀文化传统教育问题研究》,北京:人民出版社 2011 年版,第 11 页。

(一) 合理价值判断是传承文化传统的必要前提

中华传统文化历史悠久,良莠难辨,既要传承其优良文化传统,又要警惕西方文化传统的不良渗透。中华优秀文化传统的价值需要被正视,需要进行合理的价值判断,这是对中华文化传统的正确传承,更维系了其绵延不断的价值根基和历史地位,它需要保持高度的民族独立性。"价值判断,是主体关于一定客体对自身有无价值、有什么价值、有多少价值的断定。"① 评判一定客体是否具有价值不是仅仅依赖于主体,也不是仅仅依赖于客体,而是两者之间的关系,这是价值判断的根本规定。它的这种关系是主体需要与客体属性的关系,凡是不能依据价值主体的需要而对价值客体作出的衡量都是不合理的。中华文化传统只有通过合理价值判断,才能将其优秀的文化传统得以彰显,可为道德教育提供价值养料和精神根基。道德教育过程中对中华文化传统进行合理价值判断是教育者根据人本身或当下社会的需要来看待具有客体属性的中华文化传统,以满足人本身或当下社会的需要所作出的评价。"这种需要既包括物质的形式,也包括精神的形式;既包括人们所创造的一切,也包括人们的创造过程和人们的生活本身。"② 具体来说,就是要符合人的理想人格完善的需要,符合人们追求幸福生活的需要,符合社会先进生产力发展的需要。

首先,中华民族之所以能够保持昂扬向上的精神状态,是因为理想人格的不断丰富和提升为人们的生活世界注入了活力。在中华文化传统中的理想人格设计可以追溯到"三皇五帝""女娲补天""大禹治水"等对祖先的崇拜和构想,而后于先秦各家的理想人格思

---

① 陈新汉:《论价值判断的机制》,载《天津社会科学》,1994年第1期,第42页。
② 李申申等:《传承的使命:中华优秀文化传统教育问题研究》,北京:人民出版社2011年版,第89页。

想发展趋于成熟，其中以儒家为见长。它始终以"仁"为核心，建构起了内圣外王的理想人格模式。社会主义理想人格是当前人们的共同理想人格完善目标，但它必须传承中华文化传统中的有效思想，方可构建出更好的人格要义。在道德教育中需要对中华文化传统进行具体的、历史的、动态的价值判断。它需要反映现时代的社会需求和人们的利益要求，建构现时代的社会主义理想人格。这是道德教育的使命，也是中华文化传统的合理价值判断使然。

其次，追求幸福生活是每一个人的生活动力，没有对生活的幸福期许，生活就毫无意义，生活世界就无所谓存在。现代社会的发展越来越讲求效率和功利，人与人之间的关系被权力和利益所遮蔽，享乐主义、功利主义渗透到了人们生活世界的各个领域，一部分人对于幸福的体验更多的是追求物质享受和感官的刺激，越来越趋向于动物本能，忽视了人的价值理性存在，失去了人之为人的道德理想，更别说与精神发展相统一的体验了。因此，在道德教育中传承文化传统必须考虑到当前人们追求幸福生活的异化趋向，要从中判断出其对于人们幸福生活的指向性上是否能够实现人们对生活的工具理性和价值理性统一，对物质幸福和精神幸福的统一。只有符合人们追求幸福生活的价值需要，才是合理的价值判断。

最后，判断一种文化是否先进，关键在于其是否能够反映生产关系，不断适应社会生产力的发展要求，促进社会政治、经济发展。从根本上讲先进文化的先进性体现在对先进生产力的反作用上，是一种能充分体现先进生产力发展要求的文化。中华文化传统内在地包含着对先进生产力的促进因素，也有不利因素，它有先进的成分，也有非先进的成分。所以，以其对当前社会先进生产力的反作用判断其价值存在的合理性，是符合人类社会发展基本矛盾要求的，同时它也可以在反作用中获得更全面的提升，实现文化传统的先进转型，为当前道德教育提供先进价值指南。

至此，只有迎合了人完善理想人格的需要和追求幸福生活的需要，以及社会先进生产力发展的需要，中华文化传统的合理性判断才算完成，才可以跨越时代障碍，连接人类灵魂，维系优秀文化传统的主流价值取向，成就人的道德理想。

（二）正确诠释经典是传承文化传统的根本保证

"经典"在《辞海》中被解释为"最重要的、有指导作用的权威著作"①，它"具有历史的积淀性、广泛的认同感、文化的影响力"②。"经典"既具有历史价值，又有现实价值，在漫长的历史长河中经历过不断地筛选和文明的过滤，被人们广泛认同且对社会文化产生深刻影响。它所渗透的思想观念、价值取向会成为人们在生活世界中的精神支持和生活指南。长久以来，经典诠释一直是我国传统社会中塑造人道德理想的重要途径，"不论是先秦儒学，还是汉学和宋学，无不依托经典的诠释来展开自己的学说和思想"③。它通过字义训诂与文句疏解的复杂工作，将原本集中在书籍文本中的典籍充分利用起来，在充分理解其原意的基础上，更好地将其所蕴含的，有助于当下和后世认识事物和把握问题的重要思想和价值理念充分挖掘出来，以期达到"经以致用"的目的。

通过诠释可以发现中华文化传统中有着"中华民族特定价值体系、思维方式、社会心理以及审美情趣等方面内在特质的基本风貌"④。我们要将其可以对当前和后世发展产生积极作用的价值参考的思想文化保留下来并弘扬开来。反之，将不利于当前和后世发展

---

① 《辞海》，上海：上海辞书出版社1999年版，第3140页。
② 任剑涛：《经典、经典的替代及其条件——从儒家经典与马克思主义经典的关系切入》，载《江苏社会科学》，2003年第1期，第24页。
③ 严正：《简论中国传统经典诠释学的确立》，载《光明日报》，2000年7月4日，第3版。
④ 陈江风：《中国文化概论》，南京：南京大学出版社2002年版，第76页。

的思想文化去除，维系好中华文化传统经典的精神所在和气魄所在。中华文化传统中所传达的优秀经典思想有"以爱国主义为核心的中华民族精神，天下为公的崇高理想，己立立人己达达人、己所不欲勿施于人的忠恕之道，贵和尚中的和谐思想等，都是无形的精神财富，是生生不息代代传承的中华民族价值观的正能量"①。道德教育过程中要将这些正能量诠释开来，将其视为道德教育的风向标。道德教育对中华文化传统经典的正确诠释是不断获取正能量，汲取思想养料的过程。它可以保持中华民族的精神命脉，塑造中华民族特有的道德理想，让现代社会的人们不至于失去应有的文化根基，使人们可以在多元文化激荡中站稳脚跟。

此外，近代以来推动中国社会变革和发展的马克思主义经典更是一种与现代社会运用相契合的思想体系。它相对于中华文化传统经典，有着较强的科学基础、逻辑力量和发展规律。在道德教育过程中诠释马克思主义经典对当下的道德思潮具有较强的推动作用，是正确诠释中华文化传统经典的方法论，有助于更好地弘扬中华文化传统，也是新时期道德教育顺利进行的思想源泉。

在马克思主义思想体系中，道德伦理思想主要在《反杜林论》和《路德维希·费尔巴哈与德国古典哲学的终结》中被详细阐述。它"阐明道德观念的来源和基础、善与恶的辩证关系、道德观的稳定性和相对性、道德观的历史发展、道德的阶级性和人性等基本理论问题"②。对于马克思主义经典的诠释当然不能局限在这两部分，因为马克思主义更多的道德伦理思想是包裹在整个思想体系之中的，我们需要对它进行更全面、更深入、更合理的诠释，这样就可以在

---

① 李宗桂：《试论中国优秀传统文化的内涵》，载《学术研究》，2013年第11期，第38页。

② 宋希仁：《马克思恩格斯道德哲学研究》，北京：中国社会科学出版社2012年版，第9页。

道德教育过程中充分运用历史唯物主义的方法把握"道德的起源、本质、发展规律和社会作用等问题"①。马克思主义经典诠释可以为道德教育提供思想政治保证，在道德教育过程中坚持马克思主义的指导，坚持人民本位的根本政治立场，坚持个人利益与集体利益的辩证统一、和谐发展的集体主义性质，这是与中华文化传统经典相一致的，更有助于中华民族精神的传承。而且马克思主义经典有实践性和辩证法的科学精神，包含有丰富的认识世界和把握世界的科学方法，这种科学精神和科学方法确保了道德教育的科学性，为传承中华文化传统提供方法引领，避免道德狭隘和唯心主义的路径。马克思主义经典已经成为传承中华文化的思想指引，它在道德教育中起着无法替代的指导作用，诠释马克思主义经典是新时期道德教育合理发展的必要手段。它可以为塑造人的道德理想，建构真正意义上的人性完善和幸福生活提供正确引导。

（三）开展文化实践是传承文化传统的实现条件

文化自产生以来就与实践密不可分，它产生于人的生产实践之中，并依存于实践和发展于实践。文化并不是一个抽象的概念，它是具体的实践性存在，它可以反作用于人的生活世界，推动人类社会的发展，成为改造人类生活世界的现实性力量。"文化为自我与他者的互动提供了'文化知识传递'的资源，使文化传统成为个人潜在的知识，自我与他者的互动又使文化知识得到'再生产与革新'，形成新的文化传统。"② 中西方历史传统文化中积累着大量的优秀文化传统，传承文化传统需要依赖于文化实践传承传统文化中最具有

---

① 宋希仁：《马克思恩格斯道德哲学研究》，北京：中国社会科学出版社2012年版，第9页。

② 李惠斌、薛晓源：《西方马克思主义研究前沿报告》，上海：华东师范大学出版社2007年版，第161页。

根本性和稳定性的精神意识，而且要实现文化知识的再生产，创造新的文化传统，引领时代先进文化。

"文化实践是人类改造世界过程中创造文化产品和形成精神成果的对象化活动。它是文化生产的参与者凭借一定的社会关系，创造出反映或体现自然、人类社会和人类思维等内容的文化产品的过程。"① 文化实践是特有的、有意识的文化活动，是人类区别于动物的重要标志之一。传承文化传统就离不开文化实践，需要将文化传统内涵到文化实践之中，通过文化实践外构文化，生成当前文化传统新发展的实践范式，创造道德教育得以顺利进行的机制场域。而随着信息化、全球化的发展，一个全方位的开放性的多元文化环境呈现在人们的面前，人们在文化实践中可以获得各种可能，这些可能寄托着人们成就理想人格和幸福生活的美好期许，为此要将文化实践进一步丰富，采取文化批判和超越，文化传播与教育和文化生产与消费的具体方式，建构起一个有机的、适应新时代需求的文化实践系统，推进中华文化传统的时代化新发展，完善道德教育的机制场域。

文化实践需要遵从"文化自身发展的客观延续性和文化主体的自觉选择性的具体的历史的统一"② 规律，采取批判继承与超越创新的积极措施，方可实现文化传统的现代传承。中华文化传统博大精深，底蕴丰厚，它是中华文明生生不息的根基所在，是道德教育的养料源泉。其中有以"苟利国家生死以，岂因祸福避趋之"为要义的爱国主义精神，以"天行健，君子以自强不息"为要义的奋斗精神，以"天地之性，人为贵"为要义的人文主义精神，以"兼收并蓄"、"上善若水"和"厚德载物"为要义的高尚品格，以"人若无

---

① 郝立新、路向峰：《文化实践初探》，载《哲学研究》，2012年第6期，第116页。
② 唐凯麟：《坚持批判继承和超越创新的辩证统一——建设有中国特色的社会主义新文化》，载《湖南师范大学社会科学学报》，1994年第3期，第23页。

志，与禽兽同类"为要义的崇高理想。这些都是中华文化传统的精华，是经过历史实践和合理批判而影响至今的精神瑰宝。这些精神瑰宝是中华民族屹立于世界之林的民族精神和求得中华民族繁荣富强的内在动力。当然这其中也有不符合时代发展需要的思想，以及来自西方社会的不良文化渗透。我们要对中华民族文化传统进行有效的批判继承，更需要充分吸收来自各方面的积极文化传统，实现文化的世界性和民族性的统一发展。无论外来文化还是本土文化，道德教育过程中都必须通过传播和教育方可得到有效传承，这是道德教育的基本工作。

道德教育的过程就是文化传播的过程，文化传播离不开道德教育，道德教育本身就是一种文化传播。在道德教育传播中需要采取自上而下和自下而上的两种传播方式。一是对文化传统中的价值体系、知识经验、思维方式和语言符号进行全面的接受和传递，使受教育者更好地适应所属团体的生活，继续维系和延续文化传统；二是对不同文化传统的输入，在交流、共享、互融中求得兼容并包的文化融汇。这两种传播构成了道德教育的一对文化范畴，相互影响，相互促进，避免文化传统传承的混乱和失谐。

最后，文化在人类的生存和发展过程中，有着同物质一样的存在形式，就是生产和消费的两个基本环节。文化生产是不断地对社会文化注入活力、创造文化文明成果的过程。它可以直面社会文化前沿，超越现有文化传统，开创文化发展的新领域和成就文化发展的新成果，这是传承文化传统的必要特点。文化消费是对已有社会文化传统直接享受和占有的过程，它以满足人们日常生活中的现实的、感性的需要为主，依赖于大众参与，直接产生大众文化，也称之为"俗文化"，与文化生产产生的"雅文化"相对。一个良好的社会文化体系是雅俗共进共赏的，如果发生了"雅"与"俗"之间的对立和分化，就会产生"文化沙漠化"的现象。"没有文化生产的发展,就意味着没有雅文化的创新,没有雅文化的创新,就没有俗文化的提高,于是整个社会在文化上就停滞、就老化、就'沙化'了。"① 文化生产与消费之间,雅文化与俗文化之间都需要积极互动,这是一个良好的社会文化体系应有的运行机制。道德教育中需要正视它们各自的意义和地位,解放思想,正视各自现实矛盾问题,促进文化消费对文化生产的提升,让雅文化引领俗文化的发展,避免"文化沙漠化",让文化传统得以有效传承,促进社会文化体系的良性状态对道德教育的支撑。

二、维护社会秩序

秩序"作为人类行为方式的一个重要特征,是社会的结构要素之一"②,任何社会都需要在一定的秩序轨道上运行。良好的社会秩序是人类社会得以有序运行的基础,是人类社会进步的必备条件。在人类长期征服自然和改造自然的过程中,逐渐形成了一些固定的社会关系,这些关系的制度化和规范化就是社会秩序。它是人类社会特有的现象,"反映着人类组织之间、个体之间及其社会组织与个体之间的相互关系、相互交往和相互作用的有序状态"③。

人类社会一直将建立和谐稳定的社会秩序作为社会存在和发展的目标,没有社会秩序,社会就无以存在;没有社会秩序,社会更无以发展。人类社会的发展史是一部不断进步和开创的历史,人类社会从未停止过新的发展和突破,它需要社会秩序维系人类社会发展的阶段性和连续性。所以,社会秩序不是固定不变的,而是随着

---

① 李顺德:《论文化生产与消费的良性互动》,载《中国出版》,2005年第1期,第30页。

② 邢建国、汪青松、吴鹏森:《秩序论》,北京:人民出版社1993年版,第1页。

③ 官志刚:《社会转型与秩序重建》,北京:中国人民公安大学出版社2004年版,第31页。

人类社会的发展而不断变动发展的。它需要随着社会发展的变化而改变自身去适应一定社会的新秩序需要。只是它与社会发展难以同时进行，于是就会产生社会失序的现象。它是"一个社会既有的行为模式与价值观念被普遍怀疑、否定或被严重破坏，逐渐失却对社会成员的约束力，而新的行为模式与价值观念又尚未被人们普遍接受，对社会成员不具有约束力，从而使得社会成员的行为缺乏明确的社会规范约束，形成社会规范的'真空'、缺如"①。而当前我国正处于社会转型的重要时期，原本规范性人际关系和制度化的社会状态不再被某些人遵循，出现了一些失序现象。道德教育作为一项培养人道德理想的精神塑造活动，在这其中起到了重要的社会秩序调控作用。道德教育是当前社会秩序调控的价值主导形式，维护好和谐稳定的社会秩序是道德教育的时代要求和目标使然。

（一）完善社会实体是维护社会秩序的载体

社会实体"是用来表示处于一定社会关系中的人或由个人在社会中所组成的集合"②。它是社会秩序的载体，"是秩序存在和运行的物质条件，一切社会的秩序都必须依附在一定的社会实体之上"③。社会实体是一个广义的概念，它包括多方面的内容。而就每个人所处的一定社会关系而言，主要是指群体和组织。群体和组织是社会实体的主要形式，是处于一定社会发展阶段为维护社会秩序的必然产物。在日常生活中，这种群体和组织主要是家庭、学校和社会。这三个方面长期以来是人们生产生活的重要场域，它支撑着人们的日常生活。而就道德教育而言，家庭、学校和社会一直在其中被要

---

① 郑杭生、李强等：《社会运行导论——有中国特色的社会学基本理论的一种探索》，北京：中国人民大学出版社1993年版，第447—448页。
② 邢建国、汪青松、吴鹏森：《秩序论》，北京：人民出版社1993年版，第25页。
③ 邢建国、汪青松、吴鹏森：《秩序论》，北京：人民出版社1993年版，第26页。

求"做到方向一致,目标相同,要求统一,手法协调,密切配合"①,以形成"以政府政策导向、学校主导、家庭和社会参与"②的教育网络,让道德教育在维护社会秩序中起到更好的作用。这种网络化的教育模式的确起到了积极的作用,为道德教育营造了良好的环境,激发了社会实体之间在维护社会秩序中的合力功能。

可社会实体相对于社会秩序而言,它并不是完全被动的。它会随着社会生产力和生产关系的发展变化产生新的实体变化和实体内容。一是在人们日常生活中,产生了由若干社会群体或社会组织聚集在一定范围领域且在生活上相互关联的社会生活共同体,即社区。社会是我国现代城市化发展的产物,它有一定的人口数量、地理区域,也有人们之间的社会交往及共同利益和意识。它对我国当前社会秩序的和谐稳定起着重要的支持作用,是我国现代社会秩序发展的基础单位。为此,道德教育在社会秩序调控中的价值主导需要在社会中产生效应,才能更好地对社会秩序产生作用。将社区治理融入到家庭、社会和学校的网络中是新时期道德教育维护社会秩序的重要任务。社区是人与人之间最直接接触的领域,人们的道德理想状态直接反映在社区生活中。可以说,没有良好的社区治理,就无法推进道德教育对社会秩序的积极作用。道德教育过程中需要将社区视为其实体性机构,是系统开展工作的重要平台。具体可以建构家庭、学校、社会与社区"四位一体"的现代教育网络,以走出教育误区、探求社会秩序发展的新局面。

---

① 池平青:《学校、家庭、社会齐心合力是高校德育工作的基础》,载《中国高教研究》,2000年第4期,第51页。

② 池平青:《学校、家庭、社会齐心合力是高校德育工作的基础》,载《中国高教研究》,2000年第4期,第51页。

(二) 凝聚价值共识是维护社会秩序的关键

党的十八大报告提出了"倡导富强、民主、文明、和谐，倡导自由、平等、公正、法治，倡导爱国、敬业、诚信、友善，积极培育和践行社会主义核心价值观"①。社会主义核心价值观是为了适应当前社会主义现实发展要求而提出的，它"精辟概括了社会主义所崇尚的一系列基本价值理念，涵盖中国特色社会主义的奋斗目标、社会理想、行为准则，体现了对国家、社会、个人不同层面的价值要求"②，更彰显了人们在国家政治生活、社会生产生活、个人日常生活中的品质需求。社会主义核心价值观承载着中国特色社会主义的共同理想，也凝聚了社会价值共识，引领了社会思潮，是新时期规范国家公共权力、维护社会秩序和谐稳定及个人日常生活的重要价值要求。

习近平指出："人类社会发展的历史表明，对一个民族、一个国家来说，最持久、最深层的力量是全社会共同认可的核心价值观。核心价值观，承载着一个民族、一个国家的精神追求，体现着一个社会评判是非曲直的价值标准。"③ 正所谓"知之非艰，行之惟艰"④，社会主义核心价值观经过长时期的历史推敲和实践考证而形成。它需要被人们认识，成为全民共识，成为人们生活世界中的自觉意识。这是一个凝聚价值共识、塑造价值共识的过程。"一个国家、一个民族没有赖以维系的精神共识为纽带，就没有共同的思想

---

① 《坚定不移沿着中国特色社会主义道路前进，为全面建成小康社会而奋斗——在中国共产党第十八次全国代表大会上的报告》，北京：人民出版社2012年版，第31—32页。

② 沈壮海：《社会主义核心价值观培育和践行的着力点》，载《思想政治工作研究》，2012年第12期，第17页。

③ 《习近平谈治国理政》，北京：人民出版社2014年版，第168页。

④ 王守仁：《王文成公全书》，北京：中华书局2015年版，第335页。

基础，就经历不起风吹草动，不可能凝聚起来团结一心实现天下大治。"① 凝聚人们对于社会主义核心价值观的共识，是中华民族在21世纪获得更多进步的深沉力量，是筑起道德理想的坚实基础，更是维护社会秩序的根基所在。"如果一个民族、一个国家没有共同的核心价值观，莫衷一是，行无依归，那这个民族、这个国家就无法前进。"②

培育和践行社会主义核心价值观是针对当前多元价值社会进行价值共识凝聚的过程。它继承传统、引领时代、面向未来，凝结着新时期的道德理想要求。具体来说，要将社会主义核心价值观作为道德教育的内核和灵魂，采取多种传播途径，创造更多施教载体，以全面提高人们的价值共识。这样人们就可以在国家政治生活、社会生产生活和个人日常生活中培育和践行社会主义核心价值观，不断完善理想人格和追求幸福生活，成为新时期社会秩序进步的标志。

（三）塑造角色规范是维护社会秩序的基础

"角色在社会结构中具有重要的地位和作用，它是社会结构体系中的纽带，是社会秩序中的实体性存在。"③ 对于每个人来说，都有其在社会秩序中的具体位置，且每个位置都有其具体的规定性，即角色规范。社会秩序的和谐稳定依赖于社会中每个社会成员对自我角色规范的清晰定位和有效践行。在我国传统社会中，有"君君、臣臣、父父、子子"的说法，它虽然包含着封建等级森严的国家机

---

① 任建东：《以社会主义核心价值观为共识再塑道德信仰》，载《伦理学研究》，2015年第1期，第17页。

② 《习近平谈治国理政》，北京：人民出版社2014年版，第168页。

③ 宫志刚：《社会转型与秩序重建》，北京：中国人民公安大学出版社2004年版，第98页。

器要求和统治阶级不平等的规范意识，但它体现了我国传统社会中角色规范的存在，维系了传统社会的秩序稳定。当然角色规范毕竟是社会生产力发展的必然产物，它也必然会随着人类社会生产力和生产关系的矛盾运动产生新的变化。

当前我国社会面临着重要的转型问题，很多传统的角色规范体系被打破。传统的角色规范一成不变，而当前在生活世界中的角色规范常常面临着多样化和相对性的角色规范要求，也就是社会学中所说的"角色丛"现象。比如，在学校里，就是学生的角色，需要践行学生道德信条；回到家中，就是子女或兄弟姐妹的角色，需要践行家庭伦理要求的道德信条；到商店里，就是消费者的角色，需要践行社会公民应行使的道德信条……社会转型让人们的角色日益丰富，各种角色的规范性要求也逐渐多样。而有些人会因为缺乏角色规范，产生了角色失范现象，影响到了社会秩序的和谐稳定。塑造角色规范成为了当前维护社会秩序的基础，是当前道德教育的重要内容。在道德教育中不能有效塑造角色规范，就会产生角色冲突和角色失范的危险，无法引领人的道德理想。塑造角色规范，不仅要有法律规则的硬性要求，也需要伦理道德等社会规范的约束。"它具体地指导每个人在特定的角色规范下的具体行为，是社会总的道德原则的具体化和补充。"①

社会主义核心价值观中包含着国家、社会和个人三个层面的道德要求和价值追求，对国家政治生活、社会生产生活和个人日常生活提出了具体规范，是当前社会转型中不同生活方式和角色状态的共同道德信条。它对道德教育过程中开展塑造角色规范工作起到统领和具体完善的作用。道德教育过程中以社会主义核心价值观为指导，塑造角色规范，是当前社会秩序稳定发展的必然要求，也是弘

---

① 魏丽娟：《浅谈社会角色的道德规范》，载《上海党校学报》，1986年第8期，第30页。

扬和践行社会主义核心价值观的合适土壤,可以更好地为生活世界中的人们寻找到精神家园,可以让人们在社会转型的多元文化中不失意义世界的追寻。

三、发展个性自由

陀思妥耶夫斯基在其《死屋手记》中,把个性自由作为该部卓越作品的思想基础。在他看来,没有个性自由,就没有其作品的完成。他把个性自由视为人最主要、最宝贵的东西之一。个性自由是人类自由发展的最高境界,是人类长期努力追求的目标。"所谓个性自由,也就是个性超越条件限制,充分发展自己素质的过程。"[①] 拥有个性自由,人们可以在生活世界中根据自己发展需要,"自主地进行自我定向、自我选择、自我设计和自我创造,追求区别于他人的自身独特性"[②]。这样个人的潜能和创造力就会被激发出来,创造出巨大的物质财富和丰富的精神财富,以满足于个人在生活世界中的生产生活需要。

个性自由对于个人来说,是一个人不断获得解放的过程。只是解放"只有在现实的世界中并使用现实的手段才能实现真正的解放;没有蒸汽机和珍妮走锭精纺机就不能消灭奴隶制;没有改良的农业就不能消灭奴隶制;当人们还不能使自己的吃喝穿在质和量方面得到充分供应的时候,人们就根本不能获得解放"[③]。解放是一项历史发展的活动,人的个性自由通过解放实现,就意味着它必须依赖于社会生产力和社会文化的高度发展,必须从人与人、人与社会的关

[①] 刘相、魏焕信:《社会协调发展与人的全面发展:江泽民全面发展思想研究》,济南:山东人民出版社2002年版,第358页。

[②] 卢俊勇、陶青:《个性自由:当代教育的价值诉求》,载《现代教育管理》,2012年第2期,第11页。

[③] [俄] 巴加图利亚:《巴加图利亚版〈德意志意识形态·费尔巴哈〉》,张俊翔编译,南京:南京大学出版社2011年版,第14页。

系中获得实现。当前社会主义市场经济的推进,为个性自由的发展提供了经济基础也创造了更多机会,但这并不意味着人的个性自由发展就可以脱离一定的社会关系,成为一种"绝对的、毫无限制的自由"①。当前社会转型导致脱离一定社会关系的个性自由扭曲发展。一些人的个性自由建立在疏离生活世界的基础之上,很容易产生道德理想迷惘,甚至是危机的状态。反而,失去了发展个性自由的良好时机。

"任何个性的人都是一定社会的人"②,人的个性自由发展必须融入社会发展之中。道德教育是在这其中起到了有效调节各种关系的作用,毕竟"个性是由先天气质和后天特质组成的"③,人的个性自由发展需要道德教育发展天性、克服弱点和联系社会。这是一个明确个人价值与社会价值、个人利益与社会利益和个人权利与社会责任的统一关系过程,这样就避免了超越历史条件而盲目追求个性自由的发生,道德危机就可以得到缓解,更好地促进个性自由发展。

(一) 调适个人价值与社会价值

道德教育是一项人格超越活动,有着人实现自我超越的形而上意义,是人的个人价值和社会价值的统一过程。人的个性自由发展是人格超越的关键环节,人的个性自由发展是促进人的人格超越的动力源,没有人的个性自由实现,也没有人的人格超越可能。人的人格超越需要通过个性自由发展体现出个人价值,但"人的本质并不是单个人所固有的抽象物。在其现实性上,它是一切社

---

① 刘继荣:《论个性自由与社会和谐》,载《内蒙古农业大学学报(社会科学版)》,2010年第3期,第278页。

② 刘相、魏焕信:《社会协调发展与人的全面发展:江泽民全面发展思想研究》,济南:山东人民出版社2002年版,第358页。

③ 刘丽红、刘洪蕾:《个性自由——人类发展的原动力》,载《吉林师范大学学报(人文社会科学版)》,2008年第2期,第93页。

会关系的总和"①。人的价值不仅仅体现在个人价值上，而且体现在社会价值上。

人们存在于社会之中，社会性是其根本属性，社会价值也应该成为其个性自由发展的首要价值体现。个性自由发展的出发点应该是为社会进步和发展而服务，这是每个人对社会的应有贡献。社会价值"按道理说应该由社会根据自己的需要和发展来进行价值判断，但社会并不是脱离具体个人的抽象物，'在社会历史领域内进行活动的，全是具有意识的、经过思考或凭激情行动的、追求某种目的的人'"②。社会价值最终也需要具体的人来衡量和评价，社会价值的主体是具有社会性的人。人是个人价值和社会价值的共同主体，人不可能置身于社会之外，个人的价值选择更不能背离合理的社会价值追求。"社会价值从人的生存与发展整合性、整体性角度建构一种实现社会进步与发展的价值目标。这种价值目标高于和优于个人价值目标。"③ 这正是在道德教育过程中需要确立社会主导价值的必要性所在，它可以调适个人价值与社会价值的统一关系。社会主义核心价值观是当前社会先进的主流价值观，可以容括一切进步的个人价值追求和合理的社会价值发展。以社会主义核心价值观助推个性自由发展过程中的个人价值和社会价值的同构，可以满足社会发展和个人发展的需要，为最终理想人格的实现提供价值选择和判断的基本尺度。

---

① 官敬才：《马克思经济哲学研究》，北京：人民出版社2014年版，第420页。
② 吴云、李春光：《论社会价值与个人价值的矛盾及其调适》，载《理论探讨》，2008年第2期，第68页。
③ 刘红英：《个人价值与社会价值的同构——论大学德育功能的实现》，载《湖南社会科学》，2007年第1期，第169页。

(二) 引导个人利益与社会利益

"我们所谓的自由,不是世界的无序状态,也不是人们行为上、精神活动中的随心所欲。"[①] 在发展个性自由的过程中必然会触及个人利益和社会利益的矛盾问题,这个问题是当前我国社会主义市场经济发展过程中的基本问题。它关系到经济改革和社会发展的目的性完成,是个性自由发展的物质基础和社会根基。道德教育中对个人利益和社会利益的积极引导,对发展个性自由,促进社会主义市场经济发展过程中个人利益取向同社会利益取向相互兼容,有着全局性的意义。在社会主义市场经济环境下,每个人都渴望获得更大范围的个性自由,希望可以获得自身的利益最大化。但每个人自身利益的满足是和能否满足他人和社会需要紧密结合在一起的,"社会对个人的回报以个人对社会的贡献为前提,市场经济就是按照个人投入生产要素的贡献进行分配的"[②]。

社会主义市场经济中以生产资料公有制为主体,个人利益和社会利益本质上是一致的,它们之间相互依存、相互渗透。"共同利益在历史上任何时候都是由作为'私人'的个人造成的。"[③] 社会利益就是人们的共同利益,社会利益必须依靠个人利益的实现而产生,个人利益的实现依赖于社会利益的实现,社会利益的实现为个人利益的实现提供坚实保障。社会主义市场经济给人的个性自由发展提供了广阔天地,但这并不表示社会主义市场经济只讲个人利益,或者是片面强调个人利益。社会主义市场经济是我国现代化

---

① 韩源、侯德芳:《21世纪的高校思想政治教育》,成都:西南财经大学出版社2002年版,第183页。

② 赵子忱:《论个人与社会的利益关系》,载《空军政治学院学报》,1999年第4期,第62页。

③ 吴元梁:《马克思主义哲学形态的演变(下卷)》,北京:中国社会科学出版社2010年版,第928页。

文明发展的产物,"个人在市场活动中的行为属于私人行为,充当的角色是个人利益的主体;而个人在公共活动中的行为属于公共行为,此时的身份是社会利益的代表"①。人的人性自由发展不能忽视社会利益,否则就会产生各种极端个人主义,丧失道德理想的失范现象。道德教育过程中引导人们对社会利益的关注,尤其是对"全体人民的共同利益、根本利益、长远利益"②的关注,这是社会主义条件下的道德教育使然。人们对社会利益和个人利益的认识程度越高,所获得的个性自由的发展范围越大,也就更加有助于社会主义市场经济的发展。

(三) 明晰个人权利与社会责任

发展个性自由是"每个人据其人性所拥有的一个唯一的和原始的权利"③。个性自由"是人的一种本质追求,是展示人本质的一种必然形式"④。我国社会主义市场经济的发展给人的个性自由发展提供了一定的物质支持和更大的实践场域。个性自由越来越受到人们的追捧,越来越具有面向未来的无限生命力,让当下的人们充分享受到了个性自由发展所赋予人的个人权利。在现代中的人们为了满足自我生存与发展的需要,产生了多方面的个人权利认知和要求,而且在具体的生产实践中有些人甚至将个人权利凌驾于社会责任之上,产生了对个人权利要求过多,社会责任践行较少的现象。"权利

---

① 赵子忱:《论个人与社会的利益关系》,载《空军政治学院学报》,1999年第4期,第65页。

② 姚传旺、张长远、罗张甫:《邓小平著作专题研究》,北京:人民出版社1988年版,第119页。

③ [美] E.博登海默:《法理学——法哲学及其方法》,邓正来译,北京:华夏出版社1987年版,第273页。

④ 韩源、侯德芳:《21世纪的高校思想政治教育》,成都:西南财经大学出版社2002年版,第183页。

是个人道德的重要内容"①,个人权利如何行使,是人们道德理想是否坚定的直接表现。道德教育过程中需要强调"没有无义务的权利,也没有无权利的义务"②。义务代表着应尽之为,是一种责任。个人权利和社会责任从来都是对等的,无义务或责任的权利是特权,无权利的义务或责任是一种缺乏人权的奴役,是不人道的。一个合理的、文明的现代社会状态,必然是个人权利和社会责任有机结合的产物。

现代社会中,个人权利意识是公民意识的核心。但它除了要对应当享有的权利进行认识外,更要对相应的、有利于社会秩序的社会责任意识充分把握。个人权利并不是无条件并可以任意扩大的,任何人的个人权利实现都需要与社会责任紧密相连,享受个人权利与担当社会责任是和谐共存的。"个人离不开社会,社会为个人的成长、潜力的发挥和个人利益的实现,提供了基本的前提和保障。"③人们在享受个人权利的同时,也应该担当相应的社会责任。这是现代公民意识的基本要求,是"公民对自身角色、地位、价值的动态认知及其自觉反映"④,"目的在于保障社会的秩序状态"⑤。否则,我国社会主义市场经济所带来的现代文明发展将会走向畸形,个性自由发展将在有权利无责任中面临不可避免的失败。当然,对道德教育来说,个人权利和社会责任的明晰也可以借助法律的权威,共同推进这项工作的完成。

---

① 张丽清:《近代中国人权思想研究——以知识者为视角》,北京:中国政法大学出版社2010年版,第120页。

② 《马克思恩格斯文集》第3卷,北京:人民出版社2009年版,第227页。

③ 黄雯:《以人为本的两个维度:个人自由与社会责任共存》,载《福建师范大学学报(哲学社会科学版)》,2009年第3期,第54页。

④ 郭力源:《个人权利与公共利益平衡中的公民意识价值追问》,载《河南师范大学学报(哲学社会科学版)》,2015年第6期,第13页。

⑤ 俞睿、皋艳:《公民意识:中国政治现代化的驱动力》,载《求实》,2006年第1期,第67页。

结　语

　　道德理想是每个人人生幸福的精神源泉，是社会和谐稳定的价值养料。本书在有限的篇幅中探索了道德理想之于道德教育的本质存在，以及道德教育对生活世界疏离与回归等问题。道德教育植根于生活世界、发展于生活世界并实现于生活世界。没有生活世界，也就无所谓道德教育。当前我国道德教育受生活世界的变化影响，存在着疏离生活世界的现象，产生了一些问题。回归生活世界成为学界关注的热点，但回归生活世界并不是回归现存流俗的日常生活世界，不是回归远离世俗的非日常生活世界，更不是回归到科学的和生活的、日常的和非日常的等各种生活世界的人为统一世界。道德教育需要回归可能生活世界，可能生活世界寄托着人对理想人格完善和幸福生活追求的期许，是人得以成为可能人和获得可能生活的能及场域，更是应对"如何做人和如何生活"基本问题的合理场域。

　　道德教育回归可能生活世界实质是对人的回归，使人从抽象的人走向生成的人、从分裂的人走向完整的人、从自在的人走向自为的人。人区别于动物，是有追求的，"人的任何一种追求也都是对于幸福的追求"[①]。幸福是心灵的内在感验，它是精神世界的完美，需

[①] 杜志清：《西方哲学史》，北京：高等教育出版社2001年版，第407页。

要道德理想作为基础。道德教育回归可能生活世界，让人的生活世界更具有期待性，是一种能给予人目的性理想实现的美好场域，是道德教育时代化发展的必然。

  探索道德教育对生活世界的疏离与回归是一个理论性和实践性都很强的课题。在研究中深感难度之大和困难之多，尤其在对生活世界的理解上，这不仅是一个理论的问题，它更需要自我人生阅历的积累和对生存、生活、生命的深切感悟。探索生活世界的过程，也是对自我人生的阶段性体悟，是自我成长的思索。提出道德教育对可能生活世界的回归，更寄托着自己完善可能自我和追求可能生活的美好期许。希望自己能够成为永怀道德理想的人，成为一个拥有自由、健康且幸福的人。相信对此问题的探索，随着自我人生的发展和生活的积累，会有更多的感触，这需要在以后的研究中进一步推进和充实。

参考文献

一、马列经典

1. 《马克思恩格斯选集》第 1 卷，北京：人民出版社 1995 年版。
2. 《马克思恩格斯选集》第 4 卷，北京：人民出版社 1995 年版。
3. 《马克思恩格斯文集》第 1 卷，北京：人民出版社 2009 年版。
4. 《马克思恩格斯文集》第 3 卷，北京：人民出版社 2009 年版。
5. 《毛泽东选集》第 1 卷，北京：人民出版社 1991 年版。
6. 《毛泽东选集》第 3 卷，北京：人民出版社 1991 年版。
7. 《邓小平文选》第 2 卷，北京：人民出版社 1994 年版。

二、国内著作

1. 《习近平谈治国理政》，北京：人民出版社 2014 年版。
2. 《习近平总书记系列重要讲话读本》，北京：学习出版社 2014 年版。
3. 《十二大以来重要文献选编》（中），北京：人民出版社 1986 年版。
4. 《十四大以来重要文献选编》（中），北京：人民出版社 1997

年版。

5.《十五大以来重要文献选编》（下），北京：中央文献出版社2011年版。

6.《十六大以来重要文献选编》（上），北京：中央文献出版社2011年版。

7.《十六大以来重要文献选编》（中），北京：中央文献出版社2011年版。

8.《十六大以来重要文献选编》（下），北京：中央文献出版社2008年版。

9.《坚定不移沿着中国特色社会主义道路前进，为全面建成小康社会而奋斗——在中国共产党第十八次全国代表大会上的报告》，北京：人民出版社2012年版。

10. 江泽民：《论"三个代表"》，北京：中央文献出版社2001年版。

11.《培育和践行社会主义核心价值观》，北京：人民出版社2014年版。

12.《十八大报告辅导读本》，北京：人民出版社2012年版。

13. 艾四林：《哈贝马斯》，长沙：湖南教育出版社1999年版。

14. 艾福成：《马克思主义哲学著作研究》，长春：吉林大学出版社2004年版。

15. 班华：《现代德育论》，合肥：安徽人民出版社2005年版。

16. 曹子建、李志平：《我国高校教师的权利义务》，成都：四川大学出版社2012年版。

17. 曹德谦：《美国的108》（上卷），北京：中央编译出版社2012年版。

18. 陈江风：《中国文化概论》，南京：南京大学出版社2002年版。

19. 陈子舜：《中华民族伟大复兴的政治支撑：江泽民政治思想研究》，南昌：江西人民出版社 2002 年版。

20. 陈嘉映：《语言哲学》，北京：北京大学出版社 2003 年版。

21. 陈善卿、张炳生、辛国俊：《生活德育论：陶行知德育理论的研究与实践》，长春：东北师范大学出版社 2005 年版。

22. 陈潮光、刁振强：《大学生党建工作教程》，北京：人民出版社 2009 年版。

23. 陈平：《美国道德教育发展研究》，南京：南京大学出版社 2011 年版。

24. 陈前进：《受益一生的 600 个哲学常识》，天津：天津科学技术出版社 2012 年版。

25. 陈学明：《永不消逝的"幽灵"：重读〈共产党宣言〉》，北京：人民出版社 2013 年版。

26. 蔡尚思：《中国礼教思想史》，上海：上海古籍出版社 2006 年版。

27. 蔡长水：《中央党校大讲堂 蔡长水讲稿》，北京：中共中央党校出版社 2013 年版。

28. 程颢、程颐：《二程集》（卷九），北京：中华书局 1981 年版。

29. 辞海编辑委员会：《辞海》，上海：上海辞书出版社 1999 年版。

30. 杜维明：《人性与自我修养》，北京：中国和平出版社 1988 年版。

31. 杜志清：《西方哲学史》，北京：高等教育出版社 2001 年版。

32. 《中国大百科全书》（教育卷），北京：中国大百科全书出版社 1985 年版。

33. 段鸿：《现代德育——理论和实践》，上海：上海教育出版社 2012 年版。

34. 邓达等：《学校德育课程的精神视界》，北京：人民出版社 2013 年版。

35. 冯友兰：《冯友兰选集》（下卷），北京：北京大学出版社 2000 年版。

36. 冯建军：《生命与教育》，北京：教育科学出版社 2004 年版。

37. 范捷平：《德国教育思想概论》，上海：上海译文出版社 2003 年版。

38. 费孝通：《乡土中国》，上海：上海人民出版社 2006 年版。

39. 复旦大学马克思主义研究院：《当代中国马克思主义研究报告（2011—2012）》，北京：人民出版社 2013 年版。

40. 高洪兴：《缠足史》，上海：上海文艺出版社 1995 年版。

41. 高地：《中国共产党社会主义核心价值观教育研究》，北京：人民出版社 2013 年版。

42. 顾明远：《世界教育大事典》，南京：江苏教育出版社 2000 年版。

43. 顾明远、边守正：《陶行知选集》第 1 卷，北京：教育科学出版社 2011 年版。

44. 郭元祥：《生活与教育——回归生活世界的基础教育论纲》，武汉：华中师范大学出版社 2002 年版。

45. 郭齐勇：《中国儒学之精神》，上海：复旦大学出版社 2009 年版。

46. 郭建宁：《社会主义核心价值观基本内容释义》，北京：人民出版社 2014 年版。

47. 宫志刚：《社会转型与秩序重建》，北京：中国人民公安大学出版社 2004 年版。

48. 宫敬才：《马克思经济哲学研究》，北京：人民出版社 2014 年版。

49. 弓肇祥：《可能世界理论》，北京：北京大学出版社 2003 年版。

50. 韩源、侯德芳：《21 世纪的高校思想政治教育》，成都：西南财经大学出版社 2002 年版。

51. 韩星：《中国文化通论》，西安：陕西师范大学出版总社有限公司 2010 年版。

52. 韩博：《王阳明心学笔记》，武汉：华中科技大学出版社 2014 年版。

53. 贺麟：《贺麟新儒学著作辑要》，北京：中国广播电视出版社 1995 年版。

54. 贺麟著、张学智：《贺麟选集》，长春：吉林人民出版社 2005 年版。

55. 何兹全：《中国古代社会》，郑州：河南人民出版社 1991 年版。

56. 何怀宏：《底线伦理》，沈阳：辽宁人民出版社 1998 年版。

57. 何顺果：《美国史通论》，上海：学林出版社 2001 年版。

58. 何顺果：《美国历史十五讲》，北京：北京大学出版社 2007 年版。

59. 何东昌：《中华人民共和国重要教育文选（1976—1990）》，海口：海南出版社 1998 年版。

60. 何东昌：《中华人民共和国教育史》（下卷），海口：海南出版社 2007 年版。

61. 《高举中国特色社会主义伟大旗帜，为夺取全面建设小康社会新胜利而奋斗》，北京：人民出版社 2007 年版。

62. 胡晓风等：《陶行知教育文集》，成都：四川教育出版社 2007 年版。

63. 胡光伟、刘景山：《党风廉政建设》，北京：人民日报出版社 2007 年版。

64. 黄明理：《社会主义道德信仰研究》，北京：人民出版社 2006 年版。

65. 侯均生：《西方社会思想史》，天津：南开大学出版社 2007 年版。

66. 候才、王伟光：《社会主义通史》第 3 卷，北京：人民出版社 2011 年版。

67. 金岳霖：《论道》，北京：商务印书馆 1987 年版。

68. 江苏省陶行知教育思想研究会、南京晓庄师范陶行知研究室：《陶行知文集》，南京：南京教育出版社 1991 年版。

69. 教育大辞典编纂委员会：《教育大辞典·外国教育史》第 11 卷，上海：上海教育出版社 1991 年版。

70. 贾馥茗：《人格心理学概要》，台北：三民书局 1997 年版。

71. 靳玉乐、李森：《现代教育学》，成都：四川教育出版社 2005 年版。

72. 荆学民：《现代信仰学导引》，北京：中国传媒大学出版社 2012 年版。

73. 吕达、刘立德、邹海燕：《杜威教育文集》第 2 卷，北京：人民教育出版社 2008 年版。

74. 吕达、刘立德、邹海燕：《杜威教育文集》第 3 卷，北京：人民教育出版社 2008 年版。

75. 林崇德：《品德发展心理学》，上海：上海教育出版社 1989 年版。

76. 林夕宝、王传明：《大学生就业指导》，北京：北京理工大学出版社 2006 年版。

77. 林玉体:《西方教育思想史》,北京:九州出版社 2006 年版。

78. 林彬、罗广波:《中医药文化与学生管理》,北京:知识产权出版社 2014 年版。

79. 刘建军:《追问信仰》,石家庄:河北人民出版社 1998 年版。

80. 刘军、舒畅:《瑞士》,北京:世界知识出版社 2002 年版。

81. 刘相、魏焕信:《社会协调发展与人的全面发展:江泽民全面发展思想研究》,济南:山东人民出版社 2002 年版。

82. 刘绪贻、杨生茂:《美国通史·崛起和扩张的年代 1898—1929》,北京:人民出版社 2008 年版。

83. 刘卓红、钟明华:《开放德育论——大学生思想政治教育继承借鉴与批评创新研究》,北京:人民出版社 2008 年版。

84. 刘放桐:《探索、沟通和超越》,北京:北京师范大学出版社 2010 年版。

85. 刘建华:《赛博空间的舆论行为 校园网络舆论的形成机制及其思想政治教育研究》,北京:中国政法大学出版社 2011 年版。

86. 罗国杰:《伦理学》,北京:人民出版社 1989 年版。

87. 罗国杰:《罗国杰文集》(下卷),保定:河北大学出版社 2000 年版。

88. 罗豪才、董云虎:《中国人权年鉴(2006—2010 年)》,长沙:湖南大学出版社 2012 年版。

89. 李燕:《文化释义》,北京:人民出版社 1996 年版。

90. 李锦坤等:《毛泽东战略思想研究》,天津:天津社会科学院出版社 2003 年版。

91. 李振澜、熊光:《中外名言大辞典》,成都:四川辞书出版社 1991 年版。

92. 李惠斌、薛晓源：《西方马克思主义研究前沿报告》，上海：华东师范大学出版社 2007 年版。

93. 李泽厚：《历史本体论·己卯五说（增订本）》，北京：生活·读书·新知三联书店 2008 年版。

94. 李彬：《走出道德困境——社会转型期的道德生活研究》，长沙：湖南师范大学出版社 2011 年版。

95. 李文阁：《回归现实生活世界》，北京：中国社会科学出版社 2002 年版。

96. 李文阁：《回归现实生活世界：哲学视野的根本置换》，北京：中国社会科学出版社 2004 年版。

97. 李申申等：《传承的使命：中华优秀文化传统教育问题研究》，北京：人民出版社 2011 年版。

98. 梁启超：《梁启超哲学思想论文选》，北京：北京大学出版社 1984 年版。

99. 康雪编：《梁启超新民说》，北京：中国文史出版社 2013 年版。

100. 鲁洁：《当代德育基本理论探讨》，南京：江苏教育出版社 2003 年版。

101. 鲁洁：《道德教育的当代论域》，上海：人民出版社 2005 年版。

102. 柳建辉：《中华人民共和国史（2002—2009）》，北京：人民出版社 2010 年版。

103. 联合国教科文组织国际教育发展委员会：《学会生存——教育世界的今天和明天》，北京：教育科学出版社 1996 年版。

104. 《培育和践行社会主义核心价值观党员干部读本》，北京：红旗出版社 2014 年版。

105. 秦弓：《中国人的德行》，北京：华龄出版社1997年版。

106. 戚万学、唐汉卫：《现代道德教育专题研究》，北京：教育科学出版社2005年版。

107. 《中华人民共和国教育法律法规总览：1949—1999》（下卷），北京：法律出版社2000年版。

108. 任建东：《道德信仰论》，北京：宗教文化出版社2004年版。

109. 苏育：《中华妙语大辞典》，西安：陕西人民教育出版社1990年版。

110. 苏振芳：《道德教育论》，北京：社会科学文献出版社2006年版。

111. 尚志英：《寻找家园——多维视野中的维特根斯坦语言哲学》，北京：人民出版社1992年版。

112. 单中惠：《西方教育思想史》，北京：教育科学出版社2007年版。

113. 沈壮海、佘双好等：《学校德育问题研究》，郑州：大象出版社2010年版。

114. 宋希仁：《马克思恩格斯道德哲学研究》，北京：中国社会科学出版社2012年版。

115. 上海辞书出版社文学鉴赏辞典编纂中心：《元明清诗三百首鉴赏辞典》，上海：上海辞书出版社2012年版。

116. 邵汉明、祖国华等：《马克思主义中国化新探》（上），长春：长春出版社2013年版。

117. 桑楚：《国学常识全知道》，昆明：云南人民出版社2013年版。

118. 思履：《国学知识大全》，北京：中国华侨出版社2014年版。

119. 陶行知：《陶行知全集》第 3 卷，成都：四川教育出版社 1991 年版。

120. 陶行知：《陶行知全集》第 2 卷，成都：四川教育出版社 1991 年版。

121. 陶行知：《陶行知教育名篇》，北京：教育科学出版社 2013 年版。

122. 陶行知：《中国教育改造》，北京：商务印书馆 2014 年版。

123. 唐汉卫：《生活道德教育论》，北京：教育科学出版社 2005 年版。

124. 唐汉卫、戚万学：《现代学校道德教育的问题与思索》，济南：山东教育出版社 2008 年版。

125. 唐凯麟：《中华民族道德生活史研究》，北京：金城出版社 2008 年版。

126. 唐爱民：《20 世纪西方社会思潮与道德教育》，济南：山东人民出版社 2010 年版。

127. 檀传宝：《教师伦理学专题》，北京：北京师范大学出版社 2003 年版。

128. 田光远：《科学与人的问题：论约翰·杜威的科学观及其意义》，上海：复旦大学出版社 2006 年版。

129. 吴元训：《中世纪教育文选》，北京：人民教育出版社 1989 年版。

130. 吴圣苓：《师典》，上海：上海人民出版社 2004 年版。

131. 吴启文：《改革开放的哲学》，香港：中国文化出版社 2008 年版。

132. 吴元梁：《马克思主义哲学形态的演变》（下卷），北京：中国社会科学出版社 2010 年版。

133. 王正萍：《马克思 恩格斯 列宁 斯大林 毛泽东论历史唯物

主义》（上），北京：北京师范大学出版社 1983 年版。

134. 王礼湛：《思想政治教育学》，杭州：浙江大学出版社 1989 年版。

135. 王守昌：《新思潮：西方非理性主义述评》，北京：东方出版社 1998 年版，第 106 页。

136. 王询：《文化传统与经济组织》，大连：东北财经大学出版社 1999 年版。

137. 王道俊、郭文安：《主体教育论》，北京：人民教育出版社 2005 年版。

138. 王克婴：《中国文化传统、社会变迁与人的全面发展》，天津：天津人民出版社 2007 年版。

139. 王秀华、程瑞山：《为政治立"法"——毛泽东政治伦理思想研究》，北京：人民出版社 2008 年版。

140. 王伟凯：《构建和谐社会的若干哲学问题研究》，天津：天津社会科学院出版社 2008 年版。

141. 王孝哲：《历史唯物主义新论》，合肥：合肥工业大学出版社 2011 年版。

142. 王定功：《青少年生命教育国际观察》，上海：上海交通大学出版社 2011 年版。

143. 王燕文：《社会主义核心价值观研究丛书·总论》，南京：江苏人民出版社 2015 年版。

144. 汪胤：《本质与劳动：马克思哲学思想的现象学解读》，北京：人民出版社 2014 年版。

145. 魏贤超：《道德心理学与道德教育学：柯尔伯格研究》，杭州：浙江大学出版社 1995 年版。

146. 魏长岭：《道德信仰与自我超越》，郑州：河南人民出版社 2004 年版。

147. 王阳明：《王阳明全集（壹）语录·文录》，陈恕编校，北京：中国书店 2014 年版。

148. 王阳明：《传习录全译》，于民雄注，顾久译，贵阳：贵州人民出版社 1998 年版。

149. 乌杰：《马列主义的系统思想》，北京：人民出版社 1997 年版。

150. 韦冬雪：《思想政治教育过程矛盾和规律研究》，北京：光明日报出版社 2011 年版。

151. 徐崇温：《存在主义哲学》，北京：中国社会科学出版社 1986 年版。

152. 徐春：《人的发展论》，北京：中国人民公安大学出版社 2007 年版。

153. 邢建国、汪青松、吴鹏森：《秩序论》，北京：人民出版社 1993 年版。

154. 《辞海》，上海：上海辞书出版社 1999 年版。

155. 项贤明：《泛教育论》，太原：山西教育出版社 2002 年版。

156. 许桂清：《美国道德教育理念研究》，北京：中国社会科学出版社 2008 年版。

157. 严复：《严复集》（第一册），北京：中华书局 1986 年版。

158. 严复：《严复集》（第四册），北京：中华书局 1986 年版。

159. 杨国荣：《伦理与存在——道德哲学研究》，上海：上海人民出版社 2002 年版。

160. 杨魁森：《当代哲学与社会发展》，北京：中国文联出版社 2004 年版。

161. 杨晓慧：《当代大学生成长规律研究》，北京：人民出版社 2010 年版。

162. 杨竞业：《文化现代化——从"自由的文化"到"文化的

自由"》,武汉:武汉大学出版社 2012 年版。

163. 杨信礼:《重读〈实践论〉〈矛盾论〉》,北京:人民出版社 2014 年版。

164. 袁贵仁:《人的哲学》,北京:工人出版社 1988 年版。

165. 袁锐锷、张季娟:《外国教育史纲》,广州:广东高等教育出版社 2002 年版。

166. 袁钰、温晓霜、王雅梅:《中国文化的生成与整合》,北京:中国时代经济出版社 2010 年版。

167. 姚传旺、张长远、罗张甫:《邓小平著作专题研究》,北京:人民出版社 1988 年版。

168. 余英时:《中国思想传统的现代诠释》,南京:江苏人民出版社 1998 年版。

169. 衣俊卿:《回归生活世界的文化哲学》,哈尔滨:黑龙江人民出版社 2000 年版。

170. 易连云:《重建学校精神家园》,北京:教育科学出版社 2003 年版。

171. 俞吾金:《被遮蔽的马克思》,北京:人民出版社 2012 年版。

172. 张焕庭:《西方资产阶级教育论著选》,北京:人民教育出版社 1979 年版。

173. 张传开、汪传发:《义利之间 中国传统文化中的义利观之演变》,南京:南京大学出版社 1997 年版。

174. 张博树:《现代性与制度现代》,上海:学林出版社 1998 年版。

175. 张曙光:《生存哲学——走向本真的存在》,昆明:云南人民出版社 2001 年版。

176. 张荣伟:《当代基础教育改革》,福州:福建教育出版社

2007年版。

177. 张斌贤：《外国教育思想史》，北京：高等教育出版社2007年版。

178. 张千帆：《宪法》，北京：北京大学出版社2008年版。

179. 张丽清：《近代中国人权思想研究——以知识者为视角》，北京：中国政法大学出版社2010年版。

180. 朱日耀：《中国政治思想史》，北京：高等教育出版社1992年版。

181. 朱传棨：《〈反杜林论〉哲学编学习纲要》，武汉：武汉大学出版社1995年版。

182. 朱光潜：《朱光潜学术文化随笔》，北京：中国青年出版社1998年版。

183. 朱力等：《社会学原理》，北京：社会科学文献出版社2003年版。

184. 朱银端：《网络道德教育》，北京：社会科学文献出版社2007年版。

185. 赵生晖等：《党的建设教程》，北京：人民出版社1995年版。

186. 赵祥麟、王承绪：《杜威教育名篇》，北京：教育科学出版社2006年版。

187. 赵汀阳：《论可能生活》，北京：中国人民大学出版社2010年版。

188. 周中之、王正平：《伦理学新论》，上海：文汇出版社1998年版。

189. 周远清：《周远清教育文集》（二），北京：高等教育出版社2007年版。

190. 郑杭生、李强等：《社会运行导论——有中国特色的社会学基本理论的一种探索》，北京：中国人民大学出版社 1993 年版。

191. 中国现代外国哲学学会：《现代外国哲学》第 5 辑，北京：人民出版社 1984 年版。

192. 《马克思 1844 年经济学哲学手稿》，北京：人民出版社 2000 年版。

193. 中国文化书院学术委员会编：《梁漱溟全集》第 2 卷，济南：山东人民出版社 2005 年版。

194. 中国社会科学院文献中心：《新世纪 党政干部理论学习文集 从严治党卷（上）》，北京：红旗出版社 2004 年版。

四、国外译著

1. ［美］A.H.马斯洛：《人类价值新论》，胡万福等译，石家庄：河北人民出版社 1988 年版。

2. ［瑞士］裴斯泰洛齐、［瑞士］阿·布律迈尔主编：《裴斯泰洛齐选集》第 1 卷，尹德新组译，北京：教育科学出版社 1994 年版。

3. ［德］雅斯贝斯：《生存哲学》，王玖兴译，上海：上海译文出版社 2005 年版。

4. ［古希腊］亚里士多德：《尼各马可伦理学》，廖申白译，北京：商务印书馆 2003 年版。

5. ［英］A.R.拉德克利夫-布朗：《原始社会的结构与功能》，潘蛟等译，北京：中央民族大学出版社 1999 年版。

6. ［法］爱弥尔·涂尔干：《教育思想的演进》，李康译、渠东校，上海：上海人民出版社 2003 年版。

7. ［德］埃德蒙德·胡塞尔：《欧洲科学危机和超验现象学》，张庆熊译，上海：上海译文出版社 2005 年版。

8. ［美］保尔·郎格郎：《终身教育引论》，周南照、陈树清译，北京：中国对外翻译出版公司 1985 年版。

9. ［俄］巴加图利亚：《巴加图利亚版〈德意志意识形态·费尔巴哈〉》，张俊翔编译，南京：南京大学出版社2011年版。

10. ［美］杜威：《杜威教育论著选》，赵祥麟、王承绪编译，上海：华东师范大学出版社1981年版。

11. ［美］杜威：《我的教育信条 杜威论教育》，彭正梅译，上海：上海人民出版社2013年版。

12. ［德］恩斯特·卡西尔：《人论》，甘阳译，上海：上海译文出版社1985年版。

13. ［英］丹尼斯·哈伊：《意大利文艺复兴的历史背景》，李玉成译，北京：生活·读书·新知三联书店1988年版。

14. ［英］D.D.拉雯尔：《道德哲学》，邱仁宗译，沈阳：辽宁教育出版社1998年版。

15. ［美］E.博登海默：《法理学——法哲学及其方法》，邓正来译，北京：华夏出版社1987年版。

16. ［美］费尔巴哈：《基督教的本质》，荣震华译，北京：商务印书馆1984年版。

17. ［美］弗洛姆：《爱的艺术》，赵正国译，成都：四川人民出版社1986年版。

18. ［德］胡塞尔：《欧洲科学的危机与超越论的现象学》，王炳文译，北京：商务印书馆2009年版。

19. ［德］胡塞尔：《欧洲科学危机和超验现象学》，张庆熊译，上海：上海译文出版社1988年版。

20. ［德］黑格尔：《法哲学原理》，范扬译，北京：商务印书馆1982年版。

21. ［美］赫舍尔：《人是谁》，隗仁莲译，贵阳：贵州人民出版社1994年版。

22. ［美］赫伯特·马尔库塞：《单向度的人——发达工业社会

意识形态研究》，上海：上海译文出版社 2008 年版。

23. ［法］基佐：《欧洲文明史——自罗马帝国败落起到法国革命》，程洪建，玩芷译，北京：商务印书馆 1998 年版。

24. ［美］简·杜威：《杜威传》，单中惠译，合肥：安徽教育出版社 2009 年版。

25. ［法］拉伯雷：《巨人传》，成钰亭译，上海：上海译文出版社 1981 年版。

26. ［苏］罗森塔尔：《马克思主义辩证法史 从马克思主义产生到列宁主义阶级之前》，北京：人民出版社 1982 年版。

27. ［德］路德维希·费尔巴哈：《费尔巴哈哲学著作选集》，荣震华译，北京：商务印书馆 1984 年版。

28. ［美］L.A.怀特：《文化的科学——人类与文明研究》，沈原等译，济南：山东人民出版社 1988 年版。

29. ［英］劳伦斯：《现代教育的起源和发展》，纪晓林译，北京：北京语言学院出版社 1992 年版。

30. ［法］卢梭：《爱弥儿——论教育》，李平沤译，北京：人民教育出版社 2001 年版。

31. ［美］莱因哈特·本迪克斯：《马克斯·韦伯思想肖像》，刘北城等译，上海：上海人民出版社 2002 年版。

32. ［美］约翰·奈斯比特：《2000 年大趋势》，尹萍译，北京：中共中央党校出版社 1990 年版。

33. ［南斯拉夫］米·马尔科维奇、加·彼得罗维奇：《南斯拉夫"实践派"的历史和理论》，重庆：重庆出版社 1994 年版。

34. ［德］马克斯·舍勒：《价值的颠覆》，罗梯伦等译，北京：生活·读书·新知三联书店 1997 年版。

35. ［德］M.兰德曼：《哲学人类学》，闫嘉译，贵阳：贵州人民出版社 2006 年版。

36. ［意］欧金·加林：《文艺复兴时期的人》，李玉成译，北京：生活·读书·新知三联书店2003年版。

37. ［德］奥斯瓦尔德·斯宾格勒：《西方的没落（第2卷）世界历史的透视》，吴琼译，上海：上海三联书店2006年。

38. ［瑞士］阿·布律迈尔主编：《裴斯泰洛齐选集》第1卷，尹德新组译，北京：教育科学出版社1994年版。

39. ［瑞士］裴斯泰洛齐：《裴斯泰洛齐教育论著选》，夏之莲等译，北京：人民教育出版社2001年版。

40. ［英］维特根斯坦：《哲学研究》，汤潮、范光棣译，北京：生活·读书·新知三联书店1992年版。

41. ［美］约翰·杜威：《学校与社会·明日之学校》，赵祥麟等译，北京：人民教育出版社1994年版。

42. ［美］约翰·杜威：《民主主义与教育》，王承绪译，北京：人民教育出版社2001年版。

43. ［美］约翰·杜威：《道德教育原理》，王承绪等译，杭州：浙江教育出版社2003年版。

44. ［德］雅斯贝尔斯：《什么是教育》，邹进译，北京：生活·读书·新知三联书店1991年版。

45. ［荷］伊拉斯谟：《愚人颂》，见华东师范大学教育系，浙江师范大学教育系选编：《西方古代教育论著选》，北京：人民教育出版社2001年版。

五、英文文献

1. R.Freeman Butts, *A Cultural History of Western Education: It's Social and Intellec-tual Foundations*, New York: McGraw-Hill, 1955.

2. Petra.Janssen, *Geschichte und Lebenswelt: Ein Beitrag zur Diskussion von Husserls Spätwerk*, Den Haag: Springer, 1970.

3. L. E. Raths, M. Harmin & S. B. Simon, *Values and Teaching:*

Working with Values in the Classroom, Columbus OH: Macmillan Publishing Company, 1978.

4. Stephen M. Yulish, *The Search for a Civic Religion: A History of the Character Education Movement in America*, 1890–1935, Lanham, MD: University Press of America, 1980.

5. Barry I. Chazm, *Contemporary Approaches to Moral Education Analyzing Alternative Theories*, New York: Teachers College Press, Columbia University, 1985.

6. William A. Donohue, *Why Schools Fail: Reclaiming the Moral Dimension in Education*, Washington, D.C.: Heritage Foundation, 1988.

7. John L. Elias, *Moral Edvcation: Secular and Religious*, Malabar: Robert E. Krieger Publishing Company, 1989.

8. Thomas Lickona, *Educating for Character: How Our Schools Can Teach Respect And Responsibility*, New York: Bantam Books, 1992.

9. Seyla Benhabib, Situating the Self, New York: Routledge, 1992.

10. Virginia Held, *Justice and Care: Essential Readings In Feminist Ethics*, Boulder: Westview Press, 1995.

11. Leming, JamesS., "*Whither Goes Character Education? Objectives, Pedagogy, and Research in Education Programs*", Journal of Education, Vol. 179, No.2, 1997, pp. 11–34.

12. Nash Robert J, *Answering the Virtuecrats: A Moral Conversation on Character Education*, New York: Teachers Colleges Press, 1997.

13. McClellan, B.Edward, *Moral Education in America: Schools and the Shaping of Character from Colonial Times to the Present*, New York: Teachers College Press, 1999.

14. Howard Kirschenbaum, "*From Values Clarification to Character Education: A Personal Journey*", Journal of Humanistic Counseling, Education

& Development, Vol.39, No.1, 2000, pp. 4-20.

15. Madonna M. Murphy, *Character Education in America's Blue Ribbon Schools: Best Practices for Meeting the Challenge*, Lanham: Rowman & Littlefield Education, 2002.

16. David Tacey, "*The Spirituality Revolution: the Emergence of Contemporary Spirituality*", *Mental Health*, Religion & Culture, Vol. 14, No. 4, 2011, pp.409-410.

六、期刊文献

1. 艾四林：《哈贝马斯论"生活世界"》，载《求是学刊》，1995年第5期。

2. 白奚：《儒家礼治思想与社会和谐》，载《哲学动态》，2006年第5期。

3. 白雪晖：《生活世界视域内的社会实践》，载《长白学刊》，2009年第6期。

4. 白江源：《网络环境下大学生道德信仰教育探究》，载《学校党建与思想教育》，2010年第31期。

5. 布青沪：《党性原则和市场经济道德的区分与联系》，载《宁夏党校学报》，2001年第3期。

6. 毕红梅：《生活世界：道德教育的生成之域》，载《教育评论》，2007年第4期。

7. 班建武、付涛：《在超越中适应：德育回归生活世界的必由之路》，载《教育科学研究》，2009年第7期。

8. 柏文涌：《论网络文化语境中的高校思想政治教育创新》，载《教育探索》，2011年第10期。

9. 陈新汉：《论价值判断的机制》，载《天津社会科学》，1994年第1期。

10. 陈秋红：《重归故里——试论现代德育向生活世界回归》，

载《教育导刊》，2002 年第 Z1 期。

11. 陈明霞：《裴斯泰洛齐论教育的人性化和心理学化》，载《福建教育学院学报》，2005 年第 7 期。

12. 陈文旭：《思想政治教育规律体系研究》，载《学校党建与思想教育》，2009 年第 13 期。

13. 陈飞：《论思想政治教育话语霸权》，载《黑龙江高教研究》，2010 年第 2 期。

14. 陈均土：《高校德育应该回归怎样的生活世界》，载《河南社会科学》，2010 年第 2 期。

15. 陈文海：《可能生活：德育回归生活世界的或然向度》，载《教育学术月刊》，2012 年第 6 期。

16. 池平青：《学校、家庭、社会齐心合力是高校德育工作的基础》，载《中国高教研究》，2000 年第 4 期。

17. 曹润生、张澍军：《生活世界：世界观教育的真实根基》，载《社会科学战线》，2005 年第 5 期。

18. 蔡尚思：《中国礼教思想之我见》，载《学术界》，2008 年第 4 期。

19. 杜时忠：《试论德育的超越本质》，载《高等函授学报（哲学社会科学版）》，1997 年第 2 期。

20. 戴景平：《至善：生活意义的最高追求》，载《长白学刊》，2008 年第 2 期。

21. 冯建军：《人的超越性及其教育意蕴》，载《教育研究与实验》，2005 年第 1 期。

22. 冯建军：《实践人：生活德育的人性之基》，载《高等教育研究》，2010 年第 4 期。

23. 冯建军：《道德教育：引导幸福生活的建构》，载《高等教育研究》，2011 年第 5 期。

24. 傅松涛：《回归和超越现实社会生活　关注和实现人的全面发展》，载《河北大学学报（哲学社会科学版）》，2003年第2期。

25. 范光杰、杨汉国：《论大学生道德信仰教育之理念转变》，载《云南民族大学学报（哲学社会科学版）》，2014年第5期。

26. 郭力源：《个人权利与公共利益平衡中的公民意识价值追问》，载《河南师范大学学报（哲学社会科学版）》，2015年第6期。

27. 黄旭敏：《深度技术化条件下生活世界的危机与重建》，载《中山大学学报（社会科学版）》，1997年第2期。

28. 黄书光：《生活世界中的当代德育反思》，载《教育科学研究》，2005年第10期。

29. 黄建军：《道德教育"回归生活世界"的思考》，载《江西教育科研》，2006年第3期。

30. 黄雯：《以人为本的两个维度：个人自由与社会责任共存》，载《福建师范大学学报（哲学社会科学版）》，2009年第3期。

31. 黄蓉生、白显良：《提炼社会主义核心价值观若干问题的思考》，载《思想理论教育》，2011年第2期。

32. 和学新：《现实生活与学生主体性的建构》，载《现代教育丛论》，2001年第2期。

33. 和学新：《主体性教育研究：2001年的进展述评》，载《教育科学》，2002年第6期。

34. 韩国海：《论道德实践的基本诉求》，载《沈阳师范大学学报（社会科学版）》，2004年第5期。

35. 胡晓霞：《解读回归生活世界的学校道德教育》，载《教育与职业》，2008年第17期。

36. 郝立新、路向峰：《文化实践初探》，载《哲学研究》，2012年第6期。

37. 姜婕、邓子纲：《中国传统德育思想的原则和方法》，载《湖湘论坛》，2003 年第 6 期。

38. 贾英健：《价值论视域中的"实践标准"》，载《理论学刊》，2008 年第 4 期。

39. 季爱民：《关系中的人与德育》，载《江汉论坛》，2013 年第 11 期。

40. 康钊：《道德教育的理性回归》，载《教育发展研究》，2011 年第 10 期。

41. 鲁洁：《道德教育：一种超越》，载《中国教育学刊》，1994 年第 6 期。

42. 鲁洁：《转型时期中国道德教育面临的选择》，载《高等教育研究》，2000 年第 5 期。

43. 鲁洁：《关系中的人：当代道德教育的一种人学探寻》，载《教育研究》，2002 年第 1 期。

44. 鲁洁：《生活·道德·道德教育》，载《教育研究》，2006 年第 10 期。

45. 鲁洁：《道德教育的根本作为：引导生活的建构》，载《教育研究》，2010 年第 6 期。

46. 刘远碧：《社会主义市场经济与发展人的个性》，载《探索》，2003 年第 1 期。

47. 刘志山：《道德教育向现实生活的回归与超越》，载《北京师范大学学报（社会科学版）》，2005 年第 4 期。

48. 刘红英：《个人价值与社会价值的同构——论大学德育功能的实现》，载《湖南社会科学》，2007 年第 1 期。

49. 刘建新：《马克思现实生活世界理论的实践根基》，载《理论月刊》，2007 年第 9 期。

50. 刘丽红、刘洪蕾：《个性自由——人类发展的原动力》，载

《吉林师范大学学报（人文社会科学版）》，2008年第2期。

51. 刘菊：《让德育回归生活世界》，载《现代教育科学》，2009年第4期。

52. 刘佳梅、彭忠益：《回归生活世界：高校德育改革创新的重要价值取向》，载《现代大学教育》，2009年第4期。

53. 刘国华：《道德教育的本质与有效策略——道德二属性的视角》，载《教学与管理》，2010年第21期。

54. 刘晓音、王琳：《我国传统思想道德教化方法再运用研究》，载《河北省社会主义学院学报》，2010年第2期。

55. 刘继荣：《论个性自由与社会和谐》，载《内蒙古农业大学学报（社会科学版）》，2010年第3期。

56. 刘建英：《陶行知与杜威生活教育思想之比较》，载《中国德育》，2011年第8期。

57. 李德顺：《21世纪人类思维方式的变革趋势》，载《社会科学辑刊》，2003年第1期。

58. 李德顺：《论文化生产与消费的良性互动》，载《中国出版》，2005年第1期。

59. 李创斌、蔡建昌：《道德教育：向"生活世界"的回归》，载《榆林学院学报》，2009年第3期。

60. 李忠艳、黄刚：《论网络场域下的社会交往》，载《齐齐哈尔大学学报（哲学社会科学版）》，2011年第5期。

61. 李友梅、肖瑛、黄晓春：《当代中国社会建设的公共性困境及其超越》，载《中国社会科学》，2012年第4期。

62. 李宗桂：《试论中国优秀传统文化的内涵》，载《学术研究》，2013年第11期。

63. 蔺学才：《"一元"与"多元"的碰撞——中西文化之比较》，载《河南社会科学》，2008年第5期。

64. 龙双喜：《回归生活世界：思想政治教育思维方式的置换》，载《企业家天地（理论版）》，2008年第10期。

65. 卢俊勇、陶青：《个性自由：当代教育的价值诉求》，载《现代教育管理》，2012年第2期。

66. 林海亮、董标：《学生道德发展动力新论》，载《教育科学研究》，2013年第12期。

67. 马晓星：《回归生活世界：我国权利道德教育范式转换问题审视》，载《思想政治工作》，2015年第10期。

68. 聂运伟：《论原始社会中的精神生产》，载《湖北大学学报（哲学社会科学版）》，2003年第4期。

69. 庞立生、王艳华：《哲学向生活世界的回归》，载《东北师大学报（哲学社会科学版）》，2003第4期。

70. 彭忠信：《对道德教育本质论的辩证思考》，载《教育与职业》，2007年第18期。

71. 钱光荣：《道德经验刍议》，载《伦理学研究》，2008年第2期。

72. 钱志刚：《从"知性论"到"生活论"的道德教育转型》，载《教育评论》，2012年第5期。

73. 秦红岭：《德育视野中的道德信仰教育》，载《山东省青年管理干部学院学报》，2005年第4期。

74. 任建东：《道德信仰：道德建设的本质与方法》，载《唐都学刊》，2006年第1期。

75. 任建东：《以社会主义核心价值观为共识再塑道德信仰》，载《伦理学研究》，2015年第1期。

76. 任剑涛：《经典、经典的替代及其条件——从儒家经典与马克思主义经典的关系切入》，载《江苏社会科学》，2003年第1期。

77. 孙秀丽：《论道德教育回归生活世界》，载《理论观察》，

2007年第6期。

78. 孙建英：《道德教育务必走向生活世界》，载《江南论坛》，2000年第10期。

79. 邵广侠：《道德教育应植根于生活世界》，载《淮阴工学学报》，2002年第4期。

80. 石岩：《中国社会转型期公民道德失范探析——基于公德与私德的视角》，载《甘肃理论学刊》，2012年第3期。

81. 沈壮海：《社会主义核心价值观培育和践行的着力点》，载《思想政治工作研究》，2012年第12期。

82. 檀传宝、班建武：《实然与应然：德育回归生活世界的两个向度》，载《教育研究与实验》，2007年第2期。

83. 唐凯麟：《坚持批判继承和超越创新的辩证统一——建设有中国特色的社会主义新文化》，载《湖南师范大学社会科学学报》，1994年第3期。

84. 魏丽娟：《浅谈社会角色的道德规范》，载《上海党校学报》，1986年第8期。

85. 魏雷东：《大学生道德信仰教育基本方略探析》，载《国家教育行政学院学报》，2012年第7期。

86. 王宏维：《论道德理想与道德典范》，载《华南师范大学学报（社会科学版）》，1996年第1期。

87. 王啸：《德育本质刍议》，载《上海教育科研》，1998年第5期。

88. 王和：《群体本位的中国人》，载《中华文化论坛》，2000年第2期。

89. 王成文、王秉琦：《培养德育主体：德育创新之本》，载《合肥工业大学学报（社会科学版）》，2002年第4期。

90. 吴倬：《论科学世界价值观教育在当代德育中的地位和作

用》，载《思想理论教育导刊》，2002年第12期。

91．王文鹏：《胡塞尔"生活世界"理论的德育启示》，载《教育理论与实践》，2008年第12期。

92．吴云、李春光：《论社会价值与个人价值的矛盾及其调适》，载《理论探讨》，2008年第2期。

93．王蓓：《论知性德育向生活德育的回归——现代德育困境研究》，载《现代教育科学》，2010年第4期。

94．王声平：《教育回归生活世界研究述评》，载《重庆文理学院学报（社会科学版）》，2010年第1期。

95．王代月：《抽象具体关系视野中的马克思市民社会理论》，载《现代哲学》，2011年第6期。

96．徐湘荷、申玉宝：《德育回归生活世界问题的追问》，载《教育导刊》，2006年第12期。

97．肖川：《道德教育必须关照学生的生活世界》，载《教育研究与实验》，2005年第3期。

98．肖文涛：《社会治理创新：面对挑战与政策选择》，载《中国行政管理》，2007年第10期。

99．《人民有信仰 民族有希望 国家有力量 锲而不舍抓好社会主义精神文明建设》，载《党建》，2015年第3期。

100．熊川武、江玲：《论教学世界与生活世界的基本差异》，载《湖南师范大学教育科学学报》，2004年第5期。

101．杨莉君：《科学世界与生活世界的统一——兼论新课程的取向》，载《中国教育学刊》，2002年第6期。

102．杨珉：《面向生活世界的道德教育》，载《学海》，2002年第6期。

103．杨迎春：《高校道德教育回归生活世界的途径探索》，载《湖南科技学院学报》，2010年第6期。

104．杨琪源：《人学视野下的大学生道德信仰教育》，载《重庆交通大学学报（社科版）》，2013年第3期。

105. 尹树广：《生活世界的现实及其价值维度》，载《哲学研究》，2003年第1期。

106. 叶文梓：《从"知识世界"走向"生活世界"——对学校道德教育基础的反思》，载《浙江社会科学》，2005年第3期。

107. 俞睿、皋艳：《公民意识：中国政治现代化的驱动力》，载《求实》，2006年第1期。

108. 姚林群：《教育："应然生活"向"可能生活"的转向》，载《教育学术月刊》，2009年第6期。

109. 闫少华：《"回归生活世界"：现代道德教育观与先秦儒家伦理思想的契合》，载《社会科学家》，2011年第2期。

110. 余仕麟：《忠孝伦理：中国人的一种智慧生存方式》，载《西南民族大学学报（人文社会科学版）》，2011年第12期。

111. 尤明慧：《大学生道德信仰教育问题研究》，载《玉林师范学院学报（哲学社会科学）》，2011年第4期。

112. 张永声：《谈谈实践感念和实践层次——学习毛泽东哲学思想的体会》，载《江苏师院学报》，1982年第1期。

113. 张磊：《文化传统的价值》，载《科学·经济·社会》，1999年第4期。

114. 张勇缤：《权利本位：中国现代化的绊脚石》，载《理论导刊》，2001年第2期。

115. 张彦：《论思想理论教育的主体性》，载《思想理论教育导刊》，2002年第1期。

116. 张春：《论社会转型中的道德信仰教育》，载《铜仁师范高等专科学校学报》，2002年10月第4期。

117. 张烨：《学校德育：构建意义的生活世界》，载《当代教育科学》，2004年第23期。

118. 张玉茹、许惠芬：《情境体验：道德教育回归生活世界的基本模式》，载《高等农业教育》，2005年第2期。

119. 张奎良：《从民到人的历史切换——深刻理解"以人为本"的新视角》，载《求是学刊》，2006年第1期。

120. 张海国：《自在与自为：思想政治教育学的重要范畴》，载《襄樊职业技术学院学报》，2009年第4期。

121. 张以明：《超越生活世界——论胡塞尔的科学客观主义批判》，载《自然辩证法研究》，2010年第8期。

122. 张建英等：《公德与私德概念的辨析与厘定》，载《伦理学研究》，2010年第1期。

123. 张连：《道德信仰教育：高校思想政治教育的重要维度》，载《学校党建与思想教育》，2010年第2期。

124. 张雷：《回归生活世界：网络文化境遇下学校道德教育新取向》，载《教育导刊》，2012年第8期。

125. 张芳明：《学校道德教育向现实道德生活世界的回归》，载《内蒙古师范大学学报（教育科学版）》，2014年第6期。

126. 张毓雯：《加强大学生社会主义核心价值观培育的思考——以古代中国"化民成俗"生活教化实践为视角》，载《吉林化工学院学报》，2015年第3期。

127. 朱毅蓉：《社会主义市场经济条件下文化多元的必然性》，载《福建师范大学学报（哲学社会科学版）》，2001年第4期。

128. 朱宝信：《希望本体论与实践本体论：一种比较性的研究——评布洛赫对马克思哲学本体论的重建》，载《南京社会科学》，2001年第12期。

129. 朱春英：《重返生活世界：走出道德教育"灌输"的困境》，载《江苏高教》，2005年第4期。

130. 朱洪发：《道德教育的本质在于实践》，载《山东师范大学学报（人文社会科学版）》，2005年第1期。

131. 朱艳：《论道德教育的本质规定》，载《福建论坛（社科教育版）》，2009 年第 8 期。

132. 赵子忱：《论个人与社会的利益关系》，载《空军政治学院学报》，1999 年第 4 期。

133. 赵联：《生命体验：道德教育的返璞归真》，载《教育学术月刊》，2009 年第 3 期。

134. 赵志毅、张鹏程：《追求"善的生存"——德育本质再探》，载《杭州师范大学学报（社会科学版）》，2012 年第 3 期。

135. 赵志毅：《德育的"意志"转向——兼论走向"实践理性"的学校德育》，载《教育研究》，2012 年第 2 期。

136. 郑维铭：《试论新时期道德理想的传播普及》，载《华南师范大学学报（社会科学版）》，1997 年第 4 期。

137. 郑雪松：《教育学从"科学世界"深入到"生活世界"——对教育学转向的思考》，载《聊城大学学报（社会科学版）》，2010 年第 1 期。

138. 卓晴君：《改革开放 30 年学校德育政策回顾（上）》，载《中国德育》，2008 年第 7 期。

139. 卓晴君：《改革开放 30 年学校德育政策回顾（下）》，载《中国德育》，2008 年第 8 期。

140. 谌安荣：《陶行知生活教育理论的内涵及其意义》，载《广西社会科学》，2004 年第 9 期。

141. 中国陶行知研究会秘书处：《30 年"陶花"灿烂　从头越再续辉煌——中国陶行知研究会发起纪念改革开放三十周年座谈会发言摘要》，载《生活教育》，2009 年第 1 期。

142. 钟明华、黄荟：《社会主义核心价值观内核解析》，载《山东社会科学》，2009 年第 12 期。

七、硕博论文

[1] 李恒川：《陶行知生活德育思想研究》，南京师范大学硕士学位论文 2012 年。

[2] 李志强：《杜威道德教育思想研究》，中国人民大学博士学位论文 2006 年。

[3] 刘淑娜：《论道德教育的生命理念》，东北师范大学博士学位论文 2007 年。

[4] 魏筠：《学校道德信仰教育的缺失与重建》，山东师范大学硕士学位论文 2007 年。

八、报刊文献

[1] 本报评论员：《赢得青年，就是赢得未来和希望——七论学习贯彻胡锦涛同志"七一"重要讲话》，载《人民日报》，2011 年 7 月 11 日，第 1 版。

[2] 本报评论员：《修身律己，校准价值航向———论树立弘扬社会主义核心价值观的公共标杆》，载《人民日报》，2014 年 8 月 29 日，第 4 版。

[3] 胡锦涛：《坚定不移沿着中国特色社会主义道路前进，为全面建成小康社会而奋斗》，载《人民日报》，2012 年 11 月 9 日，第 3 版。

[4] 刘云山：《习近平主持召开文艺工作座谈会强调 坚持以人民为中心的创作导向创作更多无愧于时代的优秀作品》，载《人民日报》，2014 年 10 月 16 日，第 1 版。

[5] 严正：《简论中国传统经典诠释学的确立》，载《光明日报》，2000 年 7 月 4 日，第 3 版。

九、电子文献

[1] 严复：《原强》，http://eresource.lcu.edu.cn/resource/E_Course/zhongguo jindaishi/content/v_07/html/4-5.html（访问时间：2015 年 5 月 1 日）。

后 记

　　生活世界问题是近年我思考的主要问题，它源于我奋斗青春的生活求索，而后在我持久地求学问道中逐渐成为了我的学术兴趣点。生活世界给予了我存在的基础，更寄托着我对未来幸福及美好生活的期许。我热爱生活，渴望幸福，更向往美好生活。可美好生活之于我来说，也许还在到来的路途中。我已深刻地感觉到，我的生活世界充满着美。这美萌发于我坚定的理想信念之中，发展于我奋斗的青春道路之中。我相信美，它让我的青春色彩斑斓；我追寻美，它让我的人生丰盈圆融。经过多年的努力，我逐渐形成了"一专多能、全面发展、全球视野、价值人生"的成长定位，一直以德修身、以学养神、以问求道、以创兴业，以期为获得美好生活铺垫可能。

　　正所谓"路漫漫其修远兮，吾将上下而求索"。对于我的学问、我的人生、我的生活，还有很长的路要走，而且前方道路未必平坦。美好生活的追求已让我品味到了生活世界之柔美，体验到了生活世界之劲美。我需要心定神静、知足稳健地继续探寻我的生活世界和追求我的美好生活，以此回馈所有真正关心、爱护和支持我的人们。

　　本书的诞生犹如我遇见了人生的挚爱，让我更加坚定了对美好生活的信心。它凝聚着一位奋斗青年的不断追求，更饱含着一位真情青年的不懈守候。感谢滋养我的江淮大地，感谢点拨我的南海粤土，感谢历练我的黄浦江畔，感谢丰富我的京城院落，感谢开拓我的五洲四海。愿此书的出版，开启我美好生活的新可能。

在本书出版过程中，中央编译出版社李媛媛老师给予了大力支持与帮助，深表感谢。此外，本书系中央高校基本科研业务费专项资金资助项目成果（项目批准号：JZ2017HGBZ0948）和合肥工业大学哲学社会科学培育计划项目成果（项目批准号：JS2017HGXJ0045），同时也受到全国高校示范马克思主义学院和优秀教学科研团队建设项目（项目批准号：16JDSZK045）的支持，向有关单位表示感谢。

由于学识有限，书中难免有疏漏、偏颇甚至不当之处，祈望读者批评指正。

曹兰胜

2018年腊八于京西静园